Hans Eberhard Radbruch

Italien, Mitteleuropa und der EURO

Grundlagen und Perspektiven der italienischen Außenpolitik

Nomos Verlagsgesellschaft
Baden-Baden

Die Deutsche Bibliothek – CIP-Einheitsaufnahme

Radbruch, Hans Eberhard:
Italien, Mitteleuropa und der Euro : Grundlagen und Perspektiven der italienischen Außenpolitik / Hans Eberhard Radbruch. – 1. Aufl. – Baden-Baden : Nomos Verl.-Ges., 1998
ISBN 3-7890-5192-6

1. Auflage 1998

Inhaltsverzeichnis

Abkürzungsverzeichnis

BIP	Bruttoinlandprodukt
CCD	Centro Cristiani Democratici
CDU	Cristiani Democratici Uniti
Cgil	Confederazione generale italiana del lavoro
Cnl	Comitato Nazionale di Liberazione
DC	Democrazia Cristiana
EG	Europäische Gemeinschaft
EGKS	Europäische Gemeinschaft für Kohle und Stahl
EU	Europäische Union
EWS	Europäisches Währungssystem
EWU	Europäische Währungsunion
FI	Forza Italia
INCE	Iniziativa Centro Europa
INF	Intermediate Nuclear Forces
MOE	Mittel-Ost-Europa
PCI	Partito Communista Italiano
PdS	Partito Democratico della Sinistra
Ppi	Partito Popolare Italiano
Prc	Partito Rifondazione Communista
Pri	Partito Rinnovamento Italiano
RSI	Repubblica Sociale Italiana
TG 3	RAI, Italienisches Fernsehen, Nachrichtensendung des 3. Programms
TG 5	Canale 5 - Mediaset-Nachrichtensendung
UNRRA	United Nations Relieve and Rehabilitation Agency

Vorwort

Wenn man mit italienischen Freunden zusammensitzt, kommt das Gespräch schnell zu politischen Themen, selten wird die Außenpolitik berührt. In jedem Fall ist der Nichtitaliener ausgeschlossen, weil er die spekulativen Hintergründe italienischen politischen Denkens nicht nachvollziehen kann. Der Verfasser hat sich jahrzehntelang zunächst als 'Head Planning and Research' des NATO Defense College, dann in privaten Studien bemüht zu erfahren, wie der Italiener die Außen- und die Sicherheitspolitik sieht. Was zunächst zu 'papers' auf internationalen Kongressen führte und zur Möglichkeit mit zu diskutieren, wurde ernsthaftes Anliegen als nach dem Fall der Mauer Italien sich seinen Platz in der Völkerfamilie ohne Hilfe anderer suchen mußte. Die Stereotype und Vorurteile, die in Deutschland das Bild vom Nachbarland und damit auch die deutsche Außenpolitik bestimmen, spiegeln sich nicht in den diplomatischen Beziehungen, haben aber tiefgreifende Rückwirkungen auf die gegenseitigen Beziehungen. Um dazu beizutragen, die Stereotype und Vorurteile aufzubrechen, hat sich der Verfasser entschlossen, seine Kenntnisse der italienischen Außenpolitik und seine Erfahrungen mit dem italienischen politischen System zu dokumentieren in der Hoffnung, daß das Buch dazu beiträgt, das italienisch - deutsche Verhältnis von Mißverständnissen zu bereinigen.

Das Buch ist entstanden in Rom: so nahe wie möglich an der Quelle der italienischen Außenpolitik. Ich schulde Dank allen Italienern und Deutschen, mit denen ich meine Thesen diskutieren konnte. Einen besonderen Dank abstatten möchte ich dem Deutschen Historischen Institut und der Fondazione Lelie e Lisli Basso, die mir nicht nur ihre Bibliotheken sondern einen Arbeitsplatz zur Verfügung stellten.

Das Buch hätte nie das Licht der Welt erblickt, wenn nicht meine Frau viel Kraft und Zeit auf die 'Erstellung eines druckreifen Manuskriptes' verwandt hätte und mir mit Ratschlägen zur Seite gestanden hätte. Die Lesbarkeit und Verständlichkeit des Buches verdankt ihr viel.

Rom, im Oktober 1997 — Hans Eberhard Radbruch

Einleitung

Die Italiener pflegen sich darüber zu beklagen, daß im Ausland ihre Politik und ihr internationales Verhalten nicht verstanden würde, weil das Verständnis für ihre spezifische Situation fehle. Das stimmt, aber das ist ein allgemeines Phänomen. Gleichermaßen fehlt den Italienern das Verständnis für die Spezifika der Politik anderer Länder, vor allem den protestantisch geprägten Ländern Mittel- und Nordeuropas. Der Weg zum gegenseitigen Verständnis ist daher mit Stolpersteinen gepflastert. Das deutsch-italienische Verhältnis ist auch in seinen besten Zeiten nie ohne Spannungen gewesen.

Das gilt - jedenfalls seit dem Fall der Mauer - auch für die Gegenwart. Zwar sind Italien und Deutschland im gemeinsamen Bemühen um ein geeinigtes Europa von Anfang an vereinigt. Das heißt jedoch nicht, daß die Gespenster der Vergangenheit nicht immer wieder ihren Schatten über die aktuelle Politik werfen, so wenn Italien sich in dem Dilemma glaubt, die EWU akzeptieren zu müssen, obgleich es darin ein Mittel Deutschlands zur Hegemonialisierung Europas sieht, weil sonst Deutschland versucht sein könnte, wieder seinen Sonderweg nach 'Mitteleuropa' einzuschlagen. In Deutschland hingegen wird für die Stabilität des EURO gefürchtet, wenn Italien seine instabilen Verhältnisse in ihn einbringen sollte.

Es hieße sich etwas vorzumachen, wenn man den Einfluß der Massenmedien auf politische Entscheidungen unterschätzte. Das von ihnen geprägte Bild bestimmt die politische Perspektive. So trifft es nicht nur den Stolz sondern auch die Interessen der Italiener, wenn ihr Land in der Welt - besonders aber in Deutschland - eingeschätzt wird als beherrscht von der Mafia, als ein Land, in dem man Verträge nicht hält, in dem Vereinbarungen nicht gelten, in dem Betrug ein Kavaliersdelikt ist, in dem Regierungen stets wechseln, so daß man schon für stabil hält, was ein Jahr dauert. Italiener sagen das alles selbst über ihr Land, aber sie nehmen es sehr übel, wenn ein solches Urteil aus dem Ausland kommt, dann wird es politikrelevant.

Natürlich gibt es noch die aussterbende Gruppe der Deutschen, die auf den Spuren der Renaissance und Klassik wandelnd, das Land des Südens mit der Seele suchen und die „unsterbliche" Gruppe der akademischen Spezialisten, die sich darum bemühen, Wurzeln der eigenen Kultur im 'Mutterland der westlichen Kultur und Zivilisation' nachzuspüren. Sie werden anerkannt im Belpaese, aber sie können den Vorbehalt gegen die Deutschen nicht ausräumen.

Den Italienern sitzt die Furcht vor den Deutschen tief in den Knochen. Die Geschichte ist in Italien eine aktuelle Kategorie der Politik. Wenn 1926 die Opposition sich wegen des Falles Matteotti nicht mehr an den Parlamentssitzungen beteiligte - und 1996 die Opposition das gleiche gegen die Finanziaria (Haushaltgesetz) tut -, dann ziehen sie auf den 'Aventino', wie einst die Plebejer im Kampf gegen die Aristokratie der römischen Republik. Die historische Kontinuität, die sich hier abzeichnet, ist so stringent, daß sie als selbstverständlich hingenommen wird.

In dem gleichen Kontext sind die immer wiederkehrenden Einfälle der Deutschen in Italien noch Realität. Das gilt weniger für das Mittelalter, denn die Auseinandersetzung zwischen Ghibellinen und Guelfen war ein italienischer Konflikt - soweit italienisch, daß Umberto Cerrone in einem Italiener deutscher Herkunft, Federico II (Friedrich II. von Hohenstaufen), den Gründer des ersten - verfrühten und darum gescheiterten - italienischen Nationalstaates sieht. Nicht vergessen sind dagegen die Landsknechte Frundsbergs und der 'Sacco di Roma; nicht vergessen sind vor allem die Österreicher, d.h. die Deutschen, gegen die im Risorgimento die italienische Unabhängigkeit gewonnen werden mußte. So hat auch das Streben nach der Grenze am Brenner nicht nur strategische sondern auch sozialpsychologische Ursachen. Wer vermeint auf eine so lange und glorreiche Geschichte zurückblicken zu können, gewinnt aus der Identifikation mit dieser Geschichte Maßstäbe und leitet aus ihr Forderungen ab, die dem Land den Rang einer Großmacht verleihen, obgleich man im Kern doch weiß, daß man nicht zu den Großen gehört. Aus dem Anspruch aber ergeben sich wiederum die Forderungen nach sicheren Grenzen zu dem Nachbarn, der in der Vergangenheit immer wieder Italiens Größe vor aller Welt infrage gestellt hatte.

Die Identifikation mit der Geschichte führt nicht nur zu Ansprüchen sondern auch zu Fehleinschätzungen. Während der Anspruch darauf zielt, zu den Großmächten zu gehören, obgleich man durchaus weiß, daß man von seinem Potential her nur eine mittlere Macht ist,kommt die Fehleinschätzung daher, daß auf der internationalen Bühne die Geschichte weniger als das Potential zählt, d.h. konkret, daß aus ihr kein Verständnis für den Anspruch gewonnen werden kann. Die italienische Außenpolitik steht jedoch unter einem zwanghaften Druck, den historischen Anspruch durchzusetzen.

Die Einheit von Geschichte und Gegenwart begründet in Italien den selbstverständlichen Anspruch, zu den Großen zu gehören und mit zu entscheiden. Dabei spielt es keine Rolle, ob das Land die Bedingungen erfüllt, um diesem Anspruch gerecht zu werden, denn diese Forderung wird nicht als Anspruch gesehen sondern als Konsequenz der Geschichte. Wer auf seinen täglichen Wegen den Zeugen der Entstehungsgeschichte der westlichen Kultur begegnet, wird unbewußt das Wissen darum in sich aufnehmen und sich entsprechend verhalten. Von da ist der Weg nicht weit zu der politischen Forderung, daß für das Land besondere Bedingungen gelten müßten. Aus dieser Perspektive gesehen, ist es kein Anspruch sondern ein Angebot, wenn Italien verlangt, überall dabei zu sein.

So gesehen fühlt sich Italien ungerecht behandelt, wenn ihm im Vergleich mit Frankreich und Deutschland von Brüssel nicht nur Stabilität sondern auch Zuverlässigkeit abgesprochen werden, obgleich es doch weiß, daß es Zuverlässigkeit in der EU bisher eben nicht bewiesen hat. Die italienische Politik sucht dann den Fehler bei anderen, obgleich sie doch weiß, daß die eigene mangelnde Entscheidungsfähigkeit der Grund ist. So wird dann etwa die 'Bundesbank' zu einem Buhmann aufgebaut und damit das Bild der Wirklichkeit ins Groteske verzerrt. Wenn die Europäische Kommission die italienischen Zahlen hinterfragt und Rom daraufhin nicht den begehrten Freifahrtschein ausstellt, dann reagiert die italienische Politik mit dem Verdacht, daß hier dunkle Mächte ihre Hand im Spiel gehabt hätten oder daß es sich - wieder einmal - um ein Komplott handele. Dabei stören auch offensichtliche Widersprüche nicht. Dann wirft die Regierung den 'Eurokraten' 'politisches Handeln' vor und den Partnern, sie hätten politischen Druck auf die Kommission ausgeübt, während sie sich gleichzeitig rühmt, daß ohne den politischen Druck, den sie selbst ausgeübt hat, die Entscheidung noch viel schlimmer ausgefallen wäre.

Die Geschichte bestimmt das Sein der Italiener. Sie leben gleichermaßen in der Antike, in der Renaissance und in der Gegenwart. Historische Konzepte bestimmen ihr Leben, aber nicht nur das: sie werden auch auf die Außenpolitik übertragen. Der Staat war

Fremdherrschaft, man war ihm nichts schuldig. Der Staat war Bürokratie, war Papier. Das Leben wurde bestimmt von dem Verhältnis der Menschen zueinander. Die Sozialstruktur des Landes wurzelt in der Familie. Die Großfamilie und das Clientelsystem haben unter mancherlei Wandlungen überlebt. Kern ist die Großfamilie, die auch in den Zeiten der Kleinfamilie weiter besteht. Die fehlenden Verwandten werden durch 'amici' ersetzt. Das Wort ist durch 'Freunde', wie es in Lexika geschieht, nur ungenau übersetzt. Amici sind Angehörige einer Lebens- und Notgemeinschaft, die davon bestimmt ist, daß alle allen einen Freundschaftsdienst geleistet haben und daß man ähnliches jederzeit wieder von ihnen verlangen kann.

In einer Gesellschaft, in der der Staat eine ferne, abstrakte Kategorie ist und der Träger des sozialen Handelns eine mehr oder minder feste Personengemeinschaft, kann es nicht verwundern, wenn auf die Frage nach der sozialen Repräsentanz ein Fünftel (19.0%) mit „Niemand" antwortet. Die Vertreter des Staates: Parlament (6.7 %) und Regierung (4.5 %) genießen ein so geringes Ansehen, daß nur wenig mehr als ein Zehntel der Staatsbürger ihnen trauen und vertrauen.[1] Die wirtschaftliche Entwicklung mit dem Aufstieg gewerblicher Kleinbetriebe auf die industrielle Ebene, hat die aufgezeigte Tendenz nur verstärkt.

An der Spitze der Vertrauenspyramide liegt mit 17.1 % die 'Kirche'. Das sagt viel aus über den politischen und sozialen Einfluß und läßt Verständnis dafür aufkommen, daß sich Italien - über die Grenzen von 'credenti e non-credenti' (Gläubige und Nichtgläubige) hinaus als ein katholisches Land versteht. „Viviamo nella tradizione da un lato di Machiavelli, dall'altra della controriforma: ciò che conta non è il peccato bensì il pentimento"[2] (Wir leben einerseits in der Tradition Machiavellis andererseits in der der Gegenreformation: d.h. es zählt nicht die Sünde sondern die Reue). Im Grunde liegt hinter dieser Selbstdefinition nicht nur ein anderer Kirchenbegriff und eine andere Soziallehre sondern eben eine Art Anti-Hegel, in dem die Menschen nicht absolut gesetzt sind und der Staat nur ein Zufallsprodukt ist. Das prägt die Außenpolitik entscheidend. Der römische Universalismus entspringt hier. „La Chiesa di Roma si offrira come un esempio, quasi una parabola per un'umanità pacificata in una visione internazionalistica"[3] (Die Kirche von Rom bietet sich als Beispiel, beinahe als Parabel für eine versöhnte Menschheit in internationalisierter Sicht). So zurückhaltend der Italiener dem Staat gegenübersteht,um so offener ist er gegenüber der Gesellschaft. Dem Staat mißtraut er, in der Gesellschaft engagiert er sich in einem Maße, wie es in Europa schwer vorstellbar ist. Die Engagements im 'volontariato' (freiwilliger, ehrenamtlicher Dienst) sind effektiv und gut organisiert, sie ersetzen den Staat bis hin zu seinem ureigensten Bereich: der Außenpolitik.

Nicht nur die Geschichte jedoch bestimmt das Verhältnis der Italiener zur Außenwelt; ihre sozialen Erfahrungen und Werte werden gleichermaßen übertragen.Wenn die EU sich als Völkerfamilie definiert und unter den Völkern von Freundschaft geredet wird, dann erwartet man entsprechendes Verhalten nach italienischen Kategorien , d.h. man erwartet einen Freundschaftsdienst hier und dort - z.B. bei den Kriterien von Maastricht nicht so genau hinsehen - oder das Verständnis für eine Zwangslage, in der

---

1 CENSIS, 29. Bericht zur sozialen Lage des Landes, Rom 1996

2 Salvi, C.: Fraktionsvorsitzender der PdS im Senat, in: „Sette", Beilage zum Corriere della Sera vom 18.9.1997

3 Riccardi, A.: „La nazione cattolica", in: „Italia contemporanea", Milano, März 1997, S. 15

man einem Freund nicht den verlangten Dienst - z.B. in der UN nicht gegen ihn stimmen - leisten kann.

So wird die Welt durch die Brille des italienischen Selbstverständnisses gesehen. An der Spitze des sich daraus ergebenden Wertekodexes steht ohne allen Zweifel die 'bella figura', oder ihr zu vermeidendes Gegenstück, die 'brutta figura' oder 'figuraccia'. Dahinter steht das ins Europäische übersetzte Konzept des 'Gesicht verlieren'. Nichts ist schlimmer für den einzelnen Italiener als eine 'figuraccia' zu machen . Auf die Nation übertragen, verlangt das Konzept, einen Platz unter den 'Großen' zu verlangen, obgleich man weiß, daß man nicht mehr als eine mittlere Macht ist. Von daher ist verständlich, daß dieses das oberste Ziel der italienischen Außenpolitik war, ist und bleiben wird.

Zur 'bella figura' gehören das äußere Auftreten und jene Art von scheinbarer geistiger Überlegenheit, die den Gegenüber durch eine schlagfertige Antwort oder Bemerkung sprachlos macht, ohne ihn zu verletzen. Die 'battuta', im Lexikon mit „geistreiche Bemerkung, witziger Einfall, schlagfertige Antwort" übersetzt, ist alles das und noch viel mehr: sie ist eine Waffe im Kampf um öffentliches Ansehen, eine Waffe, die keine Wunden schlägt, weil es ausschließlich auf die Qualität und Quantität des Einsatzes ankommt. Wie im antiken Rom der politische Auftieg von der Beherrschung der freien Rede in allen rhetorischen Kunstformen abhing,[4] so gilt auch für das Italien von heute die Rede als schärfste Waffe der Politik. Die Übertragung dieses Konzeptes auf die Außenpolitik jedoch muß zwar nicht zu Spannungen führen, fördert aber auch nicht die angestrebte Annäherung zwischen Ländern, wenn der Gegenüber das Spiel nicht mitmacht.

In einem Land, das in Dante einen der Grundpfeiler seiner nationalen Einheit gefunden hat, sind Machiavelli und sein Zeitgenosse Guicciardini noch so lebendig, daß die aktuelle theoretische Diskussion immer wieder auf sie zurückgreift. Es ist schwer auszumachen, ob es der Rückgriff auf die politische Geschichte der Renaissance oder die Erbschaft des bäuerlichen Volksglaubens ist, der dazu führt, sich in der Innen- wie Außenpolitik ständig sich von dunklen Mächten (occulti poteri) bedroht zu sehen und nach Verschwörungen (complotti) Ausschau zu halten. Das hat zwar keinen direkten Einfluß auf die Außenpolitik, belastet aber die Beziehungen zu den von den Vorwürfen betroffenen Staaten, denn es sind nicht Hinterwäldler, die so denken, sondern Minister.

Man muß diese - nur beispielhaft angedeuteten - Tatsachen sehen, wenn man die italienische Außenpolitik nach dem Fall der Mauer beurteilen will. Bis dahin war sie nur in Details für den Westen relevant gewesen. Italien war in NATO und EG (EU) fest eingebunden. Wie Deutschland blieb ihm während des Kalten Krieges wenig Spielraum für eine eigene Außenpolitik. Geopolitische Vorgabe und politische Realität waren identisch. Die US 6.Flotte beherrschte das Mittelmeer, und Italien hatte in den USA einen Schutzherren gefunden, der seine Außen- und seine Innenpolitik dominierte. Es gelang der jungen Republik dabei, das Gleichgewicht zwischen europäischen und atlantischen Interessen geschickt zu wahren. Wo sich Bewegungsfreiheit ergab - wie im Nahen Osten -, hat sie sie genutzt. Die Zuverlässigkeit und Stabilität der italienischen Außenpolitik war eine Variable der inneren Verhältnisse. Dadurch konnte Italien, wenn es dar-

4 Hölkeskamp, K.J.: „Oratis maxima scaena -Reden vor dem Volke in der politischen Kultur der Republik", unv. Mitschrift eines Vortrages gehalten beim 40. Deutschen Historikertag, 1994, in Leipzig; Abstract in: „Tagungsband, Leipziger Universitätsverlag, S.50 f.

auf ankam -wie im Fall der Stationierung von Mittelstreckenraketen in Mitteleuropa-, eine Schlüsselrolle innerhalb der NATO spielen.

Die Verknüpfung von Innen- und Außenpolitik gab dem Land eine Stabilität, der der äußere Anschein widersprach. Italien schien von außen gesehen unregierbar: eine Regierungskrise jagte die nächste; Korruptionsskandale, Terrorismus und die Mafia sowie eine umständliche und ineffektive Bürokratie prägten und prägen das Bild des Landes. Die Wirklichkeit der Politik jedoch zeichnete sich durch eine Kontinuität aus, die Stabilität beinhaltete. Zwar wechselten die Regierungen und die Legislativen mit einer Geschwindigkeit, die an die Weimarer Republik erinnert, aber es waren doch immer die gleichen Personen, die der Politik ihren Stempel aufdrückten. Für die Außenpolitik ist es einfach die Namen aufzuzählen. Nach einer ersten Phase, für die die Namen de Gasperi und Sforza stehen, sind es Fanfani und Moro, später folgt dann Andreotti.

Stabilität in solchen Situationen hängt jedoch immer auch vom Apparat ab. Italien verfügt über keinen Apparat hochqualifizierter Beamter wie Frankreich, Großbritannien oder Deutschland, der in der Lage wäre, die Kontinuität des Staates auch in Zeiten politischer Krisen zu wahren. Dieses Urteil gilt jedoch nicht für den diplomatischen Dienst. Er hat wesentlich dazu beigetragen, die Stabilität der italienischen Außenpolitik zu wahren; ja, er hat in außergewöhnlichen Situationen selbst Politik gemacht. Die Linie spannt sich von dem Generaldirektor in dem fragmentarischen Außenministerium der Regierung Badoglio, Prunas, der mit der 'Svolta von Salerno' es möglich machte, daß ein neues Kapitel der italienischen Geschichte aufgeschlagen wurde, bis hin zu heutigen Botschaftern, die ohne Weisungen aus Rom ihren Weg gehen müssen. Der ehemalige italienische Botschafter in Bonn hat das vor einiger Zeit sehr eindrücklich beschrieben.[5]

Das Ende des Kalten Krieges hat Italien aus der amerikanischen Schutzherrschaft entlassen und auf eine eigenständige Politik verwiesen. In dem durch den Kalten Krieg geprägten System war nicht nur die eigene Sicherheit ohne allzugroße eigene Anstrengungen gewährleistet. Es war auch das wichtigste Ziel der italienischen Außenpolitik gewährleistet: Italien gehörte zu den Großen. Es war nicht nur in NATO, EU und G 7 sondern auch in allen ad hoc-Gremien, auf die es ankam, vertreten, wenn es das auch nicht aus eigener Kraft erreicht hatte, sondern unter dem Protektorat zunächst Frankreichs (NATO) und später der USA (EG/G 7).

Als Italien plötzlich sich außenpolitisch auf eigene Füße gestellt wiederfand, sah es sein Selbstverständnis vielfach bedroht: Sein Anspruch, bei den 4+2-Verhandlungen über die Einigung Deutschlands beteiligt zu werden, wurde brüsk zurückgewiesen; von der Kontaktgruppe zur Lösung des Bosnien-Konfliktes wurde es ausgeschlossen; der Anspruch Japans und Deutschlands auf einen Ständigen Sitz im Weltsicherheitsrat drohte es vor aller Welt in die zweite Reihe zu verweisen und in Europa bestehen Zweifel, ob es den Bedingungen an die Teilnahme bei der EWU gerecht werden könne. Italien wurde auf den Boden der Realität zurückgeholt. Es spürte den Zweifel der Außenwelt an seiner Stellung unter den Großen und dieser Zweifel verstärkte die eigene Furcht, daß man keine Großmacht sei. Der Anspruch und seine Infragestellung haben den italienischen Nationalstolz - wie schon früher - zwischen die Extreme einer irrealen Übersensibilität und einer exzessiven Unterwerfungshaltung eingeklemmt.[6]

---

5 Ferraris, L.V.:" La diplomazia come arte del 'fai da te'," in: LiMes 4/94, S.255 - 260

6 Bibó, I.: „Isteria tedesca, paura francese, insicurezza italiana", Bologna 1997

Die Suche nach den Grundlinien einer eigenständigen Außenpolitik geht - wie in Deutschland - über die Suche nach dem nationalen Selbstverständnis. Dabei wird von der Voraussetzung ausgegangen, daß nationale Interessen die Außenpolitik bestimmen müssen, solange es Nationalstaaten gibt. Nun ist in Italien die Trennungslinie zwischen der Zeit vor und nach dem Kalten Krieg besonders scharf gezogen, weil die Entlassung aus der amerikanischen Klientel dort Voraussetzung für den innenpolitischen Wechsel war. Mit dem Fall von DC und PSI ging eine Epoche zu Ende. Wenn man von politischen und nicht von staatsrechtlichen Kategorien ausgeht, spricht man zu recht von der 1. und von der 2. Republik, obgleich sich außer der Führungsschicht - und auch hier nur in Grenzen - wenig geändert hat. Daher müßte die Suche nach einer eigenen Außenpolitik eine Priorität haben. Das Gegenteil ist jedoch der Fall. Es gibt berechtigte Zweifel daran, daß es im Augenblick eine italienische Außenpolitik gibt, da gegenwärtig die politische Szene überwiegend von der Innenpolitik beherrscht wird. Das gilt selbst für die Europapolitik, obgleich diese unter der Perspektive der 'bella figura' einen Vorrang haben sollte.

Wenn es auf den folgenden Seiten den Anschein haben sollte, das Buch handele nicht von Außen- sondern von Innenpolitik, so spiegelt das nur die gegenwärtige Situation: in Italien ist heute Außenpolitik primär Innenpolitik. Nur langsam fängt die Außenpolitik an, wieder eigenes Gewicht zu gewinnen.

Dabei ist die theoretische Diskussion sehr viel lebhafter als etwa in Deutschland. Die akademische Disziplin der 'Geschichte der internationalen Beziehungen' war in Italien nie an den Rand gedrängt, hatte doch mit Federico Chabod einer ihrer Meister das Fach geprägt, zahlreiche Veröffentlichungen seiner Schüler zeugen davon. Die aktuelle analytische Begleitung folgte jedoch den in den angelsächsischen Ländern geprägten Modellen. Inzwischen hat sich aber in Italien die Diskussion über eine eigenständige, den nationalen Interessen folgende Außenpolitik aus der Presse in wissenschaftlich vorgeprägten Raum verlagert und dafür einen alten Begriff wieder zum Leben erweckt: geopolitica. Das Sprachrohr der Gruppe, die Zeitschrift 'LiMes', hat sich in kurzer Zeit Ansehen und Gehör verschafft.

Die bekanntesten Kritiker der bisherigen Politik und Rufer nach einer neuen, den geopolitisch definierten nationalen Interessen entsprechenden Politik sind Sergio Romano und Ernesto Galli della Loggia. Beide sind sich der Schwierigkeiten einer solchen Definition bewußt, besonders weil die italienische Nation anfängt, sich selbst in Frage zu stellen. Die Kluft zwischen Nord und Süd hat sich so vergrößert, daß es im Norden signifikante Bestrebungen einer Sezession gibt. Eine Nation, die durch den Staat definiert wird, bedarf der Konkretisierung durch ein Identifikationsbild. Ein solches war die Monarchie, die Republik ist es nicht geworden. So kann Ernesto Galli della Loggia vom „Tod des Vaterlandes (la morte della patria)“ sprechen und daraus die geringe Identifikation des einzelnen Italieners mit der Nation und ihren Interessen ableiten.

In diesem Kontext stellt sich immer wieder die Frage, ob nicht Europa Italien von allen seinen Problemen erlösen könnte. Als Bürger eines Staates Europa - in welchen Formen auch immer - gehörte man zu den Großen. Man könnte seinen Nationalstolz mit nach Europa nehmen. Europa würde den Nationalstaat überwinden und gleichberechtigt an die Seite der USA treten. Ein Bundesstaat Europa erlaubte die eigene kulturelle Identität zu bewahren bei gleichzeitigem Aufgehen in einem größeren institutionellen Rahmen: der europäischen Nation. Die Forderungen Italiens nach einem Ausbau der politischen Struktur der EU müssen durchaus in diesem Rahmen gesehen werden. Die Ungeduld Italiens mit der politischen Handlungsunfähigkeit der EU ist dann auch im Grunde der entscheidende Anlaß für seine sonst nicht ganz verständliche Politik gegenüber Albanien.

Italien gehört zu den 'Gründungsmitgliedern' der Europäischen Gemeinschaft in den sich wandelnden Organisationsformen. Es hat an allen Phasen der institutionellen Einigung teilgenommen. Es gehört zu den vier 'Großen' und darf zwei Kommissare nach Brüssel entsenden. Es verdankt der EU sein 'Wirtschaftswunder'. Da aber der Staat bei der Modernisierung nicht Schritt halten konnte, wurde das Land im Modell des 'Europa der zwei Geschwindigkeiten' den 'langsamen' zugerechnet. Nach langem Zögern hat Italien sich entschlossen, die Mitgliedschaft in der EWU von Anfang an' zu dem Hauptpfeiler seiner Außenpolitik zu machen. Die Regierung Prodi hat ungeheure Anstrengungen unternommen, um dieses Ziel, d.h. die Erfüllung der im Vertrag von Maastricht vorgegebenen finanzpolitischen Kriterien, zu erreichen. Sie hat im Kampf darum Wunder vollbracht, die allerdings nicht durch eine Sanierung der maroden Staatsfinanzen sondern überwiegend durch das Vorziehen von Steueransprüchen und die Rückstellung von Zahlungsansprüchen erfolgten. Es liegt auf der Hand, daß die so errungene Stabilität keine langfristige, ja nicht einmal mittelfristige Qualität hat.

Auch den Laien muß es verwundern, wenn er sieht, daß 1996 das Verhältnis Staatsdefizit zu Bruttoinlandprodukt noch 6.6% beträgt (Deutschland und Frankreich 4%), die Annäherung an die Kriterien aber ohne nennenswerte neue Belastung der Bürger erreicht werden soll. In Italien gibt es denn auch - anders als in Frankreich und Deutschland - keine sozialen Konflikte als Konsequenz von Haushalteinsparungen. Die Links-Mitte-Regierung glaubt, daß sie nicht anders als im Konsens mit den Gewerkschaften handeln kann, sie will deshalb auch nicht gegen das Votum der Kommunisten handeln. Italien hofft, diesen Mangel in politischen Verhandlungen auszugleichen und zu erreichen, daß die Partner darüber hinwegsehen.

Die Zugehörigkeit zur „EWU von Anfang an" hat für Italien weit über die Finanz- und Wirtschaftspolitik hinausgehende Bedeutung. Man fürchtet im Falle einer Abweisung, wenn nicht eine Sezession Norditaliens so doch weitere langfristige Beeinträchtigungen der innenpolitischen Stabilität. Wenn man dennoch nichts für eine wirkliche Sanierung des Staatshaushaltes tun kann, liegt das an der mangelnden politischen Stabilität. Das Problem der angedrohten Sezession 'Padanien' (Norditalien bis zum Po) z.B. könnte voraussichtlich mit einer echten föderalen Umgestaltung der Staatsverfassung aus der Welt geschafft werden. Es gibt nur eine geringe Wahrscheinlichkeit, daß die innenpolitischen Verhältnisse das zulassen, also muß 'Europa' einspringen, dem Norden zu helfen, den Zentralstaat zu ertragen.

Die Definition der 'nationalen Interessen' macht die Probleme des Staates Italien sehr deutlich, wenn dabei über die Priorität hinaus gegangen wird, die dem - für Außenstehende irrational anmutenden - Ziel Großmachtstatus zugeordnet ist. Die Interessen des Südens sind andere als die des Nordens. Ist Italien nach seinem Selbstverständnis also ein mitteleuropäischer Industriestaat oder ist es ein meridionales Entwicklungsland? In Deutschland hat es Stimmen gegeben, die Italien als großes Experimentierfeld für die Zukunft bezeichnet haben. Das gilt weder für die Innen- noch für die Außenpolitik.

Es stimmt, die ganze politische Führungsschicht war gezwungen auf einen Schlag abzutreten. Es stimmt, das Wahlrecht wurde geändert, aber nicht eindeutig zum Mehrheitswahlrecht sondern zu einer Mischung von Mehrheits- und Verhältniswahlrecht, wie wir es aus Deutschland, wenn auch in anderen Proportionen, kennen. Das Ergebnis ist dann auch nicht das gewünschte Ziel: Regierungsstabilität. Um die Vorteile des Mehrheitswahlrechtes zu nutzen, gehen Koalitionen, nicht Parteien, in die Wahl. Die Bandbreite solcher Koalitionen ist so breit, daß sie in Deutschland zum Vergleich von der PDS bis zur FDP reichen würde. Die innen- und außenpolitische Handlungsfähigkeit ist beschränkt. Die Anzahl der Parteien hat sich erheblich erhöht, so daß man manchmal an die Verhältnisse in der Weimarer Republik erinnert wird. Ein Modell kann das nicht sein. Auch die Instrumente der Politik haben sich nicht geändert: Interessengegensätze können nur im Kompromiß ausgeglichen werden. Mediation und Konfliktvermeidung beherrschen die Szene.

Nun ist das durchaus verständlich. Die Vermeidung von Konflikten spiegelt die innere und äußere Unsicherheit Italiens. Die Stellung der Regierung innerhalb des Triumvirats der Staatsgewalten ist sehr viel schwächer als in den meisten anderen europäischen Ländern. Das Land hat eine lange Tradition, mit Massendemonstrationen politische Entscheidungen zu ertrotzen. So hatte man einmal gegen den Willen der Mehrheit des Parlaments den Eintritt in den 1.Weltkrieg erzwungen. Nach dem 2.Weltkrieg war der ideologische Konflikt durch den 'Consociativismo' entgiftet worden, nachdem er zunächst zu bürgerkriegsähnlichen Zuständen geführt hatte. Ein Modell kann Italien wirklich nicht sein. Es verhält sich nicht wie ein mitteleuropäischer Staat. Man kann darum bei der Analyse seiner Politik auch nicht das mitteleuropäische Metermaß verwenden. Im Land ist diese Tatsache ein Teil des natioalen Selbstverständnisses. Sie wird als Makel empfunden. Die Klage darüber, daß Italien kein „normales Land" sei, ist Ausgangspunkt jeder Diskussion über die Reform des politischen Systems. Dahinter verbirgt sich die Sehnsucht, daß Italien sich zu einem Lande entwickelt, dessen Institutionen des öffentlichen Lebens mit denen der anderen Westeuropäischen Nationen vergleichbar sind.

Auch außerhalb der anfangs beschriebenen Stereotypen wird Italien - abgesehen von der Kultur - nicht richtig ernst genommen. Es ist eben das 'Belpaese', wie es sich - ohne Selbstironie - nennt. Seinen politischen Verhältnissen wird darum kaum Beachtung geschenkt, wenn aber doch, dann mit leichtem Schmunzeln, die Merkwürdigkeiten der Verhältnisse betonend. Dabei wird vergessen, daß Italien einer der wichtigen Partner Deutschlands ist. Beide Länder haben einen großen Teil des Weges ihrer Geschichte im Bösen oder im Guten gemeinsam zurückgelegt, sie wollen gemeinsam die Zukunft gestalten, indem sie Europa eine neue Gestalt geben. Sie sollten darum voneinander wissen und einander verstehen. Dieses Wissen zu vermitteln und zu vertiefen, ist das Anliegen dieses Buches.

Für Italien ist Deutschland auf dem Weg zur Hegemonialmacht in Europa und deshalb die wichtigste außenpolitische Referenz. Das Verhältnis bleibt - wie über die letzten Jahrhunderte - gespalten. Es schwankt zwischen Hochachtung, Neid, Befürchtungen, Angst und Geringschätzung. Natürlich drückt sich darin mehr kollektive historische Erfahrung aus als Wissen um das Deutschland von heute. Aber Deutschland wird heute mehr und mehr Gegenstand italienischer Veröffentlichungen. Das sollte keine Einbahnstraße bleiben.

Grande potenza und bella figura

Italien gehört wie Deutschland zu den spätgeborenen Nationalstaaten. Anders aber als in Deutschland, wo das alte Kaiserreich und dann der Deutsche Bund ein -wenn auch schwaches - Band der Gemeinsamkeit aufrecht erhalten hatten, war Italien über die Jahrhunderte nichts weiter als ein „geographischer Begriff" gewesen, um mit Metternich zu sprechen. Erst als die Französische Revolution einen Hinweis darauf gegeben hatte, daß die Nation die angemessene Grundlage für die Organisation eines Staates sei, sproßten erste, schüchterne Halme eines italienischen Nationalbewußtseins.

Wenn es auch nie einen italienischen Staat gegeben hatte, wenn die regionalen Unterschiede auf der Halbinsel auch Welten umspannten, wenn die gemeinsame Sprache auch regionale Ausprägungen aufwies, die die Kommunikation zwischen den Regionen erschwerten, so war das Land doch geprägt von einer gemeinsamen Geschichte und Kultur. Die Geschichte war unübersehbar. Sie wurde den Italienern täglich vor Augen geführt und blieb so lebendig. Lebendig blieben die glanzvollen Zeiten des römischen Imperiums, lebendig blieben die Zeiten des germanischen/deutschen Kaisertums und wenn man bei den politischen Parteiungen des 'Risorgimento' von Guelfen und von Ghibellinen sprach, dann nahm man damit Geschichte wieder auf. Lebendig blieben Glanz und Elend der Renaissance, blieben Machiavelli und Cesare Borgia. Die Macht Venedigs war zwar vergangen, im Spiegelbild der Stadt jedoch sah man noch immer die einstige Herrin der Adria. Venedig, das sich immer abseits gehalten hatte von Italien und seinen Wirren, brachte in die italienische Außenpolitik ein: den Blick nach Dalmatien, auf die Erbschaft aus dem zerfallenden türkischen Reich und den Traum von der Adria als 'mare nostrum', als italienischen Herrschaftsbereich. Um mit Benedetto Croce zusprechen:"Welches ist der Charakter eines Volkes? Seine Geschichte, seine ganze Geschichte, nichts anderes als seine Geschichte".[7]

Bernard Andreae spricht im Kontext der römischen Kaiserzeit davon, daß in vorgeschichtlicher Zeit der Mythos die Erinnerung der Völker war und daß im Mythos verdichtet wurde, was der Überlieferung wert war[8] In Italien hat noch im Zeitalter der Nationalstaatenbildung der Mythos diese Rolle gespielt. Er prägte das Bewußtsein in den tiefsten Schichten der vorwiegend in archaischen Lebensnormen gefangenen überwiegenden Mehrheit der Bevölkerung, und die dünne, das Risorgimento tragende, aufgeklärte, bürgerlich-liberale Oberschicht benutzte den Rückgriff, um über den Mythos ein Nationalgefühl zu schaffen.

Alles das, was man vor Augen hatte, war Vergangenheit. Italien war zur Beute und zum Spielball der 'Großen Mächte' geworden, die es willkürlich unter sich aufteilten. Die Französische Revolution hatte in ihrem Gefolge zwar kurz die Fremdherrschaft hinweggefegt, aber die Sonne politischer Emanzipation und Selbstbestimmung schien nur kurz. Zwar gab es nun ein Königreich 'Italien', aber dieses war ein französischer Satellitenstaat. Nicht anders ging es dem Königreich 'Neapel', das selbständig bleiben

7 Croce, Benedetto: „Teoria e storia della storiografia", Bari 1966, S.316 ff: „Qual'è il carattere di un popolo? La sua storia, tutta la sua storia, nient altro che la sua storia,"

8 Andreae, B.: „Laokoon und die Gründung Roms", 3.Auflage, Mainz 1994

konnte, denn auch Napoleon rührte nicht an der Teilung des Landes in eine nach Mitteleuropa und eine zum Mittelmeer hin gerichtete Hälfte.

Die Neuordnung Europas auf dem Wiener Kongreß ließ den Italienern keinen Hoffnungsschimmmer. Die Devise hieß Fremdherrschaft und Restauration. In Norditalien wurde Österreich die dominierende Macht, die den übrigen Klein- und Kleinststaaten Rückhalt gab. Dennoch, wie überall in Europa, war der Gedanke der nationalen und der politischen Selbstbestimmung nicht mehr zu ersticken.

Der Kampf um die nationale Unabhängigkeit und Einheit, das Risorgimento, hat lange gedauert. Er ist nicht von dem idealistischen Vorkämpfer des Liberalismus, Mazzini, sondern von liberalen Pragmatikern wie Cavour gewonnen worden und, da es sich bei den Vorkämpfern für die Einheit Italiens nur um eine schmale Schicht des Bürgertums handelte,konnte er nicht ohne fremde Hilfe, nämlich die Frankreichs, gewonnen werden.

Der italienische Nationalstaat sieht seine Wurzeln in den Werten des Risorgimentos. Diese waren das vereinigende Element, das aus dem Flickerlteppich von Kleinstaaten eine Nation machte. Die Spannung zwischen Ziel- und Wertvorstellungen hat schon vor der Einigung unterschiedliche politische Gruppierungen entstehen lassen. Die Kategorisierung nach 'links' und 'rechts' täuscht zunächst, denn da Träger des politischen Willens nur eine schmale Schicht ist, erfolgt die Zuordnung in den Grenzen des liberalen Spektrums. Der Spannungsbogen jedoch, der sich darin ausdrückt, gilt - wenn auch in begrenztem Maße - ebenso für die Außenpolitik. Wenn es nach den Vorstellungen des Theoretikers des Risorgimentos Mazzini gegangen wäre, dann sollte die Befreiung des Landes ohne Hilfe von außen erreicht werden. Der pragmatische Politiker Cavour dagegen war bereit Hilfe anzunehmen, wo immer er sie erhalten konnte. Die Spannung zwischen dem Ideal der Nichtintervention und der Realität ist ein wichtiges Element der Entstehungsgeschichte des modernen Nationalstaates Italien.[9]

Unabhängig von dem Standpunkt in Fragen Nichtintervention und Realpolitik verlangten historisches und kulturelles Erbe, daß der junge Staat eine entscheidende Stimme im internationalen Orchester zu spielen habe. War Rom, die Hauptstadt, nicht für Jahrhunderte, also schon immer das Zentrum der Welt gewesen: zunächst als Hauptstadt des römischen Imperiums, dann als Sitz des Papstes, dem die weltlichen Herrscher untertan waren? War Rom nicht die Wiege der westlichen Kultur?[10] So ist es natürlich, daß die oberste Priorität und das wichtigste Kontinuum der italienischen Außenpolitik immer darin bestanden hat, als eine europäische Großmacht (grande potenza, große Macht) anerkannt zu sein. Das bedeutet aber auch, daß die primäre Aufgabe der italienischen Außenpolitik darin bestand, die Ansprüche des Landes trotz der beschränkten wirtschaftlichen Möglichkeiten, der nicht überzeugenden militärischen Kapazitäten „und des Widerspruches zwischen den Mythen , den Hoffnungen und den Versprechungen des 'Risorgimentos' und der Wirklichkeit Italiens“[11]durchzusetzen.

In diesem Kontext hat sich Italien auf die Politik der imperialistischen Expansion eingelassen. Dafür mußte es die in den ersten Jahren nach der Einigung betriebene Politik der Nichtbindung und Nichtintervention aufgeben. Versuche, außerhalb Europas Fuß zu fassen, waren auf den Widerstand Frankreichs gestoßen. Italien mußte erfahren, daß es auf sich allein gestellt zu schwach ist, um eine expansive Außenpolitik zu betreiben.

---

9 s. Chabod, Federico: Storia della politica estera italiana da 1870 al 1896, Milano 1965, S.23 ff

10 Bollati, Giulio: „L'Italiano“, Milano 1983 u. 1996, S.45: "culla della civiltà generale“

11 Jean, Carlo: „Geopolitica“, Milano 1995 S.225

Das wurde auf dem Berliner Kongreß deutlich und sichtbar. Es war zwar eingeladen, aber bei der Verteilung der Beute aus dem zerfallenden Osmanenreich ging es leer aus. Das war um so schmerzlicher als es sich hierbei auch um Gebiete handelte, die einmal venezianisch gewesen waren und auf die Italien Ansprüche zu haben glaubte.

Auf sich selbst gestellt, war Italien zwar nicht aus dem Kreis der Großen ausgeschlossen, aber es wuchs auch nicht mit ihnen. Sein Gegensatz zu Frankreich und Englands Politik der 'splendid isolation' machte eine Verbindung zu den beiden deutschen Großmächten zur einzig möglichen Alternative. Seit dem deutsch-französischen Krieg war Italien zwischen Deutschland und Frankreich hin und her gerissen gewesen.[12] Nun entschied es sich zum ersten Mal zwischen den beiden großen Nachbarn.1882 nahm Italien Bismarcks Angebot an, gemeinsam mit Österreich ein primär gegen Frankreich gerichtetes Verteidigungsbündnis zu schließen: den Dreibund.

Italien entschied sich damit nicht nur für Deutschland. Es setzte auch eine außenpolitische Priorität. Die Ausdehnung nach Afrika bekam Vorrang vor der 'irredenta', d.h. der Rückholung des im Nordosten unter fremder, österreichischer Herrschaft schmachtenden Italiener. Eine darauf gerichtete Politik war ohnehin unrealistisch. Man gab mit dem Dreibund insofern wenig auf und gewann den Rückhalt eines starken Bündnisses. Der Erfolg ließ nicht auf sich warten.

Eine große Rolle bei der Entscheidung für den Dreibund hat gespielt, daß im Wettlauf um die Kolonien - besonders schmerzlich im Fall Tunesiens - Frankreich den Aspirationen und Ansprüchen Italiens mehr oder weniger schroff entgegengetreten war. Italien hatte dadurch an Ansehen verloren; 'che figuraccia! Dieser rational nicht zu analysierende Faden zieht sich durch die italienische Politik: Die Übertragung von Konzepten des mitmenschlichen Verhaltens von der einzelnen Person auf politische Gruppierungen oder intrastaatliches Verhalten. Der Staat, die Nation werden personifiziert und mit den gleichen Maßstäben gemessen wie die Nachbarn.

Da spiegelt sich ein Kosmos, der ganz personenorientiert und organisch bestimmt ist, dem der Staat und seine Institutionen fremd sind, als bestehe die Fremdherrschaft noch fort, und für den konkrete Werte wie Ehre bestimmend sind. Zusammengehalten wird diese Welt von dem Band der 'amicizia' (Freundschaft), in der Geben und Nehmen eine Selbstverständlichkeit sind. Amicizia hat für Italiener einen ganz anderen Sinngehalt als für Deutsche. der Begriff ist viel formaler, viel verpflichtender. Freunde sind wie Verwandte. Sie sind wie Verwandte bereit, etwas für einander zu tun. Weil man meint, Deutschland einen entscheidenden Schritt zur Einheit ermöglicht zu haben[13], geht man davon aus, daß Deutschland nun seinerseits ein Auge zudrückt, wenn es drum geht, Italien an den Kriterien von Maastricht zu messen

Zum anderen hat der Staat nichts getan, um ein besseres Verhältnis zu seinen Bürgern zu bekommen. Allein schon die Vielzahl der Gesetze und der überbordende Staatsapparat verhindern, daß sich die Nation mit dem Staat identifiziert.Das Volk hat sich nie mit dem Zentralstaat identifiziert, der tiefe Graben zwischen Nord und Süd wurde nie überbrückt. Der Einzelne zog sich auf das Beziehungsgeflecht seines näheren Umkreises zurück. Darum bewertet er die Politik auch mit den Maßstäben, die in diesem Umkreis gelten.

---

12 s. Chabod, op.cit., S.23 - 214

13 Michelis, Gianni: „La vera storia di Maastricht", in: LiMes 3/96, S.137 ff.

In diese Gesellschaft wurde aus der Kultur der Renaissance übernommen, und vom Risorgimento bei der Definition der italienischen Nationalkultur bestätigt[14] das Konzept der 'bella figura' und sein Gegenbild der 'figuraccia'. Es geht zurück auf das griechische Männlichkeitsideal der Antike, das Kraft, Klugheit und Schönheit in sich vereinte und sowohl in Cesare Borgia als auch in Machiavelli, dem Machtpolitiker, aber auch dem Denker sich spiegelte. Wichtig bei diesem Konzept ist vor allem, daß man nicht nur tüchtig sein sondern auch gut dabei aussehen muß. In der praktischen Politik hört sich das dann so an: „abbiamo perso, ma abbiamo fatto un'ottima figura al mondo"[15] (Wir haben verloren, aber wir haben vor der ganzen Welt optimal dagestanden).

In diesem Zusammenhang ist das Komplott durchaus ein von der Geschichte legitimiertes Mittel der Politik. Dieses Konzept bestimmt das Verhältnis zu anderen Staaten ganz entscheidend. Die Deutschen hatten sich schon vor Ausbruch des 2. Weltkrieges in Italien, auch bei einem Teil der Faschisten unbeliebt gemacht, weil sie Italien - sichtbar für alle -, wo immer es ging, in die zweite Reihe drängten. Immer und unter allen Umständen muß verhindert werden, daß Italien im Ausland eine 'figuraccia' macht, d.h. tumb und dumb und häßlich dasteht. Wenn zwei andere Staaten sich gleichzeitig, aber unabhängig von einander negativ über die italienische Politik äußern, wird sogleich ein Komplott vermutet.

Man versteht nicht, warum Auseinandersetzungen in der Sache von der anderen Seite so ernst genommen werden, wenn sie doch nur ein „scambio di vivace battute"[16] sind, jener geistreichen Bemerkungen, die Ausdruck der 'bella figura' sind. Das Spiel mit den Worten wird in diesem Kontext sogar für den Ministerpräsidenten zum Zweck, um die 'dignità'(Würde) seines Landes unter allen Umständen zu wahren. Wenn er auf diese Art vielleicht auch keinen anderen Erfolg erringt, so gewinnt er doch Polularität im eigenen Land.

In der Außenpolitik führt diese Sicht der Dinge nicht nur zum Verlangen nach ständiger Anerkennung Italiens und seiner Leistungen. Es muß auch sichtbar sein, daß Italien zu den 'Großen' gehört. Unabhängig von sachlichen Erfordernissen oder von nationalen Interessen ist es deshalb für die Italiener undenkbar, nicht zu den 'großen Mächten' zu gehören. Im Verbund des Dreibund gehörte es dazu. Der Dreibund war ein gegen Frankreich gerichtetes Verteidigungsbündnis. Italien hatte auf einem Vorbehalt wegen England bestanden. Auch ohne die Lektion von Mahan wußte man aus historischer Erfahrung, daß Italien nicht gegen eine Macht zu verteidigen ist, die das Mittelmeer beherrscht. Seit Trafalgar aber beherrschte die britische Mittelmeerflotte gestützt auf Malta und Gibraltar das Mittelmeer.

Wenn Italien im 1. Weltkrieg den Bündnisfall nicht für gegeben hielt und darum nicht an der Seite der Mittelmächte in den Krieg eintrat, dann hatte es formal - und wohl auch tatsächlich -recht. Als es dann jedoch in den Krieg eintrat, mußte das Parlament zwar von den aufgebrachten Irredentisten auf der Straße zur Zustimmung gezwungen werden, aber die Seite, die man wählte, war die der meistbietenden. Italien rechnete damit, einen weiteren Schritt auf dem Wege zu einer 'großen Macht' zu tun. Durchgesetzt haben sich die Anhänger einer reinen Machtpolitik, aber wie hätte sich Italien auch gegen die Entente verteidigen sollen?

---

14 Bollati, Giulio: op.cit., S.68 f.

15 Der stellvertretende Ministerpräsident Veltroni, zit. nach La Repubblica 7.9.1997

16 Agnelli, Susanna: RAI 3 am 16.12.1995.

Das Kriegsende brachte allerdings nicht die erhoffte Ernte. Zwar spielte Italien auf der Friedenskonferenz von Versailles nach außen hin eine bedeutsame Rolle, aber aus dem inneren Kreis der letzten Entscheidungen war es hingegen ausgeschlossen. Die Ironie der Geschichte wollte es zudem, daß die in Geheimprotokollen festgehaltenen Versprechungen sich an den vierzehn Punkten Wilsons messen lassen mußten. Die Realpolitik wurde am Geist des Risorgimentos gemessen und redimensioniert. Italien mußte seine Gebietserwerbungen mit dem Argument rechtfertigen, sie seien überwiegend von Italienern bewohnt. Anders als bei der Einigung Italiens ist die Bevölkerung jedoch nie befragt worden.

Italien bekam auf dem Balkan nicht, was es für angemessen gehalten hätte und auch bei der Verteilung der deutschen Kolonien ging es leer aus. Obwohl Italien zu den Siegermächten gehörte und die Gewinne des Krieges beträchtlich waren, merkte das Land wenig von dem Sieg: die Wirtschaft war zusammengebrochen, Arbeitskämpfe arteten zu bürgerkriegsähnlichen Zuständen aus, es herrschte ein politisches Chaos. Dabei hatte Italien große Blutopfer gebracht, es hatte zäh um jeden Fußbreit Boden gekämpft, bei Caporetto war ihm die schwerste Niederlage seiner Geschichte zugefügt worden, der Sieg über Österreich gegen Ende des Krieges bei Vittorio Veneto war im Trubel der Auflösung der k.u.k. Monarchie in der Niederlage an der Westfront fast unbeachtet geblieben. Italien sah sich als Verlierer des Krieges und nicht als Sieger.

Die Enttäuschung über den Frieden war ein wesentlicher Teil des Ackers auf dem der Faschismus wuchs. Die Revision dieses Friedens,. des Friedens von Versailles, war die Grundlage der Außenpolitik Mussolinis.[17] Ihre Eckpfeiler konnten daher zunächst auch nur sein: Die Wiedergewinnung der versprochenen, im Krieg gewonnenen und im Frieden verlorenen Gebiete und ein sicherer, sichtbarer Platz unter den großen Mächten der Weltpolitik. Je länger Mussolini an der Macht war, um so stärker hat er in dieser Hinsicht an historische Vorbilder angeknüpft: Das Imperium sollte wieder erstehen, und das nicht nur im Mittelmeerraum. Mussolini fühlte sich auch als Erbe der Habsburger.[18]

Zunächst sah sich Mussolini jedoch gezwungen, seine Herrschaft im Inneren zu stabilisieren und sich nach außen zurückzuhalten. Italien blieb ein geachtetes Mitglied der internationalen Völkerfamilie, auf das man sich verlassen konnte, so wenn er 1934 Hitler durch eine militärische Demonstration vom Anschluß Österreichs abhält. Italien arbeitete intensiv im Völkerbund mit und wurde immer wieder - wie etwa in Locarno - sichtbar in seiner Rolle als Großmacht bestätigt. Der diktatorische Charakter des Regimes war kein Hindernis dafür, daß Italien im Ausland viel Anerkennung fand: die politische Stabilität, der geordnete Gang der Staatsverwaltung, der wirtschaftliche Aufschwung sowie die Überwindung der Weltwirtschaftskrise und die Erfolge bei der Bekämpfung der organisierten Kriminalität in Süditalien ließen Italien im Europa der Zwischenkriegsjahre als Musterland erscheinen.

Von dem damit verknüpften Prestige konnte die Außenpolitik zehren. Italien machte 'bella figura'. So konnte Mussolini etwas aktiver werden, indem er auf dem Balkan seinen Einfluß verstärkte. Er konnte schließlich mit dem Protektorat über Albanien (1928) einen ersten Fuß auf die Gegenküste setzen, einen ersten Schritt hin zur Adria als 'mare nostrum' machen.

---

17 s. hier und im folgenden: „R. Bosworth & S.Romano (ed.): „La politica estera italiana 1860 - 1985, Milano 1991, S.287 ff.

18 „I gendarmi e gli eredi degli Habsburger“, Il Popolo d'Italia vom 23.10.1918

Der Umschwung in Mussolinis Außenpolitik ist der Angriff auf Abessinien im Jahre 1935. Für Italien war Abessinien nicht nur ein Land von strategischer Bedeutung am einen Ende des Suezkanals. Es hatte auch emotionale Bedeutung. Schon einmal hatte Italien den Griff gewagt und war von Äthiopien entscheidend geschlagen worden (Adua, 1896). Die Wunde schmerzte noch. Es schmerzte aber vor allem, daß Italien, nachdem es keine der ehemaligen deutschen Kolonien erhalten hatte, als Kolonialmacht zusammen mit Portugal und den Niederlanden als zweitklassig einzustufen war.

Der Angriff auf Abessinien, ein Mitglied des Völkerbundes, machte Italien zum Paria in der internationalen Politik. Dieses war ungeschminkte Machtpolitik, für die es keinerlei Rechtfertigungen gab. Der Völkerbund reagierte 'politisch'und verlangte Sanktionen. Letztere trafen Italien durchaus schmerzhaft. Die Abhängigkeit des Landes von der Zufuhr von Rohstoffen und seine exponierte Lage wirkten sich aus. Aus italienischer Sicht sollte das Land auf seinem Weg zur Selbstbestätigung als Großmacht aufgehalten werden. Um so willkommener war der Freund aus dem (Nord-)Osten, der Verständnis für Italien hatte und seine Hilfe anbot. Die Sanktionen trieben Mussolini in die Arme Hitlers; von Deutschland bekam er alles, was die italienische Wirtschaft brauchte.

Der Feldzug in Abessinien war dieses Mal erfolgreich. Mussolini konnte - wie einst Disraeli der Königin Victoria die indische - dem italienischen König die äthiopische Kaiserkrone aufsetzen. Italien war wieder ein Imperium. Mussolini war auf der Höhe seiner Popularität. Die so erfolgreiche Zusammenarbeit mit Deutschland verdichtete sich.

Das nächste - wenn nicht miteinander, so doch nebeneinander - gemeinsame Unternehmen war die Hilfe für den ideologisch verbundenen Franco gegen den Kommunismus. Mussolini hat den Krieg in Spanien als seinen Krieg und den Sieg Francos als seinen Sieg empfunden.[19] Im Dreiecksverhältnis Spanien - Italien - Deutschland kamen die italienischen Empfindlichkeiten sehr früh zum Tragen. Auf die Nachricht, daß Spanien einen Vertrag mit Deutschland schließen will, reagierte Italien positiv für den Fall, daß es sich um einen Geheimvertrag handelte, anderenfalls müsse Italien beteiligt werden, damit man nicht sagen könne „Italien führt in Spanien Krieg und Deutschland profitiert davon"[20].

Der Höhepunkt der faschistischen Außenpolitik war die Münchner Konferenz von 1938. Nicht nur war Italien sichtbar eine der vier Großmächte, die 'peace for our time' sichern wollten. Es hatte mit der mediterranen Kunst der Vermittlung und des Kompromisses viel zum Gelingen beigetragen. Für Italien war mit München die Revision von Versailles, wenn nicht abgeschlossen, so doch in das Endstadium getreten. Der schon bald auf die Münchener Konferenz folgende Griff Hitlers auf die Tschechoslowakei stieß in Italien weitgehend auf Unverständnis. Er paßte nicht in die Vorstellungen, die das Land mit der Revision von Versailles verband. Das Vorgehen des Verbündeten war in der eigenen Bevölkerung nicht populär. Der Griff Hitler's nach Prag zerstörte nicht die Tschechoslowakei von Versailles, sondern die von München. Damit wurde am internationalen Image Italiens gekratzt. Es brauchte eine Kompensation.[21] Mussolini

19 Ciano, G.: „Diario", Vol.1: Kommentar Mussolinis zu einem Schreiben Francos: „il rapporto di un subordinato"(S.18) oder: „..la vittoria in Spagna ha soltanto il nome di Mussolini"(S.28)

20 Ciano, op.cit., S.29: „..altrimente la gente dirà che l'Italia fa la guerra in Spagna, e la Germania ne profitta."

21 Ciano, op.cit., S.54 ff.

nutzte die Gelegenheit, seinem König auch noch die Krone des Protektorats Albanien in den Schoß zu legen. Der Traum von der Adria als 'mare nostrum' wurde immer realer.

Italien konnte eine zu enge Bindung an Deutschland nicht wollen, die keinen Bewegungsspielraum ließ. Es konnte auch einen Krieg nicht wollen, jedenfalls keinen langen, die Großmächte involvierenden. Dazu war sein wirtschaftliches und militärisches Potential nicht stark genug.[22] Es wußte, daß ihm in dieser Hinsicht die Attribute einer Großmacht fehlten. Es ließ sich darum nur zögernd auf den 'Stahlpakt′ ein, jenes Militärbündnis, das weitaus enger als einst der Dreibund an Deutschland band.

Als der Krieg ausbrach, konnte Mussolini Hitler davon überzeugen, daß Italien auf einen Krieg nicht vorbereitet sei und darum seine Bündnisverpflichtungen nicht erfüllen könne. Die Liste der notwendigen Zulieferungen war so umfangreich, daß man hoffen konnte, sie würden schwer erfüllbar sein. Um nicht den etwas anrüchigen Begriff 'Neutralität' verwenden zu müssen, prägte man einen anderen, der dazu noch den Vorteil hatte, nicht genau definiert zu sein: „non belligeranza".

Die Italiener waren nicht die einzigen, die den neuen Krieg als eine Fortsetzung des 1. Weltkrieges sahen. Angesichts der Maginotlinie konnte man durchaus mit dem Gedanken spielen, daß Abwarten die beste Politik sei. Das Szenario einer langen Abnutzungsschlacht ohne Sieger und Verlierer war so unwahrscheinlich nicht. In einem solchen Fall aber sah Italien seine Stunde gekommen: die Stunde des Vermittlers. Es hatte schon mit Kriegsausbruch immer wieder einen Ansatz für eine Friedenskonferenz gesucht. Wie hätte Italien vor der Welt dagestanden, wenn es ihr den Frieden zurückgegeben hätte. Nur waren alle Vermittlungsversuche an dem eisernen Willen Hitlers zum Krieg gescheitert.

Die Erfolge Deutschlands in dem Blitzkrieg, in dem es Frankreich in wenigen Monaten niederrang, nannten diese Illusion bei ihrem Namen. Plötzlich stand Italien vor dem Dilemma, im Falle eines schnellen Endes des Krieges beim Friedensschluß und der voraussichtlichen Neuordnung Europas nicht mitreden zu dürfen und damit auf die Hinterbank verbannt zu werden, und dem Risiko eines Krieges, auf den die Nation nicht vorbereitet war und der bei der Bevölkerung keinen Rückhalt fand.

Die Entscheidung sich am Krieg zu beteiligen, war Mussolinis Entschluß. Im Gegeneinander der unterschiedlichen Meinungen, auch innerhalb der faschistischen Partei, entschied er sich - wohl gegen die Mehrheit seiner Ratgeber - für den Kriegseintritt. Er glaubte, die Alliierten hätten mit der Niederlage in Frankreich auch den Krieg verloren.[23]Er hielt es deshalb für höchste Zeit, sich einen Platz unter den Siegern zu sichern. In diesem Zusammenhang sollte nicht vergessen werden, daß Mussolini in dem alten italienischen Wertekatalog lebte. Er hatte sich im Stahlpakt an Hitler gebunden und fühlte sich durch die Notwendigkeit eben diesen Hitler zu bitten, neutral bleiben zu dürfen, in seiner Ehre getroffen. Mit dem Kriegseintritt sollte die Ehre Italiens wieder hergestellt werden.[24]

Die Wirklichkeit hat die Überlegungen von 1940 in das Reich der Träume verwiesen. Drei Jahre nachdem Italien dem Krieg an der Seite Deutschlands beigetreten war, landeten die Alliierten auf Sizilien. Nur Fanatiker konnten jetzt noch hoffen, daß der Krieg zu

---

22 Favagrossa, Carlo: „Perchè perdiamo la guerra", Mailand 1947, S.13 - 102.

23 Ciano, op.cit., S. 264: Mussolini zu Ciano: „..oggi ti dico che hanno perso la guerra."

24 Ciano, op.cit: Mussolini „ha detto...che il prolungarsi della neutralità sarebbe disonore" (S.261)und: „Noi italiani siamo gia abbastanza disonorati." (S.264)

gewinnen sei. Bei der Beherrschung des Mittelmeeres durch die Alliierten war Italien nicht zu verteidigen. Es war nur natürlich, daß Italien die Alliierten um Waffenstillstand bat. Die Alliierten bestanden auf der bedingungslosen Kapitulation. Der Traum von der Großmacht schien endgültig ausgeträumt.

Die Deutschen besetzten Nord- und Mittelitalien, die Alliierten Süditalien, wohin sich die Regierung und der König geflüchtet hatten. Das Land hatte damit eine mehr oder weniger handlungsfähige Regierung und konnte - wenn auch in begrenztem Rahmen und unter alliierter Aufsicht - Außenpolitik betreiben. In diesem Rahmen wurde Deutschland der Krieg erklärt, was Italien zwar nicht den Status eines Verbündeten dafür aber den eines 'cobelligeranten' Landes einbrachte. Dennoch gehörte das Land bei Kriegsende zu den Besiegten. Im Friedensvertrag von Paris verlor Italien alle seine Kolonien mit Ausnahme von Somalia, wo ihm ein UN-Mandat erteilt wurde, und seinem Besitz in Dalmatien. Wie Deutschland war es aus dem Kreis der Großen ausgeschlossen.

Es war der Kalte Krieg, der Italien die Rückkehr unter die Großen ermöglichte, obwohl im Land die Voraussetzungen für eine solche Entwicklung nicht gegeben waren. Das Land hatte sich zwar 1948, mit dem Wahlsieg de Gasperis, für den Westen und damit instinktiv für den Beherrscher des Mittelmeeres entschieden, aber die inneren Verhältnisse ließen nicht gerade auf Stärke und Stabilität schließen Der häufige Wechsel der Kabinette, die wiederholten vorzeitigen Parlamentsauflösungen, die überbordende, ineffiziente Bürokratie, die hohe Rate der organisierten Kriminalität machten nach außen hin den Eindruck eines ständigen Chaos, während alles dieses in italienischen Augen nichts anderes war als das übliche Melodrama. Das Land hatte schließlich überlebt. Es nahm mit Hilfe des Marshallplanes einen beachtlichen wirtschaftlichen Aufschwung.

Italien gewann mit der Bindung jedoch nicht nur militärische Sicherheit sondern auch noch den so sehr angestrebten Platz unter den Großen. Es bekam ihn allerdings nicht aus eigener Kraft, sondern im Gefolge eines Stärkeren, der seine eigenen Zwecke damit verband.[25] Zunächst war es Frankreich, das Italien gegen Bedenken der USA zur Verstärkung des mediterranen Elements und seiner Position in Algerien als Gründungsmitglied der NATO durchsetzte, und dann waren es die USA, die ihrem engen und bedingungslosen Bündnispartner, gegen nun hinwiederum französische Bedenken, den Weg in die EU und G7 ebnete. „Italien hat es vorgezogen, klein im Schatten einer Großmacht, Amerika, zu sein, anstatt klein im Schatten von zwei Nachbarn, Frankreich und Deutschland".[26]

So war die Zeit des Kalten Krieges - trotz des innenpolitischen Dualismus - die glücklichste der italienischen Außenpolitik. Der Traum vom Imperium war ausgeträumt, aber Italien gehörte unbestritten zu den Großen der Weltpolitik, wenn auch nur unter den Flügeln seines Schutzherren, den USA. Es war sichtbar überall dabei. Der Schutzherr war gleichzeitig der Beherrscher des Mittelmeeres und darüber hinaus die unbestrittene Vormacht des Westens. Die Rolle des Landes im Bündnissystem war eher subaltern; das Wort vom 'Flugzeugträger Italien' machte die Runde. In allen internationalen Entscheidungsgremien, die zählten, war das Land jedoch vertreten.

---

25 Salvati, M.: „L'Ulivo, le spine della resistenza", Corriere della sera, 20.2.1996

26 Romano, Sergio: „Lo scambio ineguale. Italia e Stati Uniti da Wilson a Clinton", Milano 1995, S.70

Das Ende des Kalten Krieges stellte Italien vor eine völlig neue Lage. Die Gefahren eines militärischen Konfliktes waren reduziert - oder gar eliminiert. Für die USA hatte Italien an Bedeutung verloren, sie entließen das Land deshalb aus ihrer Schutzherrschaft. Das bedeutete das Ende der innenpolitischen Dominanz und den Anfang der Möglichkeit zu einer eigenständigen Außenpolitik. Es bedeutete aber auch, daß Italien sich seinen Platz und Rang in der Völkergemeinschaft erarbeiten muß. Es muß seine politische und militärische Position so stärken, daß es Anspruch auf einen Platz in der ersten Liga hat, um eine Metapher zu gebrauchen, die in Italien inzwischen Allgemeingut geworden ist.

In der Frankfurter Allgemeinen Zeitung war kürzlich zu lesen: „ Italien will weder Prestige gewinnen, noch muß es welches erhalten. Allein nach wirklichen nationalen Interessen kann entschieden werden.“ das ist so richtig wie falsch, und es zeigt wie weit deutsche und italienische Denkkategorien von einander entfernt sind. Prestige hat nach wie vor die höchste Priorität auf der Skala des nationalen Interesses.[27] Es war nicht nur persönliche Eitelkeit, wenn Mussolini sich über alle Maßen ärgerte, wenn er bei einem Konferenzfoto in der zweiten Reihe stand, und jubelte, wenn Hitler ihn in einer Rede zweimal erwähnte. In seiner Person fühlte er seine Nation zurückgestellt. Für Nordeuropäer mag das unverständlich sein. Italien ist jedoch ein Mittelmeerland mit jahrhundertelanger historischer Erfahrung, nicht für wichtig genommen zu werden.. Verwundert es da, wenn andere Prioritäten gesetzt werden.

Pietro Quaroni, einer der einflußreichsten Nachkriegsdiplomaten Italiens, hat kurz nach dem 1. Weltkrieg als er 1920 in den diplomatischen Dienst eintrat „la politica del sedere“ - um seine eigene Metapher zu gebrauchen - anschaulich vor Augen geführt bekommen. Eines der ersten Telegramme, das er zu sehen bekam, verlangte: „In dieser Angelegenheit hat Italien das Recht, seine Ansicht kundzutun und es wird das tun.“ der Kommentar Quaronis räumt auch den letzten Zweifel aus: „Die Manie des Dabeiseins entspricht Überlegungen des reinen Prestiges: wir wollen dabei sein, aber... wir sind zufrieden damit, nur dabei zu sein.“[28]

Die Erfahrungen in den letzten Jahren haben Italien darüber hinaus gezeigt, daß in der Tat, nicht nur sein Gewicht in der Welt abgenommen hat, sondern auch das außenpolitische Bild des Landes erhebliche Kratzer bekommen hat. Der leise geäußerte Wunsch, bei den 4+2-Verhandlungen dabei zu sein, für den es keinen Grund gab, außer dem, bei den Großen zu sein, ist von den Deutschen brüsk vom Tisch gewischt worden.

Nun wollen Deutschland und Japan - die anderen Verlierer des 2. Weltkrieges - einen ständigen Sitz im Sicherheitsrat, während Italien beiseite stehen soll. Das wäre „de facto eine Herabstufung der italienischen Position“[29], darum kämpft Italien verzweifelt mit allen diplomatischen und politischen Mitteln um eine Lösung, die es mit Deutschland und Japan gleichstellt. Es ist nicht „Eifersucht“, wie J. Inacker meint[30] sondern die Verfolgung des höchstrangigen nationalen Interesses, und dieses geschieht nicht „verdeckt“, denn Italien hat nie ein Hehl daraus gemacht, daß es als Großmacht behandelt werden will. Die Geschichte seiner Außenpolitik weist das mehr als deutlich aus.

---

27 s. Garimberti, P.: „La sfida di Major e la piccola Italia“, La Repubblica 24.5.1996

28 Quaroni, P.: „Chi è che fa la politica estera in Italia“, in: „Istituto Affari Internazionale della Repubblica Italiana“, Milano 1967, S.811

29 Kommentar, La Repubblica 10.10.1996

30 Inacher, J.: „Italiens verdeckte Eifersucht“, Internationale Politik Nr. 2/52, S.59f.

Von der Kontaktkommission zur Lösung des Bosnien-Konfliktes ist Italien ausgeschlossen worden, obgleich es sich dabei um ein altes italienisches Interessengebiet handelt. Wieder war Frankreich dagegen, und es fand sich diesmal kein 'Freund', um Italien doch noch den Eintritt zu ermöglichen. Die Wunde war schmerzhaft. Wohl ist Italien in zahlreichen Kommissionen zur Regelung von Folgen des Abkommens von Dayton vertreten. Es ist sich jedoch darüber im Klaren, daß dort technische und nicht politische Fragen geregelt werden sollen. In Dayton selbst war Italien draußen vor der Tür geblieben.

Die Gefahr, daß Italien trotz aller Anstrengungen die Voraussetzungen zum Beitritt in die EWU zunächst nicht schaffen kann und damit - wieder einmal - ins zweite Glied verwiesen wird, wird in der gleichen Perspektive gesehen. Es kommt hinzu, daß für Italien ein Europa ohne Italien nicht vorstellbar ist, da es keinen Sinn hätte[31], einfach nicht Europa wäre. Es ist aus dieser Sicht unverständlich, daß die mitteleuropäischen EU-Mitglieder eine so offensichtliche Wahrheit nicht erkennen.

Zweifel an Italiens Zugehörigkeit zu den 'Großen', ohne Rücksicht auf die taktischen Umstände, führt zu Unstimmigkeiten mit dem betreffenden Land. Der britische Außenminister Cook hat es erfahren müssen, als er für seinen Antrittsbesuch sich zunächst auf Paris und Bonn beschränkte. Es kann nicht oft genug wiederholt werden: Prestige hat in der italienischen Außenpolitik Vorrang vor Sachfragen.

31 Berlusconi, S.: Corriere della Sera - Sette (Beilage) Nr.13/1996

Zwischen (Nord-)West und (Nord-)Ost

Italien ist nicht nur von der See her verwundbar. Die fremden Eroberer waren noch häufiger von Norden gekommen. Selbst Hannibal hat so die römische Herrschaft über das Mittelmeer umgangen. Ein fast ununterbrochener Strom zieht durch die Geschichte der Halbinsel: die Kelten, die aufeinanderfolgenden Germanenstämme, die Heerzüge der deutschen Kaiser, die französischen Ritterheere und die deutschen Landsknechte Frundsbergs, die französischen Revolutionsheere, das österreichische Heer nach dem Wiener Kongreß, die Deutschen, die im 2. Weltkrieg als Freunde kamen und als Feinde blieben. Die Beziehungen zu den mächtigen Nachbarn im Norden sind darum von vitaler Bedeutung für das Land; sie sind die - wohl wichtigste - Konstante der italienischen Außenpolitik.

Italien ist auf sich allein gestellt zu schwach, um eine Politik entsprechend seinen Vorstellungen von seinem Rang zu führen. Das stellte es - unter den internationalen Bedingungen des 19.Jahrhunderts - vor die Wahl zwischen seinen westlichen oder (nord-)östlichen Nachbarn. An sich fühlt Italien sich den Franzosen verwandt. Letztere sind eine 'lateinische' und eine 'mediterrane' Nation, eine Nation, die Italien und der Welt das Geschenk der Französischen Revolution, der Befreiung des Menschen von willkürlicher Herrschaft gemacht hat. Und Frankreich war die Nation, die mit Blutopfern dazu beigetragen hatte, die Einheit Italiens zu erkämpfen.

Das Verhältnis zu den Deutschen ist dagegen immer zwiespältig gewesen. Einerseits bewundert man ihre Effizienz, ihre Organisationskraft und ihre Zielgerichtetheit, andererseits fürchtet man sie genau wegen dieser Eigenschaften. Die Angst vor dem 'furor teutonicus' ist durchaus keine Vergangenheit, auch wenn man heute die Bundesbank und nicht Panzerdivisionen fürchtet.[32] Zwar hatte Preußen einst dem jungen Staat Venezien quasi geschenkt, aber das Geschenk war mit zwei bitteren militärischen Niederlagen verbunden. Und wo liegt der Unterschied? Ob Österreicher, ob Preuße, es sind alles Deutsche.

Das Verhältnis zu den beiden Nachbarstaaten hat auch eine ideologische Komponente. Das Risorgimento, als fortdauernder Bezugspunkt der italienischen Politik - einschließlich der Außenpolitik -, war eine Bewegung aus bürgerlichem, liberalem - dem damaligen Verständnis entsprechend demokratischem - Gedankengut.

Für die konzeptionellen Väter des Risorgimento wäre eine Zusammenarbeit mit nicht den gleichen Idealen verpflichteten Ländern noch eine Todsünde gewesen. Die Realisierung der Einheit Italiens jedoch war nur möglich gewesen, weil die Ideale hinter der Realität der Macht zurückstehen mußten. Die italienische Außenpolitik hat von Geburt an ein Element in sich, das die opportunistische Angleichung an die jeweiligen Machtverhältnisse zur obersten Tugend macht; als 'sacro egoismo' wird dieses Element im 1.Weltkrieg zur Rechtfertigung des Bruches des Dreibundes formalisiert werden.

Zunächst hatte das junge Italien mit dem Gedanken geliebäugelt, mit Frankreich und Österreich-Ungarn gemeinsam ein Bündnis zu schließen, das Frankreich an den Rhein und Italien an den Isonzo bringen sollte, während Österreichs Vormachtstellung in Deutschland wiederhergestellt wurde. Italien hat der Volksstimmung darauf verzichtet.

---

32 Rampini, F.:"Dalla Wehrmacht alla Bundesbank", Panorama 6.6.1996, S.126

Der deutsch-französische Krieg von 1870/71 stellte Italien kurz nach seiner Gründung erstmals vor die Grundsatzfrage Realpolitik oder Intervention. Der Krieg schenkte Italien zwar das päpstliche Rom, das zuletzt nur noch durch die Anwesenheit französischer Truppen ihm entzogen worden war. Aber Italien befand sich in einem Zwiespalt: Politiker und Diplomaten - vorwiegend aus der Schule Cavours - verbanden die Ereignisse zu einem „Roma nostra e supremazia della Prussia in Europa“[33], zu dem Wegweiser zu einer neuen europäischen Ordnung. Eine Rolle bei diesen Überlegungen spielte, daß sich Italien nun von der Bevormundung durch Frankreich, als Folge seiner entscheidenden Hilfe bei der Einigung, frei machte. Es gab sogar Stimmen, die begannen, die Melodie eines Kriegseintritts an der Seite Preußens zu summen, um so das 1859 als Preis für die Hilfe gegen Österreich an Frankreich abgetretene Nizza wieder zu gewinnen.

War der Verstand bei den Preußen, so war das Herz mit den Franzosen. Italien verdankte zwar 'Venezia' dem Bündnis mit den Preußen, aber in Solferino hatte man Seite an Seite mit den Franzosen gekämpft. Es waren die Waffenbrüder, die dem 'Furor teutonicus' ausgesetzt waren. War es nicht die moralische Pflicht Italiens, ihnen zu Hilfe zu eilen?

Die pro-französischen Stimmen wurden nach den Fall des Kaiserreiches stärker. Die Diskussion bekam einen ideologischen Einschlag. Nun konnte man wieder zwischen dem Frankreich des Usurpators Napoleon und dem großzügigen Mutterland der Zivilisation und der Freiheit unterscheiden. Der Krieg wurde unter dem Gesichtspunkt des Kampfes für die Grundsätze der republikanischen Freiheit gegen die preußische Monarchie gesehen.

Das Meinungsbild in Italien blieb jedoch gebrochen. So hielt einerseits Mazzini an seinem alten Vorurteil gegen Frankreich, dem Verräter der Republik, fest, während der alternde Garibaldi ein letztes Mal seine alten Kampfgenossen aufrief und den Franzosen zu Hilfe eilte. Die Regierung distanzierte sich. Sein Unternehmen blieb eine Fußnote in der Geschichte

Dennoch ist man sich in Italien des grundsätzlichen Unterschieds des Einigungsprozesses der beiden spätgeborenen Nationen immer bewußt gewesen. Aus diesem Bewußtsein ist ein Bild Deutschlands entstanden, das sich auf das Verhältnis beider Staaten an Kreuzpunkten ihrer Politik entscheidend ausgewirkt hat.[34] Italien hatte die Ideen der Revolution von 1848 zu einem parlamentarischen Regierungssystem weiterentwikkelt. Im Risorgimento hatte sich die Idee der Nation mit der Idee der Freiheit verschmolzen. Die nationale Einheit war nicht durch Waffen sondern in Volksabstimmungen geschaffen worden. Das Denken des Risorgimento verbot der Nation Handlungen wie die Annexion Elsass-Lothringens gegen den Willen der Mehrheit der Bevölkerung. Anders als Deutschland war Italien von den Ideen der französischen Revolution als moralischem Wertmaßstab durchdrungen. All das unterschied es von der autokratischen Monarchie Deutschland, in der liberale Stimmen sich nur ausdrückten, wenn sie für Zwecke der Machtausübung instrumentalisiert werden konnten; die ganz auf sich bezogen war; in der der Gedanke an europäische Gemeinsamkeiten keinen Raum hatte und in der Moral - jedenfalls aus italienischer Sicht - keine politische Kategorie war.

---

33 Chabod, F.: op.cit., Milano 1965, Bd.1, S.24

34 s. Chabod, op.cit.,S.112 ff.

Ein Bündnis mit Deutschland war deshalb niemals eine natürliche Allianz[35] Dennoch war es Deutschland gemeinsam mit Österreich, mit dem Italien 1888 zum ersten Mal in seiner Geschichte in ein langfristiges vertragliches Verhältnis trat. Es war keine Liebesheirat. Es war ein Akt der Realpolitik, der dem Land - jedenfalls solange das Bündnis seine ursprüngliche Stärke bewahrte - in der Tat außenpolitischen Gewinn brachte. Als die Bündnispartner Italiens dessen Kolonialpolitik nicht ausreichend unterstützten, ließ es sich mit Frankreich ein und begann eine zweigleisige Außenpolitik zu führen. Die sich daraus ergebenden Konflikte stellte das Bündnis auf eine harte Probe.

Bei Ausbruch des 1.Weltkrieges war der Dreibund bereits abgenutzt. Italien sah den Bündnisfall nicht für gegeben an, da die Voraussetzungen eines Verteidigungskrieges nicht gegeben seien, Deutschland und Österreich hätten den Krieg erklärt. Sicher war es ein Vorwand. Aber es sieht so aus, als ob die Geschichte Italien gerechtfertigt hätte. Im übrigen war es auf einen Krieg nicht im geringsten vorbereitet: Die Streitkräfte, die es mobilisieren konnte, und deren Ausrüstung hätten einen Kriegseintritt zu einem Vabanquespiel gemacht.

Im Laufe des Krieges wurde der von beiden Seiten auf Italien ausgeübte Druck immer stärker, sich auf jeweils ihrer Seite am Krieg zu beteiligen. Italien verhandelte mit beiden gleichzeitig und entschied sich endlich für die meistbietende. Das war Realpolitik, wie sie im Buche steht. Die Mittelmächte riefen natürlich Verrat, aber wie hätte Italien gegen die englisch/französische Mittelmeerflotte verteidigt werden können?

Die Entscheidung war in Italien umstritten. Die politische Führungsschicht war dagegen. Auch im Parlament gab es eine klare Mehrheit gegen den Kriegseintritt, geführt von dem langjährigen Ministerpräsidenten Giolitti, der - wie die Kriegstreiber - von dem Zusammenbruch Österreichs-Ungarns, aber erst nach einem langen und blutigen Krieg, ausging, während man bei weiterer Neutralität die gleichen Gewinne ohne Opfer haben könne Die Volksstimmung hingegen war dafür und sie war eindeutig gegen Österreich-Ungarn. Sie verlangte die Befreiung der noch unter Fremdherrschaft leben müssenden Brüder (Irredenten). Die Demonstrationen waren so gewaltig, daß Parlament und Regierung nachgaben.

Mit der Kriegserklärung an die Mittelmächte hatte Italien - wenn es schon nicht neutral bleiben konnte - das geostrategisch Richtige getan. Zusätzlich waren die Italiener damit den Idealen des Risorgimentos treu geblieben, denn die westlichen Führungsmächte vertraten die gleichen Ideale eines liberalen parlamentarischen Systems wie Italien. Die Tatsache, daß man mit zwei Seiten gleichzeitig verhandelt hatte und sich - ohne nach Idealen zu fragen - an den Meistbietenden verkauft hatte, störte ein wenig. Der zeitweise Außenminister Salandra prägte daher den Begriff vom „sacro egoismo“, dem heiligen Egoismus der Staaten, um dem Vorgehen Italiens ein moralisches Mäntelchen umzuhängen.

Es ist bezeichnend, daß das Konzept der Nation aufgegeben wird, das einstmals herangezogen wurde, um den Unterschied zwischen dem liberalen und demokratischen Italien und der autoritären Monarchie Deutschland zu demonstrieren: nicht mehr der in einer Volksabstimmung geäußerte Wille der Mehrheit der Bevölkerung definierte die nationale Zugehörigkeit. Wie einst Deutschland im Falle von Elsass-Lothringen beruft

35 Guerriero, A.: „Politica estera italiana“, Milano 1945, S.9:“L’Alleanza per quanto innaturali fu utilissima all’Italia.“

..a sich nun auf die 'natürlichen Grenzen'. Der 'sacro egoismo' überdeckt die Ideale ..es Risorgimentos.

Die Außenpolitik Italiens nach dem 1.Weltkrieg, vor allem nach Machtantritt des Faschismus, wurde von einer seltsamen Dichotomie getragen, in der sich das Schwanken zwischen (Nord-)West und (Nord-)Ost widerspiegelt: einerseits loyale Mitarbeit, eng gebunden an Großbritannien, in der neuen Nachkriegsordnung, andererseits Revision gerade dieser Nachkriegsordnung. Hier stand der Sieger in einem Lager mit dem Besiegten. Nach Deutschland ausgestreckte Fühler brachten jedoch nur Enttäuschung. Auch Deutschland wollte eine Revision von Versailles, aber Stresemann wollte sie friedlich durch Verhandlungen erreichen.

Für Italien ging es darum, vor allem die Verhältnisse auf dem Balkan so umzugestalten, daß die dort noch verbliebenen Irredenten mit dem Vaterland vereint und gleichzeitig die adriatische Gegenküste unter Kontrolle gebracht wurde. Damit wäre die Adria zum 'mare nostrum'geworden. Ein erster Erfolg war Italien schon vor dem Machtantritt des Faschismus gelungen. Der Dichter d'Annunzio hatte mit einer Schar Freiwilliger das in Versailles Jugoslawien zugesprochene Fiume im Handstreich besetzt. Italien hatte es in seinen Verträgen mit der Entente nicht gefordert, obgleich es im Unterschied zu vielen anderen Gebieten mehrheitlich von ethnischen Italienern bewohnt war. Als man in Italien bemerkte, daß Fiume nicht zu den Gewinnen des Krieges gehörte, ging ein Sturm der nationalen Entrüstung durch das Land. Der Handstreich d'Annunzios schaffte in den Wirren der unmittelbaren Nachkriegszeit vollendete Tatsachen.

Der Machtantritt Mussolinis brachte zunächst keine grundlegende Änderung der italienischen Außenpolitik. Die Verstärkung der revisionistischen Komponente mußte jedoch auf Dauer Folgen haben. Italien fühlte sich um versprochene Gewinne auf dem Balkan betrogen. Eine auf Umgestaltung zielende Balkanpolitik mußte notwendigerweise auf den Widerstand Frankreichs stoßen, das mit der 'kleinen Entente' sich ein Bollwerk gegen das Wiederausgreifen eines erstarkenden Deutschlands nach 'Mitteleuropa' geschaffen hatte. Außerdem hegte Mussolini im Innersten seines Herzens Ansprüche gegenüber Frankreich. Er wollte Korsika, vor allem aber das einst den Italienern vor der Nase weggenommene und von einer starken italienischen Kolonie bewohnte Tunis. Schließlich sollte auch das Mittelmeer zum 'mare nostrum' werden. Ein erster Schritt zu diesem Ziel gelang mit der Errichtung einer Art von Protektorat über Albanien.

Das Verhältnis zu Frankreich besserte sich erst nach Hitlers Machtübernahme. Die Konkretisierung der deutschen Gefahr ließ Italien sich nach Freunden umschauen. Die Beziehungen wurden wärmer, sie verließen das Freund-Feind Schema. Nur: Frankreich konnte Mussolinis Hunger nach Eroberungen im Mittelmeerraum nicht stillen. Es versuchte ihn abzulenken. In diesem Zusammenhang wurde wieder auf Äthiopien hingewiesen. Im Gespräch zwischen den beiden Außenministern fiel der Hinweis: „l'Etiopie par example".

Das Verhältnis zu Deutschland hatte sich nämlich nach dem Machtantritt Hitlers nicht wie erhofft entwickelt. Die Art und Weise, wie die Größen des neuen Regimes in und gegenüber Italien auftraten, stieß Italien ab. Es fühlte sich in seiner Würde und seiner Ehre verletzt und reagierte zurückhaltend, verschnupft. Es war dann auch Italien, nicht Frankreich, das dem Anschluß Österreichs, nach der Ermordung von Dollfuss, streitbar entgegentrat und sich damit sichtbar auf die Seite des Versailler Vertrages stellte.

Äthiopien brachte die Wende. Auch in dieser Frage muß man jedoch anmerken, d Italien ursprünglich den Bruch mit dem Westen nicht wollte. Es hatte jeweils zweiseitige Absprachen zwischen Italien einerseits und Frankreich und Großbritannien andererseits gegeben, aus denen Italien nicht ganz zu Unrecht meinte entnehmen zu können, daß „das Schicksal Äthiopiens die beiden Westmächte nicht interessiere“

Während in Italien die Vorbereitung für den äthiopischen Feldzug schon liefen, wurden in Deutschland kurz nacheinander der Aufbau einer Luftwaffe und die Einführung der allgemeinen Wehrpflicht verkündet. Noch ein letztes Mal marschierten Italien und die Westmächte Seite an Seite. Man traf sich in Stresa und protestierte gegen die Verletzungen der Bestimmungen des Vertrages von Versailles. Zu mehr war man weder fähig noch bereit. Die Schwäche des Westens wurde vor aller Welt offenkundig. Auch Mussolini meinte zu erkennen, wer der Stärkere sei.

Äthiopien und die Unterstützung Francos waren im Ergebnis anti-westliche Politik. Man hat seinerzeit viel gerätselt, warum Mussolini sich in das spanische Abenteuer eingelassen hat. War es Großmannssucht? War es sein sehr viel tiefer als bei Hitler gehender ideologischer Antikommunismus? Wollte er Frankreich ärgern („fare un dispetto alla Francia“)? oder wollte er nur ‘seinen’, den italienischen Krieg?

Italien hatte seine Autonomie, seine politische Freiheit und seine Demokratie nicht durch einen eigenständigen, überragenden Erfolg auf dem Schlachtfeld besiegeln können. Kein Valmy und kein Sedan krönte die Nationwerdung. Solferino war ein französischer Sieg, Custozza und Lissa eine Niederlage. Selbst der 1.Weltkrieg hatte den erhofften Sieg nicht gebracht. Schlecht vorbereitet und ausgerüstet hatte das italienische Heer tapfer gekämpft. Im Gedächtnis der Nation aber blieb die schwere Niederlage bei Caporetta, die sprichwörtlich wurde, während der Sieg bei Vittorio Veneto in der Endphase des Krieges im allgemeinen Ungenügen über den verlorenen Krieg unterging, obgleich der Tag - wie einst Deutschland seine nationale Einheit am Tag der Schlacht von Sedan feierte - zum nationalen Feiertag erhoben wurde. Wollte Mussolini diesen Teil der italienischen Geschichte nachholen?

Jedenfalls strengte das Unternehmen in Spanien die italienischen militärischen Kräfte außerordentlich an. Mussolini hatte aufgerüstet, so weit es die wirtschaftlichen Ressourcen des Landes zuließen. Jedoch hatte der Krieg in Äthiopien die Streitkräfte - vor allem aber deren Materialvorräte - erheblich beansprucht. Mussolini mußte erkennen, daß er keinen großen Krieg mehr führen konnte. Einen Feldzug mit beschränktem Ziel gewiß, aber mehr auch nicht.

Auf der anderen Seite empfanden die Westmächte die ‘deutsche Gefahr’ als immer bedrohlicher und näherten sich darum Italien wieder an. Das gab Italien einen Teil des Selbstbewußtseins zurück, das es als Juniorpartner der Deutschen verloren hatte. Es gab der italienischen Außenpolitik für einen Augenblick das Gefühl erneut die Rolle des ‘peso determinante’, des Züngleins an der Waage, übernehmen zu können. Wenn Italien selbst keinen großen Krieg gebrauchen konnte, dann war der ‘peso determinante’ die richtige Politik, falls dennoch ein solcher ausbräche. Nach Abnutzung der beiden Parteien könnte Italiens Gewicht ausschlaggebend werden für eine Friedensregelung.

Italien war inzwischen jedoch von der Zufuhr von Rohstoffen aus Deutschland völlig abhängig geworden und die Zusammenarbeit der beiden Diktatoren wurde immer enger. Das Verhältnis blieb allerdings nicht ohne Spannungen. Nationale Interessen stießen aufeinander. Der wachsende deutsche politische und wirtschaftliche Einfluß auf dem

Balkan ließ in Italien die Angst vor einem Wiedererstehen 'Mitteleuropas', jenes - jetzt noch gewaltigeren - Machtblockes, der das Land vor dem 1.Weltkrieg im Norden und Osten eingeschnürt hatte, wiedererwachen. Die deutschen Aktivitäten gingen bis nach Kroatien, das von den Italienern als ihre eigentliche Interessensphäre betrachtet wurde. Und, obgleich Hitler schriftlich bestätigt hatte, daß Deutschland keine Interessen im Mittelmeer habe, sah man sich bald gezwungen, wegen der Verletzung dieses Versprechens zu protestieren. Die sich entwickelnde Vormachtstellung Deutschlands auf dem Balkan war für Italien besonders schmerzlich, weil dort die italienische Wirtschaft von der deutschen verdrängt wurde.

In Wirklichkeit hatte Mussolini die Option des 'peso determinante'nicht mehr. Er hatte sich so weit mit Hitler eingelassen, daß er dem ständigen Drängen der Deutschen nach einem militärischen Beistandspakt nachgeben mußte. Die italienische Regierung glaubte zwar nach Abschluß des Stahlpaktes, Manövrierraum zwischen den Parteien zu haben. Es gab Überlegungen, die Partie von 1915 nachzuspielen. Italien war jedoch mit einer schweren Kette an den deutschen Karren gebunden, der zunächst von Erfolg zu Erfolg und dann in den Abgrund fuhr.

Schon vor Kriegsende stellte sich die Frage der italienischen Außenpolitik neu. Die Rumpfregierung Badoglio nutzte den ihr verbliebenen Bewegungsraum bis zum Äußersten.[36] Nur stellte sich die Problemlage jetzt verändert dar: Italien war dabei von den westlichen Alliierten besetzt zu werden, die Regierung stand unter deren Aufsicht. Die Kriegserklärung gegen Deutschland änderte an der Situation nichts. In den von den Deutschen besetzten Gebieten hatten Partisanen den Kampf gegen die Besatzungsmacht aufgenommen. Sie standen überwiegend links, waren kommunistisch dominiert. Es war zu erwarten, daß sie nach Ende des Krieges nicht nur die Abschaffung der durch die Zusammenarbeit mit dem Faschismus diskreditierten Monarchie sondern auch einen radikalen, ideologisch fundierten Umbau des Staates anstreben würden. Italien war gespalten, nicht allein durch das Kriegsgeschehen sondern durch die unterschiedlichen Vorstellungen über die politische Zukunft des Landes.

Das zeigte sich ganz deutlich darin, daß die im Comitato Nazionale di Liberazione (CNL) zusammengeschlossenen politischen Parteien sich nicht darauf einigen konnten[37], der Regierung Badoglio durch den Eintritt von Vertretern ihrer Parteien politische Legitimation zu verleihen, so lange der König und der Kronprinz noch nicht zurückgetreten waren. Erst der pragmatische Ansatz des zurückgekehrten Togliatti ermöglichte die Bildung einer 'politischen' Regierung. Die italienische Außenpolitik nimmt ihr altes Thema wieder auf und variiert es entsprechend dem Zeitgeschehen: aus '(Nord-)Ost' wird 'Ost'.

Die 'svolta di Salerno'[38] hatte auch eine außenpolitische Komponente. Die Regierung Badoglio hatte sich bis dahin vergeblich bemüht, Spielraum für eigenständige Verhandlungen zu gewinnen. Die Westalliierten hatten alle Vorstöße in dieser Richtung abgeblockt. Ausgerechnet die unpolitische, mehr oder weniger konservativ denkende Regierung benutzte nun den Hebel selbständiger Verhandlung mit der UdSSR, um sich diesen Spielraum zu erzwingen. Die Westalliierten reagierten verärgert, an den vollendeten

36 s.Gaja, R.:"L'Italia nel mondo bipolare", Milano 1995, S.49 ff: La svolta di Salerno.

37 s. Bonomi, I.: „Diario di un anno", Milano 1947, S.150 ff

38 s. Lepre, A.: „La svolta di Salerno", Milano 1966, S. 91 ff. und Bolla, Nino: „Dieci mesi di governo Badoglio", edizione „La Nuova Epoca", Roma 1944, S.62

Tatsachen konnten sie jedoch nicht vorbeigehen, auch wenn es ihnen gelang, den italienischen Erfolg zu redimensionieren. Es war ein wirklicher Sieg der italienischen Diplomatie.

Togliatti verhinderte im Auftrag Moskaus auch den Bürgerkrieg, der zu diesem Zeitpunkt nach der Beurteilung der Lage durch die Sowjets nicht gepaßt hätte, aber er tat im Auftrag der Sowjets auch sein Möglichstes, damit Tito sich in Dalmatien durchsetzte. Als die Welt sich in zwei Blöcke spaltete, setzte sich in Italien die DC und mit ihr der Westen durch. Für die PCI dagegen blieb die Sowjetunion die Führungsmacht.

Die Resistenza jedoch bildete ein Bindungsglied zwischen den Parteien. Das außenpolitische Gegeneinander wurde ein Miteinander, bei dem sich alle Parteien die Macht teilten. Der Opposition wurde de facto ein Vetorecht eingeräumt, die Mehrheit verzichtete auf autonome Entscheidungen. Man nannte das „Consociativismo". Die Politik wurde durch Mediation und opportunistische Kompromisse[39] ersetzt. In diesem Umfeld waren Außen- und Sicherheitspolitik tabu.

Im Rahmen der NATO und der EU war der außenpolitische Spielraum bis Ende des Kalten Krieges begrenzt. Das (Nord-)West-Ost-Dilemma gehörte der Vergangenheit an. Wenn Italien nach Norden schaute, dann sah es nicht mehr Frankreich und Deutschland sondern Europa. Einen angemessenen Platz in der EU zu finden, das wurde die zentrale Frage der italienischen Außenpolitik, die sich dadurch komplizierte, daß ein Mißerfolg Europas das Gespenst der deutschen Hegemonie, das gefürchtete 'Mitteleuropa', wieder auferstehen ließe.

Der Mythos der 'Resistenza' trat nun an die Seite des Mythos des 'Risorgimentos'. Die neue Verfassung wird von diesem Mythos getragen. Sie trägt das Etikett „antifaschistisch", obgleich es eine der vierten französischen Republik nachgebildete, sich grundsätzlich nicht von den anderen westlichen Verfassungen unterscheidende, demokratische Verfassung ist. Mit dem Etikett haben sich die führenden Parteien die Legitimation für ihre jeweils eigene Interpretation geschaffen. Von diesem Boden aus waren ihre außenpolitischen Vorstellungen gespalten. Die einen sahen ihr Vaterland im Westen, die anderen im Osten.

---

39 Bocca, G.: „Una torta nazionale", La Repubblica - Il Venerdi Nr.445, S.32

Patria - Staat - Nation

Umberto Cerroni[40] hat die gegenwärtige Suche nach der nationalen Identität Italiens darauf zurückgeführt, daß die staatliche Einheit der Nation erst Jahrhunderte nach der Herausbildung der nationalen Kultur geschah, lange bevor in Frankreich oder England sich Kultur und Nation zu einer Symbiose zusammenfanden, die im Nationalstaat ihre Heimat fand. Er ist nicht der Einzige, der der Kirche - oder besser: ihren weltlichen Bestrebungen, die im Kirchenstaat ihren Ausdruck fanden - die Schuld daran zuschreibt. Keiner aber hat bisher so stark betont, daß die Politik der Kirche die Anfänge eines italienischen Nationalstaates zum Scheitern gebracht hat.

Für Cerroni ist es das Italien Friedrich II., des „primo re italiano", der den Kern eines italienischen Nationalstaates vorbildete, in dem der Prozess der Säkularisation und der Modernisierung eingeleitet war, der aber, weil noch ins Mittelalter eingebettet, als 'verfrüht' scheitern mußte. Seitdem seien nationale Kultur und politische Verfassung getrennt gewesen. Die Konfrontation von Guelfen und Ghibellinen habe jedoch in der einen oder anderen Form den Verlauf der Geschichte überlebt.Cerroni sieht in der Überwindung dieser Spaltung eine Vorbedingung für die nationale Einheit - jedenfalls in einer Demokratie. Für den ausländischen Betrachter mag diese Feststellung der ihm bekannten Entwicklung nach dem 2.Weltkrieg widersprechen, die bestimmt war von der Regierung der DC. Die Trennung von 'Gläubigen' und 'Laien' (credenti e non-credenti) war dadurch jedoch keineswegs aufgehoben.

Über das gespaltene Verhältnis von Staat und Kirche hinaus bildete der Nord-Süd-Gegensatz eine die Jahrtausende überdauernde Trennungslinie.Cerroni hat den Mittelmeerraum definiert als den „Teil des Planeten, in dem mehr als anderswo die Geschichte die Natur verändert hat, dabei seinen Reichtum immer vervielfachend"[41] Es sollte allerdings nicht übersehen werden, daß es sich bei dem Reichtum, von dem hier gesprochen wird, um einen kulturellen handelt. Der Mittelmeer-Raum war von Wanderungsbewegungen, gewaltsamer Eroberung und Rückeroberung, aber auch friedlicher Durchdringung bestimmt. Das hat dazu geführt, daß seine Bewohner ein buntes Gemisch ethischer Herkunft sind, die es gelernt haben miteinander und mit ihrer unterschiedlichen Herkunft und Geschichte zu leben. Durch die Integration ihrer Kulturen haben sie erst eigentlich den Reichtum geschaffen, von dem Cerroni spricht.

Die Toleranz, die sich wie selbstverständlich daraus ergibt, ist voraufklärerisch, ist eingeboren und als solche setzt sie Toleranz auch beim Gegenüber voraus. Im politischen Verhalten wächst daraus die Suche nach Konsenz und nach Kompromiss. Der Consociativismus muss hier eingebettet werden.

Norditalien hingegen ist seit der Niederlassung der Langobarden von grösseren Wanderungsbewegungen verschont geblieben. Sein Reichtum hatte seinen Ursprung im Handel - als Brücke zwischen Orient und Okzident - seinen Ursprung in einer festen agraischen Struktur. Daraus resultierte Weltoffenheit und Beharrlichkeit. Die Politik ist für den Kaufmann nur insofern interessant, als sie günstige Bedingungen für Handel und

40 Cerroni, U.: „L'identità civile dgli italiani", Lecce 1996

41 Cerroni, U.,op.cit., S.108

Gewerbe schafft, der Landmann neigt dazu, sie der Obrigkeit zu überlassen. So ist es kein Zufall, wenn in der Republik der Norden dem Süden die Politik überließ.

Es muss zu denken geben, daß der Nationalstaatenbildung in Italien ein weit über die Zusammenfassung der Nation hinausgehendes Konzept unterlegt werden mußte, dessen Wertvorgaben die Definition der italienischen Nation lange Zeit bestimmt haben. Das Risorgimento war nicht nur ein romantischer Rückgriff auf die Geschichte, es war auch ein 'literarisch-kultureller' Prozess. Dadurch war die Nationalstaatenbildung in Italien nicht nur ein politischer sondern auch ein kultureller Akt.

Giovanni Spadolini hat das Risorgimento definiert als das Wiederauferstehen einer Idee von Italien: Italien als eine Gemeinschaft von Sprache und Kultur[42]. Davon hatten auch schon Machiavelli und Dante geträumt, aber den Anstoß zur Verwirklichung hatte erst die französische Revolution gegeben. Die besonderen Verhältnisse des Landes ließen die Bildung des Staates, der die Nation erst schaffen sollte, nur als Zentralstaat zu.

Es hatte durchaus auch die Möglichkeit einer föderalen Lösung gegeben. Sie wäre nach geographischer Lage, Geschichte und aufgrund der kulturellen Unterschiede wohl angemessener gewesen, aber dem stand das Problem des Kirchenstaates entgegen. Für einige Zeit hatte es so ausgesehen, als ob das Risorgimento mit einem anderen Traum zusammenfließen könnte: Dem Neoguelfismus, dem Traum von einem Bund unabhängiger Staaten mit dem Papst als Präsidenten. Das Konzept platzte mit der mißlungenen Revolution von 1848/49. Nicht nur, weil der Papst sich auf die Seite der Gegner des Risorgimentos stellte, sondern zuerst und vor allem, weil deren Scheitern deutlich machte, daß Italien ohne fremde Hilfe die nationale Einheit nicht erlangen würde.

Der Nationalstaat war das Ergebnis der geschickten 'Realpolitik' Cavours. Es gelang, 'Italien'überaus schnell und über die Erwartungen hinaus umfangreich zu schaffen. Das Problem, aus Abruzzesen und Umbriern Italiener zu machen, stellte sich damit erst eigentlich.Cavour wird auf dem Totenbett die 'battuta' zugeschrieben: "Wir haben Italien geschaffen, jetzt müssen wir auch die Italiener schaffen." Es war nur eine kleine Schicht, vorwiegend aus dem gehobenen Bürgertum, die in dem neuen Staat politische Mitwirkungsmöglichkeiten - und sei es in der elementarsten Form, dem Wahlrecht, - hatten. Zwar hatte die Nation in einem Plebiszit ihre Zustimmung zum Zusammenschluß ihres Territoriums mit Piemont geben können, die Gestaltung der Grundlinien dieses Staates mittels einer Verfassung jedoch war ihr verschlossen.

Die Beschränkung des Wahlrechts auf die Oberschicht war im 19. Jahrhundert nicht unüblich, nur wurde in einer kritischen Phase damit die Masse der Bevölkerung davon ausgeschlossen, sich in diesem Staat selbst zu erkennen. Wenn sich dennoch sehr bald auch nationalistische Tendenzen zeigten dann sind sie, zunächst jedenfalls, mehr historisch als aktuell begründet. Auf Dauer wirkte der Mythos des Risorgimento, die kulturelle Basis wurde breiter, jene Gemeinschaft von Sprache und Kultur erstand, aus der das Risorgimento die Nation sich hatte formen sehen.

Die Bürger fingen an, sich mit dem Staat/Nation zu identifizieren, so daß er zum Vaterland wurde. Als am 8. September 1943 dieser Staat sich selbst in Frage stellte, da war das nach Ansicht Ernesto Galli della Loggias auch der Tod des Vaterlandes.[43] Er gibt die Schuld nicht dem Geschehen an sich - dem Waffenstillstand mit den Alliierten,

---

42 Spadolini, G. (Ed.):"Nazione e nazionalità in Italia", Rom/Bari 1994

43 Galli della Loggia, E.: „La morte della patria", Roma/Bari 1996

dem erneuten Bruch eines Vertrages - sondern der Art, wie der italienische Staat sich selbst aufgab und seine Würde verlor. Das wurde den Italienern nicht sogleich bewußt. Zunächst scheint es, als ob nichts gewesen wäre. Die italienische Verfassung von 1947 spricht unbefangen, von der Verteidigung des Vaterlandes als der heiligen Pflicht (sacra dovere) des Bürgers (Art. 52). Chabod[44] benutzt zur gleichen Zeit die Verbindung 'Vaterland' und 'heilig', ohne Anlaß zu sehen, die damit verbundenen Werte kritisch zu hinterfragen. Erst die steigende Tendenz sich Bewegungen anzuschließen, die das 'Patria' in Frage stellen, hat auch zur theoretischen Beschäftigung mit den Grundlagen der italienischen Nation geführt.

Ernesto Galli della Loggia hat die radikalste Abwendung von der Meinung, der Staat/ Nation Italien hätte den Krieg unversehrt überstanden, vollzogen. Für ihn ist das Vaterland am 8.September 1943, dem Tag des Waffenstillstandes mit den Alliierten gestorben. Es war der Tag, an dem die Streitkräfte sich weitgehend selbst auflösten, an dem die Führungsstrukturen versagten, angefangen beim König und bei der Regierung, die sich in einer unwürdigen Flucht den Weg nach Süden, in den von den Alliierten schon besetzten Teil des Landes, suchten; der Tag, an dem die Ehre und die Würde des Staates so verletzt wurden, daß sie eine Krise der Idee des Vaterlandes auslösten. Nach der Auffassung von Galli della Loggia kapitulierte am 8.September 1943 nicht nur der Faschismus sondern der Nationalstaat Italien. Der Historiker A. Lepre hat den Tatbestand in seiner realen Konsistenz ohne jeden Beschönigungsversuch beschrieben: „Der Zerfall der Streitkräfte war eines der evidentesten Zeichen des Verfalls des alten Staates und auch das Ende der Idee der Nation: es existierte nichts mehr, für das es sich lohnte zu kämpfen, der einzige Fluchtweg war die eigene Rettung, die Rückkehr zur Familie".[45]

Der dem 8.September 1943 folgende Befreiungskampf richtete sich in erster Linie gegen die Deutschen, aber er war auch ein Bürgerkrieg, denn die 'Resistenza' richtete sich sowohl gegen die Deutschen wie gegen die RSI, sie konnte darum, nach Galli della Loggia, keine nationstiftende Kraft haben. Im Gegenteil, sie verstärkte die Zweiteilung des Landes eher: Nur die Norden konnte sich auf Widerstand gegen Fremdherrschaft und Diktatur berufen; der Süden hatte zwar unter dem Krieg gelitten, aber er hatte das Geschehen auch passiv hingenommen. Im Unterschied zum Risorgimento konnte die gleichermaßen zum Mythos hochstilisierte Resistenza darin keinen neuen Patriotismus begründen.Die Verfassung der Republik beruft sich auf den Antifaschismus als tragendes Element, Grundlage für.mehr als die äussere Form - den Staat - jedoch konnte das nicht sein: Patria/Vaterland/Nation sind am 8. September 1943 gestorben. Um Resistenza und Repubblica identisch werden zu lassen und so die Grundlagen für eine neue Idee der Nation zu schaffen, hätte es anderer Bedingungen bedurft. Zu denen gehörte auch eine an den nationalen Interessen orientierte Aussenpolitik.

Die Thesen von Galli della Loggia gehören in den Kontext einer größeren wissenschaftlichen Auseinandersetzung und sind nicht unwidersprochen geblieben. Gian Enrico Russoni hat den Fehdehandschuh aufgenommen[46] Er argumentiert, daß das, was am

---

44 Chabod, F.: L'Italia contemporanea", Torino 1961

45 Lepre, A.: "Storia della prima Repubblica, L'LItalia dal 1942 al 1992", Bologna 1993, S.17: „Lo sfacelo dell'esercito fu uno dei segni piu evidenti della disgregazione del vecchio Stato e anche della fine dell'idea di nazione: non esisteva piu niente per cui lottare, l'unica via di scampo era nella salvezza personale, nel ritorno alla famiglia."

46 Rusconi, G.E.: „Patria e repubblica", Bologna 1997

8. September starb, kein demokratisches Vaterland war und daß mit dem Antifaschismus die Demokratie die Grundlage des italienischen Staates wurde, und er behauptet, daß sich daraus durchaus eine neue Idee der Nation entwickelt habe: Die Identität von demokratischer Verfassung und Nation, ein Verfassungspatriotismus, dem deutschen nicht unähnlich.

Die italienische Wirklichkeit bestätigt diese These allerdings nicht. In der Politik der ersten Republik zählten nur die Parteien - und waren damit in das Machtgeflecht des Consociativismus einbezogen -, die einst die Verfassung mit unterschrieben hatten: der 'arco costitutionale' (Verfassungsbogen). Das schloß die Neofaschisten aus, die das weder gekonnt - sie waren zu dem Zeitpunkt noch nicht politisch organisiert - noch gewollt hatten. So schließt die Verfassungswirklichkeit in Italien einen Teil der Bevölkerung aus: jenen Teil, der sich mit der Resistenza nicht identifizierte oder gar in ihr Totengräber der Nation sah. Emilio Gentile, ein Schüler Renzo Felices, sieht die Perspektive dieses Teiles der Bevölkerung darin, daß so die Resistenza und damit die die Republik tragenden Kräfte „mit dem Feind zusammengearbeitet hätten, mit dem Ziel der Niederlage der Nation im Krieg und daß sie den Nationalstaat beseitigt hätten, um auf seinen Ruinen ... einen Staat ohne Nation ... zu konstruieren."[47]

Gentile geht davon aus, daß im Italien der Republik die Parteien eine so bestimmende Rolle spielten und daß die Parteigrenzen so scharf und trennend gezogen waren und so tief gingen, daß sie auch die Nation zerrissen. So versuchten die Neofaschisten den Mythos Italiens als Schöpfer einer neuen Zivilisation, in der Geist und Humanismus bestimmend waren, wiederzubeleben. Aus dem darauf beruhenden Stolz wollten sie ein neues Nationalgefühl entwickeln. Sie blieben skeptich gegenüber allen supranationalen Tendenzen von der UNO bis zur NATO.

Für die Linke dagegen konnte die neue italienische Nation nur aus der sozialen Revolution hervorgehen. Für die Kommunisten war ihre Partei es, die ausschließlich das Schicksal der Nation definieren konnte: „des Landes der Gracchen und Julius Caesars, Dantes und Machiavellis, Giordano Brunos und Galileo Gallileis, Mazzinis und Garibaldis, die Wiege der römischen Kultur und der Renaissance.[48]

Für die Christlichen Demokraten hingegen stand es fest, daß nach dem Krieg die Nation, nach den Irrwegen von Liberalismus und Faschismus, nun endlich heimgefunden hatte zu ihrer wahren Identität im Glauben und in einer christlichen Kultur.

Auch Gentile vertritt die Meinung, daß der Mythos der Nation und die Vaterlandsliebe aus dem öffentlichen Bewußtsein verschwinden, ohne durch neue Werte und Ideale ersetzt zu werden. Die Unzufriedenheit mit den Unzulänglichkeiten der Verfassung hinwiederum verstärkt die latente Staatsverdrossenheit. Das Volk erkennt sich im Staat nicht wieder. Daraus bezieht die Drohung mit der Sezession 'Pandanien' ihre Kraft. Daher kommt auf der anderen Seite die latente Versuchung, über die Außenpolitik wenigstens die Hülsen dieses Defizits zu kompensieren.

---

47 Gentile, E.:"La grande Italia", Milano 1997, S.334 ff.

48 Togliatti, P.: Werke, Bd.IV, Roma 1979, S.395

Föderalismus - Regionalismus - Sezession

Die Entscheidung für einen Einheitsstaat mit zentraler Verwaltung, die bis auf den Bürger durchgreift und den Gemeinden weniger Gestaltungsraum läßt, als es die Stein-Hardenbergischen Reformen in Preußen taten, ist von der Geschichte gefällt worden. Ursprünglich war die Haltung des Risorgimento in der Frage der Staatsform gespalten. Während Mazzini für eine radikale, revolutionäre Veränderung der Staatsform -hin zur Republik- eintrat, hatten vorübergehend die föderalen Entwürfe Cattaneos und Giobertis eine überwältigende Mehrheit gefunden. Das gilt vor allem für den neoguelfischen Vorschlag Giobertis, der den Versuch machte, die katholische Bevölkerung mit den vorherrschenden Strömungen der Moderne zu versöhnen.

Gioberti[49] setzte bei dem verlorenen kulturellen Primat Italiens an. Seinen Verlust schrieb er der politischen Zerrissenheit zu. Nur der Papst erinnere noch an die vergangene Herrlichkeit des Landes. Daher schlug er eine 'Konföderation' vor, mit dem Papst als geistlichem Oberhaupt und dem König von Sardinien als seinem weltlichen Arm. Im von Fremdherrschaft bestimmten Italien konnte in der Tat nur der Papst der Drehpunkt eines föderalen Systems sein. Das Konzept Giobertis wurde mit der Wahl Pius IX konkret, mit dem jungen, 'fortschrittlichen' Papst, der sogleich anfing, den Kirchenstaat zu modernisieren.

Das Konzept bewährte sich nicht in der praktischen Politik. 1848 verbot dem Papst seine universalistische Rolle, Truppen zur Unterstützung des nationalen Befreiungskrieges gegen die Österreicher zu entsenden. Die Ereignisse, die zur Ausrufung und zum Ende der 'Römischen Republik' führten, nahmen Pius IX. das Image der Modernität. Endgültig delegitimiert wurde das neoguelfische Konzept als im Frieden von Villafranca Venedig Teil einer Konföderation unter Vorsitz des Papstes werden sollte, ohne daß die Italiener ein Mitspracherecht gehabt hätten.

Es war Cavour, der aus den Erfahrungen von 1848/49 die Folgerungen zog, daß Italien, auf sich allein gestellt, zu schwach sei, um die nationale Einheit durchzusetzen. Er beendete die außenpolitische Isolierung Piemonts und verschaffte ihm einen Platz unter den Großmächten und schuf so die Voraussetzung für den 'Anschluß der italienischen Staaten' - bzw. die Annexion der fremdbeherrschten Teile an Piemont. Der Einheitsstaat mit zentraler Verwaltung war die natürliche Konsequenz. Er ist in den ersten hundert Jahren des Bestehens dieses Staates nie wirklich in Frage gestellt worden, obgleich es immer einmal wieder - wie etwa die separatistischen Bewegungen in Sizilien nach dem 2. Weltkrieg - Bestrebungen gegeben hat, die die Einheit des Staates in Frage stellten. Artikel 5 der Verfassung, der von „l'Italia una e indivisibile" spricht, wurde als eine Festlegung auf den Zentralstaat interpretiert, die föderale Lösungen ausschloß,

Die geopolitische Lage Italiens hat nicht nur außen-, sondern auch innenpolitische Aspekte. Die Hauptstadt Rom liegt zentral in der Nord/Süd-Dimension. Von der Mehrheit der Bürger her gesehen, ist die Hauptstadt und damit die Verwaltung jedoch weit entfernt von ihnen und ihren Problemen. Sie spricht eine fremde Sprache, nicht den Dialekt, den man in der Familie und mit Freunden spricht. Das Kauderwelsch der Verwaltungspraxis, das selbst Fachleuten manchmal unverständlich ist, erregt Anstoß.

49 s. Gioberti, V.: „Prolegomeni del Primato morale e civile degli italiani", Brüssel 1845

Dabei muß man bedenken, daß 1861, bei Vollzug der nationalen Einigung, von den damals 22.212.000 Angehörigen der neuen Nation nur 630.000 Italienisch und nicht den regionalen Dialekt sprachen. Grundsätzlich hat sich daran bis zum Beginn des Fernsehzeitalters wenig geändert.[50] Prezzolinis Feststellung, daß sich jeder Italiener mehr seiner Stadt und seiner Region zugehörig empfinde als der Nation, hat zeitlose Gültigkeit. Er schließt daraus, daß das Konzept des Vaterlandes sich so weit, wie die geschriebene Sprache erstreckte, ohne daß damit sentimentale Bindungen verbunden wären. Die staatliche zentrale Struktur spiegelte weder die ökonomische noch die soziale Wirklichkeit des Landes.

Über ein Jahrhundert wurde diese Struktur hingenommen, ohne hinterfragt zu werden. Mit der republikanischen Verfassung wurden zwischen die Zentralverwaltung und die Kommunen und Kreise, als untere Ebene der Verwaltung, die Regionen eingeschoben. Es handelt sich dabei um eine Konkretisierung des Artikels 5 der Verfassung, in dem die Bekräftigung des „una e indivisibile“ von der Verpflichtung zur Dezentralisation der Verwaltung und zur vorrangigen Berücksichtigung der Erfordernisse von Autonomie bei der Gesetzgebung begleitet ist. Mit Ausnahme von Sardinien, Sizilien und dem Val d'Aosta waren die Regionen so wenig wie die deutschen Länder -abgesehen von Bayern und Sachsen- historisch gewachsen. Formal wird den Regionen das Recht zugestanden, die Rahmengesetzgebung des Bundes in enumerativ aufgeführten Materien auszufüllen. Es handelt sich dabei aber fast ausschließlich um Bereiche, die die Lebensqualität nur am Rande betreffen, die außerdem durch die Gesetzgebung des Parlaments so detailliert geregelt sind, daß den Regionen keine Gestaltungsfreiheit bleibt. Ähnliches gilt für die Finanzen. Die Verfassung spricht von Finanzautonomie (Art.119), die Regionen verfügen aber über so gut wie keine eigenen Einnahmen, über 80 % ihrer Einnahmen bestehen aus Zuweisungen des Staates. Trotz dieser Beschränkungen sind von der Gesetzgebung der Regionen vereinzelt auch Anstöße für die nationale Gesetzgebung ausgegangen. Die Souveränität aber bleibt ungebrochen beim Zentralstaat. Die Gesetzgebung der Regionen unterliegt darum einer dichten Kontrolle (Art.127). Die Regionen sind nicht das geworden, was die Verfassungsväter mit ihnen beabsichtigten: Den Staat näher an den Bürger heranzubringen, mehr Demokratie zu wagen.

Der wirtschaftliche Aufschwung des Landes und die Einbindung in die EG führten die Unzulänglichkeit des Staatsaufbaus immer breiteren Schichten vor Augen. Der Aufschwung der Industrie -vor allem des dichten Netzes mittelständischer Betriebe im Nordosten des Landes- wird gehemmt durch die mangelnden Effizienz und die zeit- und geldraubenden Struktur der italienischen Verwaltung, die gerade den Mittelstand ohne entsprechendes eigenes Management besonders hart treffen, und durch die hohe Steuerlast; Gelder, die 'Roma ladra' (der Dieb Rom) stiehlt, um damit die ineffiziente Verwaltung -die Klientel der Politiker- und den Süden des Landes durchzufüttern. Der Ruf nach selbständiger und selbstverantwortlicher Gestaltung des eigenen Lebens und der eigenen, regional bestimmten Schicksalsgemeinschaft wurde deshalb immer lauter und mündete dann auch in organisierte Formen, die mit der 'Lega Nord' schnell politisches Gewicht gewannen. Sie setzte die Forderung nach der Umgestaltung Italiens zu einem föderalen Staat auf die Tagesordnung der politischen Diskussion.

50 Salvi, S.: „L'Italia non esiste“, Firenze 1996, S. 113 und 263 ff.

Die EG forderte die Industrie zum Vergleich heraus, und dieser fiel zu Ungunsten des eigenen Landes aus. Nicht nur die schwerfällige, ineffiziente und teuere Verwaltung sondern auch die instabilen politischen Verhältnisse stellten einen Wettbewerbsnachteil dar. Bei den Handelspartnern im Norden traf man auf stabile Regierungsverhältnisse und auf effizient funktionierende Verwaltungen, die in der Lage waren prompt zu reagieren. Zwar wird auch in Deutschland über die Bürokratie geklagt, in Italien hat die Klage jedoch eine andere Qualität. So unterliegt der Italiener 30 000 Gesetzen[51], während ein Deutscher nur 8 000 Gesetze beachten muß.

Weniges wird delegiert und vieles in Rom entschieden. Deswegen richtet sich auch die Schuldzuweisung ausschließlich auf Rom. Föderalismus steht darum nicht nur für eine vertikale Gliederung der Macht, sondern auch für eine durchgreifende Reform des Staates: es geht um eine bürgernahe Verwaltung und eine Reform der überbordenden Bürokratie. Die Grenze möglicher föderalistischer Strukturen besteht in einem weitgehenden Konsensus darüber, daß es sich um einen Föderalismus handeln müsse, „che non mette in discussione l'unità politico nazionale“ (der die Einheit der nationalen Politik nicht infrage stellt.)[52]. Damit ist eigentlich schon der gemeinsame Nenner der Föderationsvorstellungen in Italien genannt.

Im übrigen werden mit dem Begriff eher vage Vorstellungen verbunden: Amerikanisches, deutsches oder katalanisches Modell? Die Städte, die Regionen oder drei neu gebildete - Nord, Mitte, Süd - Länder als Träger? Spezifisch italienische Probleme und Erfahrungen fließen in die Überlegungen ein: Die Städte in Italien waren in weit größerem Masse als die freien Reichsstädte in Deutschland staatsbildend. Die italienische Kultur ist eine urbane Kultur. Heute haben die Städte nur einen kleinen Raum, in dem sie autonom handeln können.

Von Verfassungsreform geredet wird in Italien seit längerer Zeit. Es besteht weitgehende Einigkeit darüber, daß die Exekutive gestärkt werden muß, um dem Land politische Stabilität zu geben. Ein erster Schritt geschah mit der Änderung des Wahlrechts. Diese war durch ein Referendum gegen das politische System durchgesetzt worden. Letzteres schaffte es jedoch, das Votum für ein Mehrheitswahlrecht durch eine Quote für das Verhältniswahlrecht zu verwässern. Das neue Wahlrecht vervielfältigte darum die Zahl der im Parlament vertretenen Parteien, anstatt sie zu vermindern. Der angestrebte 'Bipolarismus' angelsächsischer Art wurde nicht erreicht. 1996 traten erstmalig zwei Koalitionen gegeneinander an, die zwar Flügelbreite aber keine Stabilität versprachen. Stabilität durch Stärkung der Exekutive ist darum das oberste Ziel einer italienischen Verfassungsreform geblieben.

Für den Föderalismus hingegen tritt jedermann lautstark ein. Den Worten folgen aber keine Taten. Die Lega Nord unter ihrem charismatischen Parteivorsitzenden Bossi hat darauf reagiert, indem sie sich auf das ganze Gebiet nördlich des Po (mit Ausnahme der Regionen mit Sonderstatus wie Trentino-Alto Adige und Val d'Aosta) ausdehnte und diesem den künstlichen, historisch nicht begründeten, dennoch aber merkwürdig schnell angenommenen Namen 'Padanien' gab. Bossi versuchte, diesem Kunstgebilde den Mythos einer Nation zu verschaffen, indem er, auf die Kelten zurückgreifend, versuchte, frühgeschichtliche Mythen wieder zum Leben zu erwecken. Im Frühherbst 1996 rief er

51 Aussage des Präsidenten der Deputiertenkammer, Violante, anlässlich der Einführung von Cerronis „L'identità civile degli italiani“ am 3.6.1997 in Rom.

52 Nuove Fase 6/95

mit der Begründung, daß ihm die mangelnde Bereitschaft Roms zur Umstrukturierung Italiens keinen anderen Weg ließe, die unabhängige Bundesrepublik Padanien aus.[53] Bossi beruft sich dabei auf das Selbstbestimmungsrecht der Völker, auf die friedliche Auflösung der politischen Gemeinschaft von Tschechen und Slowaken, und er drohte verhalten mit den Vorgängen auf dem Balkan nach dem Zerfall Jugoslawiens. Das macht die innenpolitische Frage der Umstrukturierung des italienischen Staates zu einem Problem der Außenpolitik.

Bossi ist ein in der Wolle gefärbtes politisches Naturtalent. Es ist darum nicht davon auszugehen, daß er wirklich damit rechnet, 'Padanien' zur Sezession aufstacheln zu können und diese dann mit 'friedlichen' Mitteln gegen den italienischen Gesamtstaat durchzusetzen. Es muß davon ausgegangen werden, daß die Drohung mit der Sezession nicht auf die Errichtung eines unabhängigen Staates Padanien gerichtet ist, sondern daß sie die Verfassungsreform beschleunigen, wenn nicht gar in Gang setzen, soll und daß sie auch die Maximalforderung absteckt: Unabhängig, d.h. teilsouverän und über die Finanzhoheit verfügend.

Bossi will mehr erreichen als die Dezentralisierung der staatlichen Einheitsverwaltung, womit man die Lega gern abspeisen würde; er will eine Gegenposition zum konstitutionellen Unitarismus und zur Zentralverwaltung aufbauen. Giovanni Conso, einst Präsident des Verfassungsgerichtshofes und für kurze Zeit Justizminister, hat bestätigt, daß Bossi nichts anderes übrig blieb, als den Sezessionismus als taktisches Instrument einzuführen, nachdem es ihm anders nicht gelungen war, das Thema in der italienischen Politik durchzusetzen.[54] Man kann es auch mit Bossis eigenen Worten ausdrücken: „Se non ottengo niente, allora le cose possono precipitare" (Wenn ich nichts erreiche, könnten sich die Dinge überstürzen)[55] Jedenfalls wird die Sezessionsdrohung der Lega von der italienischen Politik ernst genommen. Die Reaktion darauf erfolgte und führte zu dem abrupten Wechsel in der Europapolitik des Landes. Wenn Italien von heute auf morgen nicht mehr damit zufrieden war, zu einem späteren Zeitpunkt der EWU beizutreten, mag das vielerlei Gründe haben, ein entscheidender war, dem Norden keinen weiteren Anlaß zu geben, um das Band mit dem Rest des Landes zu zerschneiden.

Der Norden Italiens ist inzwischen Teil des Wirtschaftsgebietes, das sich entlang der Rheinschiene und im Alpenraum gebildet hat. Für die Menschen des Nordens, die einen Lebensstandard erreicht haben, der in einigen Gebieten den deutschen übertrifft, ist es nicht eine Sache des Images sondern eine des wirtschaftlichen Überlebens, daß Italien zu den Staaten gehört, die von Anfang an Mitglied der EWU sind. Wie Bossi im Kontext der padanischen Unabhängigkeitserklärung es seinen engsten Mitarbeitern gegenüber ausdrückte: "Ecco, se Prodi riesce a portare l'Italia in Europa, abbiamo perso. Altrimenti, è il casino totale, puo succedere di tutto. E vinco io."[56] (Wenn es Prodi gelingt, Italien in die EWU zu bringen, dann haben wir verloren. Wenn nicht, gibt es ein grosses Durcheinander, es kann alles geschehen. Und ich gewinne.) Das sind keine leeren Worte. Der mittelständische Unternehmer auf der Straße sagt das gleiche, wenn auch mit anderen Worten: „Als wir (als Arbeiter bei der Großindustrie) entlassen wur-

---

53 Lago, G.:"È tempo di picconata federalista", La Repubblica 19.9.1996

54 Corriere della Sera: „Bossi: potremo fare una proposta in Bicamerale", 24.5.1997

55 zit.nach Maltese, C.: „La scommessa di Umberto l'Infallibile", La Repubblica 19.9.1996

56 zit. nach Maltese, C.:"La scommessa di Umberto l'infallibile", La Repubblica 19.9.1996
s. auch Luverà, B.:"La politica estera della Lega", LiMes 2/97, S.87-96

den, haben wir uns zunächst gefürchtet, aber dann hat man die Ärmel hochgekrempelt und entdeckt, daß man selbständig sehr viel mehr verdienen kann, wenn man produziert und mit Europa direkt verhandelt, : ohne Staat und ohne Herren über sich."[57]

So spielt Europa eine gewichtige Rolle in Bossis Taktik. Er hat sicherlich nicht erwartet, daß er eine positive Antwort auf seine Anfrage an die Europäische Kommission bekäme, als er sich erkundigte, ob ein Beitritt Padaniens möglich sei, aber er rechnet damit, daß das 'Europa der Regionen' auf Dauer unumgänglich ist, und unterhält darum Verbindungen zu allen Kräften in der EU, die das gleiche Ziel anstreben. Die Lega betreibt auf ihre Art eine eigene 'nichtstaatliche' Außenpolitik. Die Anfrage sollte zunächst nur Rom schrecken. Sie gibt gleichzeitig auch die Stimmung der Basis wieder. Ein mit dem grünen Hemd der Lega-Anhänger gekleideter Teilnehmer der großen Podemonstration im September 1996 - bevor die Regierung Prodi ihren Kurs hinsichtlich des Beitritts zur EWU radikal änderte - drückt es mit einfachen Worten so aus: „Abbiamo bisogno della Padania perche vogliamo rimanere in Europa“ [58] (Wir brauchen Padanien, weil wir in Europa bleiben wollen.)

Es muß davon ausgegangen werden, daß der Staat vor einer Zerreißprobe stehen wird, wenn es Italien nicht gelingt, von Anfang an bei der EWU beteiligt zu werden. Zwar vertreten viele Industrielle die Meinung, daß bei einer „handlungsfähigen Regierung, die Stabilität garantieren kann“, ein Auseinanderbrechen des Landes keine realistische Annahme ist.[59] Stabile Regierung aber bedeutet, föderalistische Verfassungsstrukturen, bedeutet Reform. Die gegenwärtige Regierung ist wegen der Spanne der sie tragenden Koalition nicht reformfähig. Man hat sich zwar auf den kleinsten aller möglichen gemeinsamen Nenner geeinigt und ein von den Parteien beherrschtes Instrument, die Bicamerale, geschaffen, eine von beiden Häusern des Parlaments paritätisch besetzte Kommission. In der Vergangenheit hat die Bicamerale nur dazu gedient, als dringend erkannte aber unbequeme Probleme zu beerdigen. Diesmal hat d'Alema, der Vorsitzende der PdS, den Vorsitz übernommen und sein Prestige damit verbunden, denn „Se fallisce la Bicamerale la secessione è nei fatti“ (Wenn die Bicamerale erfolglos bleibt, gibt es eine de-facto Sezession), um mit den Worten des dem Ulivo nahestehenden Bürgermeisters von Venedig, Cacciari, zu reden.

Die Bicamerale konnte sich inzwischen auf einen Vorschlag für eine Verfassungsreform einigen. Es handelt sich dabei um einen Kompromiss, dem Regierungskoalition und Opposition zugestimmt haben. Er schlägt Änderungen der Verfassung vor, die mehr Autonomie für die Regionen und Kommunen mit sich bringen und mit denen eine Stärkung der Exekutive angestrebt wird, ohne daß an der Verfassungsstruktur grundsätzlich gerüttelt wird. Es ist nicht anzunehmen, daß die weitere legislative Behandlung zu einer wirklichen Verfassungreform führt, wenn nicht die öffentliche Meinung aktiviert werden kann, und dafür besteht wenig Aussicht.[60]

In der Tat sind 'stabile Regierung' und 'föderale Verfassungsstruktur' die beiden Pole eines neuen Staatsaufbaues, nicht nur weil sie den Erwartungen der Italiener entsprechen, sondern weil sie einander bedingen. Während es für die Stärkung der Exekutive feste, wenn auch widerstreitende Konzepte gibt, geht das Meinungsspektrum zur

57 Maltese, C.: ibid.
58 Interview TG 5, 13.9.1996
59 L.Benetton, zit. nach Sauer,U.: „Steuereintreibung in Franchising“, Wirtschaftswoche 32/1996, S.20
60 Franchi, P.: „La scelta obligata dei riformisti delusi“, Corriere della Sera 4.7.1997

Realisierung eines föderalen Systems noch so weit auseinander, daß es schwer vorstellbar ist, eine tragfähige Mehrheit zusammen zu bringen. Allerdings hat die Frage des Föderalismus mit der Besetzung des Turmes von San Marco in Venedig und deren Akzeptanz durch die Bevölkerung Trivenetiens eine neue Dringlichkeit erhalten.[61] Zum ersten Mal ist deutlich geworden, daß der Norden sich auf Dauer nicht nur mit Worten abspeisen läßt. Zum ersten Mal sieht man sich nicht einem Politiker gegenüber, mit dem man mit den gleichen Waffen fechten kann, sondern man sieht die Anfänge einer Volksbewegung, von der man glaubt, ihrer nur mit der Polizei Herr werden zu können.

Jetzt hat man es auch nicht mehr nur mit Bossi zu tun. Der Nordosten, mit seiner spezifischen Mittelstandskultur äußert sich auf seine Weise. Während Bossi von einer friedlichen Blumenrevolution träumt und spricht, hat sich in Venetien eine aggressivere Bewegung gebildet, der es bisher - trotz des Mitführens einer Waffe bei dem Unternehmen von San Marco - eher darum geht, den Zentralstaat lächerlich zu machen und seine Ohnmacht vorzuführen, als mit Gewalt eine Umgestaltung der Verhältnisse zu versuchen. Die Antwort auf die Unruhe im Nordosten kann jedoch nicht darin liegen, Versuche, das Unbehagen sichtbar zu machen, als Terrorismus abzustempeln. Die Warnung der Geheimdienste[62] vor einer solchen Entwicklung mag übertrieben sein oder nicht, die Antwort kann nicht die Polizei sondern nur die Politik geben.

Das Unbehagen der Menschen über den bestehenden Zustand hat auch die Kirche veranlaßt, zu dem Problem Stellung zu nehmen. Kardinal Ruini hat bei der Eröffnung der Bischofskonferenz im Mai 1997, ohne das Wort Föderalismus in den Mund zu nehmen, deutlich gefordert, daß das Verhältnis von Staat und Regionen sich von Grund auf ändern müsse. Eine Dezentralisierung allein reiche nicht aus, denn sie würde nur die Bürokratie vervielfachen. Er nahm damit ein Thema auf, daß von den Bischöfen des Nordostens schon seit einiger Zeit problematisiert worden war, und machte es zu einem Anliegen der italienischen Gesamtkirche.[63]

Der Druck für die Einführung einer föderalistischen Staatsstruktur ist weiter verstärkt worden durch ein Referendum, das die Lega Nord Ende Mai 1997 durchgeführt hat. Es hatte zwar keinen offiziellen Charakter und keinerlei staatsrechtliche Verbindlichkeit. Offensichtlich gab es bei der Kontrolle der Wahlberechtigten erhebliche Lücken. Trotz allem jedoch war der Zuspruch zu den Urnen ungewöhnlich hoch und ging weit über die Wählerschaft Bossis hinaus. Wie bei einem solchen demonstrativen Unternehmen zu erwarten, sind vorwiegend die Befürworter der Frage: „Wollt Ihr, daß Padanien eine unabhängige und souveräne Republik wird“, zu den Wahlzelten gegangen, so daß eine Zustimmung von 99.7 % das Ergebnis war. Bossi sieht das als Erfolg an, den er politisch ausnutzen will und wird und kann, denn nun hat sich im Norden Italiens ein über die Wählerschaft der Lega hinausgehendes ‘Volk’ zu erkennen gegeben, das sich selbst nicht mehr als Italiener sieht und zur Sezession bereit ist. Dabei behält Bossi die Option zum Föderalismus, dessen Grenzen jedoch mit den Worten „unabhängig“ und „souverän“ sehr weit gesteckt sind. Bestätigt wird die Tendenz durch Meinungsumfragen, die darauf hindeuten, daß fast die Hälfte der Bevölkerung der nördlichen Regionen

---

61 s. „Dentro la rivolta padana - Se il leone si sveglia“, Il Mondo Nr. 36, 13.9.1997, S. 10 -18
62 „Allarme dei servizi: eversione secessionista“, Corriere della Sera 7.8.1997
63 Accattoli, L.: „Il cardinale Ruini ‘benedice’ il federalismo“, Corriere della Sera 20.5.1997

die Sezession für vorteilhaft erachtet, wenn auch die Mehrheit von diesen sie nicht für wünschenswert hält.[64]

Es wird darauf ankommen, wie weit ein Konsensus der politischen Kräften diesen Vorstellungen entsprechen wird und ob es Italien gelingen wird „in Europa zu bleiben", d.h. zu den Gründungsmitgliedern der EWU zu gehören.

Unter dem Eindruck der oben geschilderten Entwicklung hat der Berichterstatter des Unterausschusses der Bicamerale 'Forma di Stato', d'Onofrio, einen Entwurf vorgelegt, der als Grundentwurf den Forderungen weitgehend entsprechen sollte:

a) Italien definiert sich selbst als Bundesrepublik,
b) die gegenwärtigen Regionen erhalten sofort den Status einer 'Regione a statuto speciale'- wie z.B. Trentino-Alto Adige (Südtirol) -,
c) die Souveränität gebührt dem Bund und den Regionen, je nach ihren Funktionen,
d) die Regionen haben die Verfassungshoheit in ihrem Bereich,
e) die Kommunen und Provinzen erhalten die Verwaltungsautonomie,
f) der Bund erhält vierzig Prozent der in den Regionen erhobenen Steuern jeweils für Europa, die ihm verbliebenen Aufgaben, die Staatsschulden und den Finanzausgleich zwischen den Ländern.

Der Entwurf D'Onofrios steckt die Grenzen ab: das Maximum für die Vertreter des Einheitsstaates und das Minimum für die Anhänger des Föderalismus. Bossi hat den Entwurf mit großen Worten abgelehnt. Noch weniger kann er den verwässerten endgültigen Beschluß akzeptieren. Ihm geht es vor allem um die Finanzhoheit. Er will die Kommunen zu deren Träger machen und den Bund zum Kostgänger von Kommunen und Regionen. Vor allem aber will er verhindern, daß ein Finanzausgleich zwischen armen und reichen Ländern erfolgt, d.h. daß weiter Geld von Nord nach Süd fließt. Das Problem liegt aber nicht in dieser Meinungsdifferenz, sondern darin, daß der Entwurf d'Onofrio keine Chancen hatte, den notwendigen Konsensus im Regierungslager und zwischen Regierung und Opposition zu gewinnen. Sein Vorschlag verlangt einen radikalen Bruch mit der Vergangenheit, wie er auch anderen Ländern kaum möglich wäre.

Die Unzulänglichkeit des Entwurfes ist inzwischen dem Ulivo klar geworden. Der Bürgermeister von Venedig hat sich nur unter der Bedingung seiner Verbesserung bereit erklärt, erneut zu kandidieren. Plötzlich will auch Prodi „Una camera delle regioni vicino al modello tedesco"[65] (Eine Länderkammer nach deutschem Modell), wie er öffentlich bekannte. Es sieht aber nicht so aus, als ob den Worten Taten folgten, mit Rhetorik jedoch geben sich die Norditaliener nicht mehr zufrieden. Das italienische System aber wird am Ende nur einen federalismo di facciata piu formale che sostanziale"[66] (die Fassade des Föderalismus) bieten können.

Es ist wahrscheinlicher, daß die beharrenden Kräfte darauf setzen, den Druck für die föderalistische Umgestaltung des Staates durch die Hilfe Europas abzufangen. Da man zur Reform nicht fähig ist, erwartet man die Hilfe von außen „Uno dei maggiori paesi europei è minacciato di disintegrazione da una organizzazione secessionista. E l'Europa che fa?" (Eines der wichtigsten Länder Europas wird von einer sezessionistischen Or-

64 Mannheimer, R.: „I settentrionali (55 %) un disastro dividersi", Corriere della Sera 26.5.1997
65 Fumagalli, S.M.: „E Prodi rilancia la sfida del federalismo", Corriere della Sera 7.9.1997
66 Romano, S., Panorama, 25.9.1997, S. 19

ganisation mit Desintegration bedroht. Und was macht Europa?)[67] Die naheliegende Antwort auf die Frage wäre, daß sich Europa nicht in die Innenpolitik seiner Mitgliedstaaten einmischen kann. Aber es geht hier gar nicht um Innen- sondern um Außenpolitik. Europa kann verhindern, daß der Norditaliener ein unabhängiges Padanien braucht, um in Europa zu bleiben, indem es nicht nur monetäre sondern auch politische Maßstäbe über die Zulassung zur EWU entscheiden läßt. Der Norden Italins sieht sich als einen Teil Mitteleuropas. Dorthin gehen seine wirtschaftlichen Verbindungen, dort sind die Konkurrenten, an denen er sich messen muß. Obgleich Italien sich als ein mediterranes Land definiert und seine Außenpolitik weitgehend auf seiner mediterranen Brückenfunktion aufbaut, sollte Europa sich der zwei Gesichter des Landes immer bewußt sein. Es trifft das nationale Selbstbewußtsein hart, wenn man ausgerechnet mit Griechenland gemeinsam zu den Letzten der Klasse gerechnet wird. Das gilt besonders für Italiener, die über einen dem deutschen gleichwertigen Lebensstandard verfügen und in einem Gebiet mit einem höheren Pro-Kopf-Einkommen als das der Bundesrepublik leben.

Die Frage der Sezession bleibt auf dem Tisch bis über Italiens Zugehörigkeit zur EWU entschieden ist. Dann wird sie in den Rahmen der Auseinandersetzung um die föderalistische Ausgestaltung des Staates zurückgeführt werden. Im Bewußtsein der italienischen Politiker ist die Sezession eine echte, unmittelbare Gefahr. Das Parteiensystem und der Zwang zum Konsens lassen aber eine durchgreifende Reform der Staatsstruktur nicht zu. Es wird bei einer Reform auf italienische Art bleiben, d.h. es wird in der Form, nicht aber im Inhalt geändert werden. Das wird den Norden und besonders den Nord-Osten nicht zufriedenstellen. Die Regierung wird in ihrer Europapolitik jeden Schritt so planen müssen, daß nicht durch die wirtschaftliche Entwicklung der Sezessionismus sich zu einer Volksbewegung ausweitet.

Michael Kreile hat in seiner Analyse für die Friedrich Ebert-Stiftung[68] die Meinung geäußert, daß es wohl eher eine Dramatisierung sei, wenn „gelegentlich zu hören ist“, daß ein Ausschluß Italiens von der Kerngruppe der EWU“ die Sezession Padaniens auslösen werde. Mit dieser Schlußfolgerung steht er in Kontrast zu den Erwartungen der ‘Sezessionisten’ und zum Urteil etwa eines so scharfsinnigen Analytikers wie Sergio Romano . Ausgehend von der Reformunfähigkeit der Parteien, sieht dieser die Wut und Mißstimmung im Nord-Osten in einem Maße sich steigern, daß die nationale Einheit nicht länger als heilig und unverzichtbar sakrosankt gelten wird. Dann kann nur noch Europa Italien retten: „entreremo nell’unione monetaria il voto dei gazebo verrà ricordato come un pittoresco episodio di storia nazionale. Se mancheremo l’appuntamento sara forse la prima pagina di una storia nuova.“ [69] (Wenn wir der EWU beitreten, dann wird die Volksabtimmung in Zelten als eine pittoreske Episode unserer Geschichte in Erinnerung bleiben. Wenn wir den Beitritt verpassen, ist sie vielleicht die erste Seite einer neuen Geschichte.) Dem ist nichts hinzuzufügen.

---

67 Koriman, M. und Carraciolo, L.: „Rischio secessione e l’Europa che fa“, La Repubblica 13.9.1996

68 Kreile, M.: „Italien-Krise und Transformation des Parteienstaates“, FES Analyse, Bonn 1997, S.2

69 Romano, S.: „Se manchiamo l’Europa, vince il gazebo“, Panorama 5.6.1997, S.17

Im Schatten der Innenpolitik

Im Dezember 1995 wurde in der Deputiertenkammer intensiv über den Vorschlag der Regierung Dini beraten, welche Europapolitik sie während des nächsten Halbjahres, in dem Italien den Vorsitz im EU-Rat führen würde, betreiben solle. Das ist ein etwas ungewöhnlicher Vorgang, aber man muß bedenken, daß die Regierung Dini aus unpolitischen Fachleuten bestand und keine politische Mehrheit im Parlament hatte. Während der Tage der Beratungen wurde der Vorsitzende des Auswärtigen Ausschusses gefragt, wie die Verhandlungen verliefen. Seine Antwort ist bezeichnend für die italienische Außenpolitik nach dem Ende des Kalten Krieges: „ Noi siamo qui cercando disperatamente di trasformare il semestre di presidenza in una questione di politica estera.“ (Wir versuchen hier verzweifelt, das Halbjahr der Präsidentschaft in eine 'Frage der Außenpolitik umzuwandeln.) [70]. In der Tat ist die Meinung häufig anzutreffen, daß die italienische Außenpolitik mit Andrcotti geendet habe. Die Versuche der Regierung Prodi, der Außenpolitik wieder zu ihrem Recht zu verhelfen, finden ihre Grenze an der Heterogenität der Regierungskoalition.

Hier zeigt sich ein radikaler Bruch mit der Zeit des Kalten Krieges, als die Innenpolitik von der Außenpolitik dominiert war. In der 'Svolta von Salerno' sind die beiden noch in einem Wechselspiel miteinander verbunden. Italien gewinnt mit dem Austausch diplomatischer Beziehungen mit der UdSSR einen -wenn auch geringen- außenpolitischen Spielraum, aber es gewinnt gleichzeitig innenpolitisch einen Konsens aller antifaschistischen Kräfte für die künftige Politik. Dafür wird in Kauf genommen, daß der stärkste Partner in dieser Koalition wiederum den Weisungen einer der Siegermächte folgt. Man glaubt, das auf der staatlichen Ebene ausgleichen zu können. Es ist schwer zu sagen, wie das Spiel gelaufen wäre, wenn nicht der Kalte Krieg die Szenerie der Weltpolitik radikal verändert hätte. Für die italienische Politik ergab sich sofort und ohne Übergang die Notwendigkeit, sich zwischen Ost und West entscheiden zu müssen.

Der Wahlsieg de Gasperis und der DC 1948 sollte für fast 50 Jahre die Außenpolitik des Landes und damit den innenpolitischen Spielraum der jeweiligen Regierung festlegen. Mit dem Wahlergebnis hatte sich Italien für die USA entschieden, deren Klient das Land wurde.

Die USA nahmen von Anfang an erheblichen Einfluß auf die italienische Innenpolitik. Das ging soweit, daß ihre Zustimmung die Voraussetzung für die Öffnung der DC nach links (centro-sinistra) war, oder daß der aufstrebende Craxi seine Macht dadurch zu vermehren trachtete, daß er sich in den USA als besser und zuverlässiger als die DC darstellte. Der Einfluß der USA erstreckte sich bis ins Einzelne.[71] Auch im Bewußtsein der Italiener wurden sie eine Größe, mit der man rechnen mußte. Vor Wahlen holten die Politiker der DC ihre Benediktion nicht nur bei Papst sondern auch in den USA.

Auf der anderen Seite wurde die Kommunistische Partei (PCI) von der UDSSR noch enger an der Leine gehalten. Da die im 'arco costituzionale' zusammengehaltenen Parteien aus dem Mythos der 'resistenza' eine gemeinsame Basis ableiteten, die man nicht zerbrechen konnte und wollte, richtete man sein Verhalten auf der Mikroebene in einem

70 Vertone, Corriere della Sera 18.12.1995

71 Romano, S., op.cit.: „Piu che un alleato l'Italia per gli americani fu un territorio.“, S. X

für beide Seiten akzeptablen System, dem 'Consociativismus' ein, während die Große Politik - und damit auch die Außen- und Sicherheitspolitik - zum Tabu wurde. Ideologische Differenzen gingen im Opportunismus unter. Der Pragmatismus, im Italienischen als 'trasformismo' verächtlich abgetan, hat in der italienischen Politik seit der Einigung eine echte politische Opposition verhindert, weil programmatische Positionen durch Beteiligung an der Macht abgekauft wurden. In der Republik hatte jeder seine feste außenpolitische Position, und wenn man diskutierte, dann handelte es sich um Schattengefechte. Im übrigen teilte man sich die Macht. Die Steuerzahler zahlten die Kosten und werden weiter dafür zahlen. Die umfangreiche Korruption im italienischen Parteiwesen ist einer der Faktoren, die den Consociativismo in Verruf gebracht haben.

Die festen Grenzen zwischen den Blöcken in der italienischen Innenpolitik begannen sich zu lockern, als Enrico Berlinguer, der Vorsitzende der PCI, 1975 die NATO als Instrument des Friedens anerkannte und erklärte, daß auch die PCI im Falle einer Regierungsübernahme - jedenfalls für eine Übergangszeit - die Mitgliedschaft Italiens nicht in Frage stellen werde. Das reichte nicht dafür aus, daß die USA einer direkten Regierungsbeteiligung der PCI zustimmten, Immerhin kam es zu einer Minderheitsregierung mit Duldung der PCI.

Die Außenpolitik Italiens in den Jahren des Kalten Krieges war geprägt von einer Beständigkeit, die in einem scheinbar krassen Gegensatz zu den innenpolitischen Verhältnissen stand. Das trifft auch für den diplomatischen Dienst zu, der in seiner Professionalität den Vergleich mit keinem anderen Land scheuen muß. Es muß in diesem Kontext nochmals darauf hingewiesen werden, daß ein so wichtiger Wendepunkt der italienischen Außenpolitik wie die 'Svolta von Salerno' Werk der Diplomatie und nicht der Politik war. Der Bogen spannt sich bis zum Botschafter Fulci, der in New York seinen eigenen, verbissenen Kampf um die Gleichstellung Italiens mit Deutschland und Japan im UN-Sicherheitsrat führt.

Nicht nur die Professionalität des Diplomatischen Dienstes, auch die Kontinuität der politischen Führung hat der italienischen Außenpolitik in den Jahren der innenpolitischen Instabilität Stabilität gegeben. Seit den fünfziger Jahren, im Zeichen der DC, dominieren nacheinander einige, wenige Politiker: de Gasperi, Sforza, Fanfani, Moro, Andreotti. Die italienische Außenpolitik hat es zu Wege gebracht, daß im Ausland das Chaos im Inneren des Landes nicht das Bild des Landes in der internationalen Politik so verdunkelte, daß die nationalen Interessen des Landes beeinträchtigt worden wären.

Mit dem Ende des Kalten Krieges wurde Italien aus der Klientel der USA entlassen. Damit verlor der Statthalter der USA in Italien, die DC, seinen Rückhalt und bald auch seine Macht. Das alte Parteiensystem brach zusammen. Die PCI rettete sich als PdS (Partito democratico di sinistra) in die neue Zeit, die DC brach in ihre verschiedenen Flügel auseinander und ist heute als Ppi (Partita popolare italiana), CDU (Cristiani Democratici Uniti) und CCD (Centro Cristiani Democratici) im Parteienspektrum und sowohl in der Regierungskoalition als auch in der Opposition zu finden. Das Parteiensystem als solches hat sich vollkommen gewandelt. Die Hoffnung auf politische Stabilität jedoch, die mit der Einführung des Mehrheitswahlrechts verbunden war, hat sich bisher nicht erfüllt. Für die aktuelle Sachpolitik hat sich als Hypothek herausgestellt, daß es einer neuen unerfahrenen Führungsmannschaft gerade auf dem Feld der Außenpolitik sowohl innen- als auch außenpolitisch an Durchsetzungsvermögen fehlt.

Die politischen Kräfte haben noch kein auf Dauer angelegtes Verhältnis zueinander. Sowohl die von Berlusconi geführte Koalition des 'Polo della Libertà' als auch der 'Ulivo' Prodis sind zu heterogen als daß die Parteiinteressen nicht die Koalitionsinteressen überwiegen würden. Alle Umfragen deuten darauf hin, daß wischen den beiden innenpolitischen Blöcken ein äußerst zerbrechliches Gleichgewicht herrscht. Das leich- te Übergewicht von 'l'Ulivo' ist in der Wählergunst - und damit auch im Parlament - ständig gefährdet.[72]

Deswegen verwundert es um so mehr, daß die Regierung Dini in der UN zweimal gegen Frankreich stimmte, als es um die Verurteilung der Atomtests auf Muraroa ging. Dini hat glaubwürdig versichert, daß er als unpolitischer Regierungschef nicht anders hätte handeln können, obgleich er es gerne getan hätte, weil er ohne eigenständige Regierungsmehrheit dem Willen des Parlaments hätte folgen müssen, das aber hätte sich nun einmal für eine Verurteilung der Tests ausgesprochen. Das Parlament hatte in Eile entschieden, „ohne daß genügend Zeit vorhanden war, um die Implikationen zu diskutieren[73]. Die Außenpolitik, soweit sie sich nicht im Schatten vollzieht, folgt ausgetretenen Pfaden - wie in dem Kampf darum, bei den UN zu den Großen zu gehören - oder wird als Instrument im innenpolitischen Machtkampf benutzt. Sie wird - wie das Beispiel Albanien beweist - nicht einmal dann konsens- und damit politikfähig, wenn das nationale Interesse es verlangt. Das Erkennen und die Rücksichtnahme auf diese Interessen erwartet Italien vom Ausland. Es ist viel verlangt, wenn Italien von einem - wenn auch befreundeten - Partner verlangt, seine eigenen nationalen Interessen zurückzustellen, um die eines anderen Staates wahrzunehmen. Das gilt um so mehr, wenn Italien nur deshalb nicht seinen Interessen entsprechend handeln kann, weil es sich innenpolitischen Bedingungen unterworfen hat, die die Außenpolitik nicht zu ihrem Recht kommen lassen.

Wenn aber Italien, den Platz unter den Großen als nationales Interesse mit höchster Priorität betrachtet, dann bedarf es aktiver Politik und nicht einer passiven Bitte um Verständnis. Seinen Platz an der Spitze hatte das Land in der Nachkriegszeit nie allein aus eigener Kraft errungen. Sein wirtschaftlicher Aufschwung war zwar die Voraussetzung dafür, in den Kreis der G 7 aufgenommen zu werden, aber sein politisches Gewicht hätte nicht für den begehrten Platz ausgereicht. Es waren die USA, die die Mitgliedschaft ihres Klienten durchsetzten; so wie sie es schon im Falle der EG gemacht hatten, so wie andererseits Frankreich die Aufnahme Italiens in die NATO durhgesetzt hatte. Italien bedarf des großen Bruders, um die Zugehörigkeit zu den Großen sicherzustellen. Nachdem die USA diese Rolle aufgegeben haben, muß Italien Ersatz finden. Da England nach der Suezkrise seine Rolle im Mittelmeer an die USA abgetreten hat, kommen als Ersatz nur die anderen beiden europäischen Großen infrage: Frankreich und Deutschland.

Die historischen Erfahrungen sprechen gegen Deutschland; trotz aller Freundschaft ist ein Mißtrauen geblieben. Aus italienischer Sicht bietet sich Frankreich an, auch wenn die Achse Paris-Bonn dem italienischen Streben nach einem Platz unter den europäischen Großmächten entgegensteht. Doch kann die Hoffnung gehegt werden, daß sich

---

72 s. Mannheimer, R.: „Per l'Ulivo in crisi l'ex-pm e il gol vincente", Corriere della Sera, 21.7.1997

73 Negri, G.: „Un anno con Dini", Il Mulino, Milano 1996, S.285

das Verhältnis der beiden Mächte lockert.[74] Es muß darum im italienischen Interesse liegen, sich gegenüber Frankreich nützlich („utile“) und notwendig („necessaria“) zu erweisen. Nur mit dem Übergewicht der Innen- über die Außenpolitik ist zu erklären, daß dennoch Italien im Falle der UN-Abstimmungen über die Atomtests auf Mururoa, ohne Rücksicht auf seinen französischen Partner stimmte und sich diesem damit weder nützlich noch notwendig machte. Für diese Haltung erwartete es Verständnis auf französischer Seite. Die heftige Reaktion Frankreichs kam für Dini, aber auch für die überwiegende Zahl der Italiener, überraschend. Sie hatten erwartet, daß der französische Präsident auf die Besonderheiten der italienischen Außenpolitik Rücksicht nehmen würde.[75] Für ein Volk, das privatistische Denkarten in die Politik übertragen hat und darum im Kompromiss und im Konsensus, im „arrangiarsi“ (sich durchwursteln) die optimale Methode zur Lösung von Problemen gefunden hat, muß es unverständlich sein, wenn die Elle machtpolitischen Denkens angelegt wird.

Die Inanspruchnahme von Verständnis auf die besondere innenpolitische Situation Italiens ist nicht auf Einzelfälle beschränkt. Auch sie beruht auf dem italienischen Konzept von Freundschaft und von bella/brutta figura, die hier ganz konkret auf das Verhältnis von Staaten zueinander übertragen werden. Mazzinis Konzept des ‘Europas der Völker’ ist nach wie vor lebendig und spiegelt sich in diesem Phänomen.[76] Warum können die europäischen Partner z.B. nicht verstehen, daß Schuldenabbau, der es Italien ermöglichen soll, doch noch die Kriterien von Maastricht zu erfüllen, durch zusätzliche Steuern und nicht durch Einschnitte im Gesundheitswesen und bei den Renten erreicht werden soll? Die Regierung kann nicht anders handeln, da zur Mehrheit der Regierung auch die altkommunistische Partei, Rifondazione Communista gehört, die - wie auch immer sachlich gerechtfertigt - Einschnitte im Sozialnetz nicht gewillt ist hinzunehmen. Einen Sturz der ersten Linksregierung kann niemand verantworten.

L’Ulivo ist in die Wahl gegangen mit dem Versprechen durchgreifender Reformen, die von ihm getragene Regierung erweist sich jedoch nur bedingt als reformfähig, weil die einzelnen Elemente die Politik nach den Vorstellungen ihrer Partei und nicht nach dem Wahl-/Regierungsprogramm gestalten wollen. Man kann das sogar verstehen, denn im Hintergrund wartet der Volksheld, der Anti-Politiker, der starke Mann: Di Pietro, der als Staatsanwalt die Korruptionverflechtungen zwischen den alten Regierungsparteien und der Industrie aufdeckte und der als Motor der „Mani pulite“ (saubere Hände) zum Volksheld wurde und als solcher - was immer auch geschieht- die Liste der beliebtesten Politiker mit weitem, wenn auch abnehmendem Vorsprung anführt und der als Minister für die Lavori Pubblici, zuständig für Aufträge, die vom Staat vergeben werden, gezeigt hat, wie er vorgehen würde, wenn ihn die Politik nicht behinderte.

Inzwischen hat der Staatssekretär, der im Amt des Ministerpräsidenten Dini für die Verbindungen zum Parlament zuständig war, Guglielmo Negri, seine Tagebuchaufzeichnungen vorgelegt, die aus seiner Sicht Rechenschaft über die Amtszeit der Regie-

---

74 Romano, S.: „Per noi è una grande occasione“, in: LiMes 2/95, S.139: „Considerata da un punto di vista italiano la situazione offre prospettive interessante. L’asse franco-tedesca ha fortemente diminuite l’importanza nella communità ed è stato quindi una sconfitta della politica estera italiana. Se l’asse entra in crisi accusa segni di stanchezza l’Italia diventa nuovamente utile e necessaria.“

75 Guatelli, A.: „Italia-Francia, Agnelli mediatore“, Corriere della Sera, 22.12.1995

76 Diario della settimana - Beilage zu l’Unità Nr.1, S.31

rung geben.[77] Von den insgesamt 372 Seiten werden auf nicht mehr als 24 außenpolitische Probleme erwähnt, denn „vero è che per tradizione la politica estera non conta nulla respetto alle vicende interne"[78] (es ist war, daß traditionell die Außenpolitik gegenüber dem inneren Geschehen nicht zählt). In einer Situation, in der die Exekutive sich bei der Führung der Geschäfte der Außenpolitik an die Legislative gebunden sieht, kann man daraus nur schließen, daß eine aktive Außenpolitik nicht stattfand. In der Tat beziehen sich die Eintragungen -mit der Ausnahme von Mururoa- alle auf laufende Geschäfte. Die EWU, die Erweiterung der Zahl der 'ständigen' Sitze im UN-Sicherheitsrat, der sich abzeichnende EU-Vorsitz, den italienisch-slowenischen Konflikt, den Konflikt in Bosnien.

Die Dominanz der Innen- über die Außenpolitik wird sich nicht ändern bis sich die politische Struktur des Landes wieder ausbalanciert hat. Visionen sind bisher blasse Schemen geblieben. Weder Dinis Vision eines starken Zentrums noch d'Alemas Ansätze als Vorsitzender der PdS für eine große liberalsoziale linke Sammlungsbewegung[79] nach Art der Demokratischen Partei in den USA sind bisher mehr als Schemen.

Die Anzahl der Parteien hat sich vervielfältigt. Es sind neue Parteien ins Parlament eingezogen, die ihren politischen Standort noch nicht richtig definieren können, auch wenn sie im pro oder contra festgelegt sind. Alte Parteien haben sich neue Kleider zugelegt, weil entweder ihre alten zu eng geworden waren (Postkommunisten und Postfaschisten) oder weil sie ihnen vom Leibe gerissen worden waren (Nachfolgeparteien der DC). In allen hat ein Stück der 1.Republik überlebt.

Nach dem Wahlsieg des 'centro-destra' war dessen Führer, Berlusconi, davon überzeugt, nun für die Wahlperiode von 5 Jahren eine stabile Regierung bilden zu können. Das gleiche gilt für den gegenwärtigen Ministerpräsidenten Prodi, nachdem seine Koalition im Frühjahr 1996 die Wahlen gewonnen hat. Berlusconis Traum hat nicht einmal ein Jahr gedauert. Wie lange wird Prodis Koalition halten? Immer wieder wird eine große Koalition als einzige Lösung für die vielen Probleme ins Spiel gebracht. Man kann bezweifeln, daß selbst das eine Lösung wäre.

Das Grundgesetz ist eine Antwort auf Erfahrungen mit der Weimarer Verfassung, die italienische Verfassung ist eine Antwort auf Erfahrungen im faschistischen Staat. So hat das Grundgesetz die Exekutive gestärkt, um politische Stabilität zu sichern. Die italienische Verfassung dagegen hat die Legislative so gestärkt, daß ein 'starker Mann' nicht wieder möglich wurde. Sie hat damit aber auch politischen Minderheiten die Möglichkeit gegeben, die politische Arbeit zu paralysieren. Der 'Consociativismus' der DC fügte ein Band um das Parteiensystem, das innere Stabilität in ein nach außen hin instabiles System brachte. Der 'Consociavitismus' jedoch ist ein Schimpfwort geworden. Er ist Teil der 1.Republik und darum vom Übel. Man sucht klare politische Verhältnisse und schaut auf die Länder mit Mehrheitswahlrecht wie England und die USA. Aber die Einführung des relativen Mehrheitswahlrechts hat keine Klarheiten gebracht.. Zwar bestimmen die Wähler, welche der Formationen die Regierung stellen soll, aber die Verhältnisse innerhalb der Koalition, und damit die Politik der Koalition, entziehen sich dem Wählerwillen. Die Spannweite des Bogens der gegenwärtigen Regierungskoalition demonstriert überdeutlich, daß die Instabilität schon im Ansatz begründet ist.

---

77 Negri, G., op.cit.

78 Negri, G., ibid., S.214

79 s.De Angelis, M.: „Il sonno della politica genera Dini", in:"Liberal" Nr.13, April 1996, S.10 ff

Es ist die verzweifelte Suche nach Stabilität, die bei den Überlegungen zur Verfassungsreform selbst die Frage einer bundesstaatlichen Struktur hinter der Suche nach Mitteln zur Stärkung der Exekutive zurücktreten läßt. Aber auch hier sind die Vorstellungen noch weit auseinander. Es müßte ein Wunder geschehen, wenn in absehbarer Zeit eine durchgreifende Verfassungsreform gelingen sollte. Der Entwurf der Bicamerale jedenfalls erfüllt diese Forderung nicht. Bevor jedoch nicht durch die Verfassungsreform der Rahmen für neue Politikformen abgesteckt sein wird, werden die politischen Auseinandersetzungen und die daraus resultierende Instabilität sich nicht ändern. Solange werden auch die Probleme im Inneren wenig Raum für die Gestaltung des Verhältnisses nach außen lassen. Die Außenpolitik wird weiterhin nicht Aktion sondern Reaktion sein.

Daran ändert auch die Tatsache nichts, daß der Kompromiß zwischen beiden Blökken, die stillschweigende Grundlage einer bipartizan -nur nicht Außen-, sondern Innenpolitik geworden ist. Es zeigt nur, wie stark die Dominanz der Innenpolitik in der italienischen Politik ist. Wenn die beiden Hauptpfeiler dieses nirgends formulierten Übereinkommens d'Alema und Berlusconi sich auf Dauer gegen latente Widersprüche im eigenen Lager durchsetzen könnten, erwüchse daraus jene Stabilität, die die Verfassungsreform nicht erwarten läßt. Dann kann die Regierung Prodi eine Legislaturperiode überleben. Berlusconi sieht die Situation sehr realistisch: „l'alternativa di governo passendo per il voto è il nostro obiettivo strategico. Ma per ora questa possibilità non sia.“[80] (Die Alternative der Regierungsbildung nach einer Wahl ist unser strategisches Ziel. Im Augenblick gibt es diese Möglichkeit nicht).

Ausgenommen davon bleibt der Raum, in dem sich Außen- und Innenpolitik treffen: die Europapolitik. Auf diesem Feld gibt es -noch- eine so deutliche Übereinstimmung unter den politischen Kräften, daß die Regierung handlungsfähig ist. Indessen führen auch hier die innenpolitischen Verhältnisse des Landes zu empfindlichen Rückschlägen. So wird in der EU die Zuverlässigkeit Italiens immer wieder infrage gestellt, weil es Beschlüsse nur verspätet und manchmal gar nicht ausführt, wie bei der Stahl- und Milchquote und bei den Privatisierungsauflagen.

Merkwürdig berührt dabei, daß bei aller verbaler Begeisterung für Europa die Politik auch das Thema Europa ihrem Eigeninteresse unterordnet. Als Mitte 1995 über den Zeitpunkt für Neuwahlen nachgedacht wurde, argumentierte die Regierung Dini, der Wahltermin könne erst nach dem Halbjahr des italienischen EU-Vorsitzes liegen, denn wie in anderen Ländern sollten in dem Zeitraum auch in Italien Wahlen nicht stattfinden. Etwas später teilte Dini dem Land die Besorgnisse der europäischen Partner für einen solchen Fall mit. Die dahinter liegende Absicht war in beiden Fällen, Neuwahlen hinauszuschieben. Im Herbst legte er ein Haushaltgesetz für 1996 vor, das tiefe Einschnitte vermied, aber auch den Eindruck entstehen läßt, daß man kein großes Interesse daran hat, die Gesundung des Staatshaushaltes so voranzutreiben, daß man sich den Kriterien von Maastricht nähert. Später deutete Dini an - wieder in einem Augenblick, in dem es um das Überleben seiner Regierung ging- daß er dabei sei, einen Sparhaushalt für 1997 zu erreichen, der Italien auf den Weg in die EWU bringen würde.[81] Europa wird instrumentalisiert. Eine Europapolitik fand nicht statt.

---

80 Interview in Panorama Nr. 36, 11.9.1997

81 s. auch Romano, S.:"Bugiardo chi incolpa il trattato", Liberal, Nr. 13, April 1996

Mitteleuropa

So wie die 'geopolitica' in Italien eine Auferstehung feiert, die zwar der geostrategischen Lage des Landes angemessen ist, aber gleichzeitig als Grundlage außenpolitischer Konzepte nirgends sonst so ehrlich genannt wird, ist für die Italiener Mitteleuropa kein Papier gebliebener Gedanke sondern konkrete außenpolitische Realität. Der Begriff 'Mitteleuropa' wird hier sehr viel häufiger gebraucht als im Land seiner Erfinder. Für die Italiener verbindet sich mit dem Begriff nicht ein theoretisches -zwar geographisch in den von Friedrich Naumann vorgegebenen Grenzen angesiedeltes- Konzept, sie machen Mitteleuropa gleichzeitig zu dem hinter dem deutsch-österreichischen Bündnis im 1.Weltkrieg stehenden Gedanken[82] und damit zum Konzept des deutschen Expansionsdrangs, vor allem auf dem Balkan. 'Mitteleuropa' steht in Italien als Synonym für den deutschen 'Drang nach Osten'.

Mitteleuropa war zunächst das k.u.k. Österreich, das im Nachhinein eher milde gesehen wird, als ein „multinationaler Staat“[83], der den Völkern des Balkans ermöglichte , friedlich, in Ordnung unter dem Gesetz zusammenzuleben, während ihre Unabhängigkeit nur zu Streit und Tod geführt hat, und der in seinen besseren Jahren mit einer gewissen Wirksamkeit „den deutschen und den russischen Imperialismus in Schranken gehalten hatte“ [84]. Gleichzeitig jedoch blieb die k.u.k. Monarchie der Machtblock, der den Völkern des Balkans die Freiheit und Autonomie versagte, die schon Mazzini für sie verlangt hatte und die so ein Teil der Forderungen des 'Risorgimento' geworden waren. Und schließlich lebte in Istrien und Dalmatien eine große Zahl ethnisch dem italienischen Volk zuzurechnender 'Irredenten'.

Das Österreich der k.u.k. Monarchie gibt es nicht mehr.Österreich ist ein Kleinstaat, der kein großes Gewicht mehr auf die machtpolitische Waage bringt. An der Stelle der k.u.k. Monarchie ist im italienischen politischen Denken Deutschland getreten. Das effiziente, gut organisierte, tüchtige und darum in Italien so bewunderte Deutschland anstelle eben jenes Österreichs zum Nachbarn zu haben, ist für Italien ein Alptraum, “frusterebbe la vittoria italiana“ (machte den Sieg Italiens umsonst), wie Mussolini es 1925 vor dem Senat ausdrückte. Der 'Anschluß' machte Mitteleuropa unausweichlich. Mussolini stimmte ihm zu, weil er 1938 schon im Maschenwerk Hitlers eingefangen war.

Heute bedeutet Mitteleuropa in den Augen der Italiener die Gefahr der deutschen Dominanz auf dem Balkan. Die Perspektive läßt sich auf die Formel bringen: „scrivi Mitteleuropa e leggi germanizzazione“ (schreibe Mitteleuropa und lies Germanisierung)[85]. Hier braucht Italien in seinen historischen Erfahrungen gar nicht sehr weit zurückzugehen. Die Erinnerung daran ist noch wach, wie das in Versailles zur Machtlosigkeit verurteilte und durch ein ausgeklügeltes Bündnissystem auf dem Balkan mattge-

---

82 „ ...ispirò l'alleanza austro-tedesca nel primo conflitto mondiale“, Dizionario Enciclopedico Universale

83 Montanelli, I.: „Cosi l'Europa perse lo status di caput mundi“, Corriere della sera 15.10.1996

84 Romano, S.: „Guida alla politica estera italiana“, Milano 1993, S. 205: „aveva contenuta con una certa efficacia l'espansione dell'imperialismo germanica e russo“.

85 Diskussionsbeitrag anläßlich der Vorstellung des Buches von C. Jean „Guerra, strategia e sicurezza“ am 15.6.19972

setzte Deutschland seine Wiederauferstehung nach dem Anschluß Österreichs mit der Vorherrschaft auf dem Balkan krönte. Im Wettlauf der beiden faschistischen Diktaturen hatte es Italien aus seinen mühsam errungenen Einflußzonen verdrängt. Daher war das Verhältnis, soweit es den Balkan anbetraf, die ganzen Jahre der Zusammenarbeit über gespannt. Bezeichnend ist, daß auf die Nachricht von der deutsch-rumänischen Annäherung Italien eine Heeresgruppe aufstellte, um als eventuelle Kompensation eines deutschen Gewinns, Kroatien und Dalmatien an sich zu reißen.[86]

Mit dem Begriff 'Mitteleuropa' ist heute in Italien eine doppelte Vorstellung verbunden: Die Angst vor einer deutschen -wenn nicht politischen, dann doch wirtschaftlichen-Hegemonie in Europa und die damit verbundene Gefahr einer wirtschaftlichen und damit politischen Vorherrschaft in den einst kommunistischen Staaten Ostmitteleuropas. Sehr bald nach dem Fall der Mauer hat darum der damalige italienische Außenminister de Michelis die Initiative für eine „mitteleuropäische Vereinigung" ergriffen, die in wechselnder Zusammensetzung - Italien, Österreich, Jugoslawien, Ungarn, Tschechoslowakei, Polen - auch wirklich entstand und deren „unausgesprochenes Ziel es war zu verhindern, daß diese Länder vollständig den Deutschen in die Hand fielen, und die ökonomischen Satelliten eines neuen deutschen Commonwealth vom Rhein bis nach Brest-Litowsk würden."[87]

Die Vereinigung ist inzwischen umgestaltet und erweitert worden. Unter der weniger anspruchsvollen Bezeichnung 'Initiative Mitteleuropa', Iniziative Centro Europea (INCE) versammeln sich inzwischen sechzehn Länder Mitteleuropas und Länder der ehemaligen UdSSR, bis hin zu Moldavien und Weißrußland. Die erklärten Ziele sind Kooperation und Integration im Hinblick auf eine mögliche Mitgliedschaft in der EU und Modernisierung. Die INCE wird ergänzt durch einen Vertrag der ständigen Kooperation mit Slovenien und Ungarn. Italien steht heute schon an erster Stelle als Handelspartner Kroatiens, Rumäniens, Bulgariens, Mazedoniens und Albaniens.[88] Voll Stolz wird von „nostra Ostpolitik" gesprochen und gleichzeitig versichert, daß diese Politik nicht anti-deutsch sei, sondern daß die deutsche und die italienische Balkanpolitik sich ergänzten.[89] Dennoch will man gewappnet sein, falls langfristig die italienischen und die deutschen Interessen aufeinanderstoßen sollten.[90]

Das war im Zusammenhang mit dem jugoslawischen Konflikt der Fall. Während die deutsche Außenpolitik eine möglichst schnelle Anerkennung der nationale Freiheit und staatliche Selbständigkeit fordernden jugoslawischen Teilrepubliken forcierte, war man in Italien bemüht, den Fortbestand des jugoslawischen Gesamtstaates so lange wie möglich zu sichern.

Dabei hatte Italien ein durchaus gespaltenes Verhältnis zu Serbien und Jugoslawien. Schon während des Risorgimento hatte Mazzini für die slawischen Völker das gleiche Recht auf nationale Unabhängigkeit, Freiheit und Demokratie gefordert, das er für Itali-

86 s. Cervi, M.: „Storia della guerra di Grecia", Milano 1965

87 Romano, S., op.cit., S. 205: „Lo scopo non dichiarato era quello di impedire che questi paesi caderessero nell'orbità tedesca e diventessero i satelliti economici di un nuovo commonwealth germanico dal Reno a Brest-Litowsk."

88 Fassino, P.: „Una Ue senza muri", L'Unita 8.11.1996; P.Fassino ist Staatssekretär im italienischen Außenministerium.

89 Fassino, P. in: Cingolani, Stefano: „La nostra Ostpolitik non è antitedesca", Corriere della Sera, 9.11.1996

90 Scabello, S.: „Italia, offensiva Mitteleuropa", Corriere della Sera 9.11.1996

en in Anspruch nahm. Ganz folgerichtig gründete sich 1849 in Turin eine 'Società per l'alleanza italo-slavo' (Gesellschaft für ein italienisch-slawisches Bündnis) und 1876 in Mailand eine 'Lega per la liberazione e l'affratellamento dei popoli della peninsola slavo-ellenica' (Liga für die Befreiung und die brüderliche Vereinigung der Völker der slawisch-hellenischen Halbinsel). Garibaldi nahm das Angebot an, Ehrenpräsident dieser Liga zu werden.

Es waren dann auch Garibaldianer, die - ebenso wie die Polen - bei jedem Konflikt auf dem Balkan die Fahne des 'aufständischen Bandenkrieges' (Mazzini: guerra insurrezionale per banda) aufrechterhielten, während die Realpolitiker längst ihren Frieden mit den bestehenden Machtverhältnissen gemacht hatten. Mazzini hatte im übrigen auch schon eine föderative Neugestaltung, allerdings mit hoher Autonomie für die einzelnen Mitglieder, vorgeschlagen.

Als der südslawische Bundesstaat Wirklichkeit wurde, war jedoch die italienische Begeisterung wegen des Konfliktes um Istrien und Dalmatien erheblich gedämpft. Zwar wird aus österreichischen Gefangenen tschechischer Herkunft eine tschechoslowakische Legion unter italienischen Offizieren gebildet (24.000 Freiwillige), die Bildung einer jugoslawischen Legion (20.000 Freiwillige) wird jedoch verhindert.

Das Verhältnis der beiden Staaten nach Ende des Krieges wird von Spannungen über den Besitz Dalmatiens bestimmt, bis mit dem Vertrag von Rapallo die bestehenden Verhältnisse anerkannt werden. So erlangte Italien wenigstens Fiume. Auch in der Folgezeit sollte sich das Verhältnis grundsätzlich nicht entspannen. Die faschistische Außenpolitik biß sich an dem Block der 'kleinen Entente' die Zähne aus.Sie suchte nach außen hin zu dokumentieren, daß sie Freundschaft und Zusammenarbeit wollte, aber gleichzeitig ging es ihr darum, langfristig Jugoslawien zu isolieren. Die immer fester werdende italienische Schutzherrschaft über Albanien half nicht, die Beziehungen zu Jugoslawien zu verbessern.

Im 2.Weltkrieg war Italien bei der Zerstückelung des jugoslawischen Gesamtstaates beteiligt. Kroatien fiel ihm als Beute zu und wurde ein italienischer Satellitenstaat mit einem italienischen Prinzen als König.

Gegen Kriegsende vereinigten sich italienische und jugoslawische Partisanen im antifaschistischen Kampf. Dieses Mal gehörte Italien bei Kriegsende wirklich zu den Besiegten. Bei den Friedensverhandlungen kämpfte De Gasperi hart um Istrien und Dalmatien, aber hinter Tito stand Stalin, so waren die in Versailles gewonnenen Grenzen nicht zu bewahren. Die Alliierten beauftragten schließlich eine Kommission, um das Problem zu untersuchen. Da eine einheitliche Entscheidung der Kommission nicht erreicht werden konnte, legte sie vier verschiedene Vorschläge vor, wobei der russische den jugoslawischen Wünschen und der amerikanische den italienischen Vorstellungen am nächsten kam. Doch konnte man sich auch auf politischer Ebene nicht einigen, daher wurden zunächst zwei internationale Zonen - A und B - geschaffen. Als Grenzlinie einigte man sich auf den französischen Vorschlag, der dem russischen am nächsten kam. Die Zone A, die im wesentlichen aus Triest und seinem Umland bestand, blieb unter britischer Besetzung, die Zone B wurde von jugoslawischen Truppen vorläufig gehalten.

Die Grenzen zwischen den Zonen sollten die Landesgrenzen werden. Nach Spannungen in der Nachkriegszeit haben Jugoslawien und Italien 1975 im Vertrag von Osimo, die Grenzen anerkannt und den zwischen den beiden Staaten bestehenden Konfliktstoff ausgeräumt.

Wie alle anderen westlichen Staaten hofierte Italien das Land, das mit dem Komintern gebrochen und sich als einer der Initiatoren der Gruppe der paktfreien Staaten internationales Ansehen erworben hatte. Als es nach dem Tod Titos im Gebälk der inneren Struktur Jugoslawiens zu knistern begann, konnte man das noch für eine der vorübergehenden Spannungen zwischen den verschiedenen Volksgruppen halten, die der Staat in seiner kurzen Geschichte fast ständig hatte aushalten müssen, ohne daran zu zerbrechen. Mit dem Zusammenbruch des Kommunismus erhielten die Spannungen eine andere Dimension.

Italien hatte aus historischen Gründen kein Interesse an einem starken Jugoslawien. Es stand seinen Bestrebungen im Wege, den italienischen Einfluß auf dem Balkan auszudehnen. Es ist darum um so erstaunlicher, daß es die Zeichen der Zeit nicht erkannte und sich gegen die Freiheit und Autonomie der Völker Jugoslawiens stemmte, so stark waren die Bedenken gegen den befürchteten Einfluß Deutschland auf zumindest die westlichen Nachfolgestaaten wie Slowenien und Kroatien. Die schnelle Anerkennung Sloweniens durch Deutschland bestätigte diesen Verdacht eher.

Auf dem Balkan selbst wurde die italienische Haltung während des gesamten bewaffneten Konflikts als pro-serbische Haltung empfunden. Eine Ausnahme bilden Kroatien und Slowenien, wo der Druck des Heiligen Stuhles für die katholische Bevölkerung sich bemerkbar machte. Italien, das selbst so empfindlich auf Reaktionen des Auslandes reagiert, nahm auf die Empfindsamkeit insbesondere der Bosnier wenig Rücksicht. Das wurde besonders deutlich, als es als EU-Präsidierende auch im Namen Europas sprach und in Mostar sein Gewicht für die Kroaten in die Waagschale warf, bzw. in Sarajewo die serbische Regierung von Pale aufwertete.

Besondere Bedeutung hat das trilaterale Verhältnis mit Ungarn und Slowenien. Auch die italienischen Bewohner des Nachkriegsjugoslawiens - vor allem also in Istrien und Dalmatien - waren 1945 mehr oder weniger gewaltsam vertrieben worden. Sie machten sich im politischen Leben Nachkriegsitaliens weniger bemerkbar als die deutschen Vertriebenen. Es gab keine Vertriebenenverbände mit politischen Ambitionen. Der Verlust des Eigentums wurde in einem armen Land weit weniger schwer empfunden als in dem reichen Deutschland. Der Zerfall Jugoslawiens zeigte nun, daß es keine 'Irredenti' mehr gab. Keine Stimme erhob sich, die das verlorene Land zurückverlangte. Die Grenze war so selbstverständlich geworden, daß die Regelungen des Vertrages von Osimo nicht infrage gestellt wurden. Dennoch blieben alte Rechnungen -vor allem mit Slovenien- zu begleichen.

Die philoserbische Tendenz der italienischen Außenpolitik wurde dem Grunde nach als irredentistisch verstanden. In dieser Auffassung sah man sich bestärkt, weil von Seiten der Postfaschisten Fühler ausgestreckt wurden, um zu eruieren, ob eine Rückgabe von Istrien und Dalmatien im Fall einer Unterstützung Serbiens durch Italien möglich wäre.[91]Offensichtlich wurde das, als Präsident Tudman den kroatischen Angriff auf die selbsternannte 'Republik Krajna'damit begründete, daß die serbischen Extremisten Hilfe vor den „Überbleibseln des italienischen Faschismus suchen, in dem sie die Teilung kroatischen Gebietes zwischen dem italienischen und dem serbischen Imperialismus anbieten."[92]

91 s.Fubini, F.: „Quando Fini sognava Istria i Dalmazia", LIMES 1/96, S.289-303
92 Fubini, F., op.cit., S.289

Die vieldeutige proserbische Haltung nicht nur der Parteien sondern auch der italienischen Außenpolitik, trug dazu bei, Italien außerhalb des Zentrums der westlichen Staaten zu halten, die sich um eine Lösung der Probleme auf dem Balkan bemühten.

Slowenien ist für Italien die Eingangstür in das Eldorado des immer wieder beschworenen Mitteleuropas. Italienische Firmen hatten darum auch schon in großem Umfang in dem jugoslawischen Bundesland Slowenien investiert. Italien hat ein nationales Interesse an einem guten Verhältnis zu dem kleinen Balkanstaat. Auf der anderen Seite stellt Slowenien die Verbindung zum im Vertrag von Osimo endgültig aufgegebenen Istrien dar. Es war natürlich, daß mit der Selbständigkeit Sloweniens auch der Wunsch nach einer Revision der im Vertrag von Osimo geschaffenen Verhältnisse aufkam. Allerdings wurde dieser Wunsch zunächst unterdrückt, um die wirtschaftlichen Beziehungen nicht zu gefährden. Der Export des Nordosten von Italien ging inzwischen zu ca. einem Drittel nach Slowenien.[93] Der wirtschaftlichen Entwicklung wurde Priorität in der Rangordnung der nationalen Interessen gegeben. Pläne für die Entwicklung der Infrastruktur wurden von beiden Ländern gemeinsam entwickelt, wenn sie auch aus dem einen oder anderen Grund nicht verwirklicht wurden. Die italienische Wirtschaft hatte kein Interesse an politischen Störungen und fürchtete den irredentistischen Nationalismus wie die Pest[94]. Italien war interessiert an einer schnellstmöglichen Mitgliedschaft Sloweniens in der EU und meinte, über die EU auch die weitere Entwicklung steuern zu können.

Unter dem Druck der Wirtschaft reduzierten sich die Forderungen Italiens -von ihrem Ausgangspunkt her gesehen- auf ein Minimum: Restitution des konfiszierten, sich aber noch im Staatsbesitz befindenden Eigentums an die Vertriebenen, Nivellierung der slowenischen Gesetze, die sich mit Grundstückseigentum befassen. Diese Forderung wurde offizielle Politik der Regierung Berlusconi. Um sie durchzusetzen, bediente man sich der schärfsten Waffe, über die man verfügte: das Veto gegen die Aufnahme Sloweniens in die EU.

Italien hatte diese Waffe immer wieder mit Erfolg gebraucht. Als zum Beispiel Österreich bei den Verhandlungen zur Ausfüllung des Gruber-DeGasperi-Abkommens lange zögerte, auf das italienische Verlangen einer Verdammung des Terrorismus in Südtirol einzugehen, hatte Italien sein Veto gegen die Assoziierung seines Verhandlungspartners mit der EG eingelegt. Es wurde erst zurückgezogen, nachdem Österreich - aus welchen Gründen auch immer - seinem Verlangen nachgekommen war.

Im Fall Sloweniens jedoch war mehr als die italienischen Interessen involviert. Die Politik der Verweigerung stieß auf heftige Kritik bei den anderen westlichen Staaten. Der Versuch die EU zu instrumentalisieren, um die Ergebnisse des 2.Weltkrieges zu korrigieren, konnte schon grundsätzlich nicht akzeptiert werden. Von allen Seiten wurde Druck ausgeübt, besonders von Deutschland. Die Bundesrepublik hatte einen zusätzlichen Grund, warum ihr an einer schnellen Beilegung des Konfliktes gelegen war: Die italienischen Forderungen gegenüber Slowenien konnten dazu führen, daß die Heimatvertriebenen - vor allem die Sudetendeutschen - die Bundesregierung zu einer ähnlichen Politik drängten. Der Bitte, darauf Rücksicht zu nehmen, folgte Druck.[95]

Aus italienischer Perspektive wird dieser Druck weniger im Kontext der Vertriebenen und auch nicht der EU gesehen, sondern es wird das Gespenst 'Mitteleuropa' an die

93 s. Sema, A.: „Questione istriaca o istrianische Angelegenheit“, LIMES 4/94, S. 245-254

94 Sema, A.,op.cit., S.248: „Il nemico da battere era il nazionalismo irredentista.“

95 Tarquini, A.: „Niente veti a Lubiana“, La Repubblica 9.8.1994

Wand gemalt. Das Verhalten der Deutschen wird nicht nur von wirtschaftlichen Interessen bestimmt gesehen, sondern der Kategorie 'Machtpolitik' zugeordnet.[96]

Die Regierung Dini löste sofort nach dem Amtsantritt das Junktim zwischen den italienischen Forderungen und dem EU-Beitritt Sloweniens auf. De facto änderte sich die italienische Politik jedoch nicht. Anstelle des Junktims traten Zweifel daran, daß die slowenische Gesetzgebung - gerade in Hinblick auf das Eigentumsrecht - den Anforderungen der EU an die Verwirklichung der Menschenrechte entspräche. Erst langwierige Verhandlungen, dieses Mal unter Einschaltung der EU, haben den Konflikt aus dem Weg geräumt.

Die Regierung Prodi war mit einem europazentrierten Programm in die Wahlen gegangen. Ihr lag daran, den Zankapfel mit den wichtigsten EU-Ländern so schnell wie möglich aus dem Raum zu schaffen. Unmittelbar nach der Regierungsbildung wurde darum der Staatssekretär in der Farnesina, Fassino, damit beauftragt, die letzten noch offenen Punkte einer Kompromißlösung zu klären. Das geschah ohne große Schwierigkeiten. Die Abmachungen wurden ohne großen Aufwand durch einen Briefwechsel bestätigt. Keine der beiden Seiten hatte 'brutta figura' gemacht. Die Besessenheit von der 'Gefahr Mitteleuropa' hatte den Italienern einen unbefangenen Umgang mit ihren Nachbarn verbaut. Die Furcht vor einem überwiegenden deutschen Einfluß in der Region hatte ihnen die Hände gelähmt.[97]

Es ist typisch für Italien, daß eine private Initiative die Stellung des Landes auf dem Balkan stärken soll. In Italien ist das organisierte 'volontariato' (ehrenamtlicher Freiwilligendienst) weit umfangreicher als in anderen Ländern und es ist viel effizienter als der staatliche Apparat. Es partizipiert aktiv an der Außenpolitik. Die Geopolitiker haben mit dem Projekt 'Euroslavia' begonnen, eine kulturelle Bastion gegen 'Mitteleuropa' zu errichten Es ist zunächst nur ein Konzept, eine Idee, ein analytisches Instrument, aber ist 'Mitteleuropa' je mehr gewesen? Die Initiative für das Projekt geht von der Zeitschrift LiMes aus.[98] Euroslavia will beitragen zu einem echten Frieden auf dem Balkan und damit zu einer Überwindung des Nicht-Krieges. Bei Anerkennung der vom Krieg geschaffenen Grenzen soll die Entwicklung der slawischen und der nicht-slawischen Völker in Südosteuropa so gefördert werden, daß ein friedliches Miteinander möglich wird. Eine Schlüsselrolle in dem Konzept spielen Meinungsumfragen.

Die Ziele von Euroslavia sind sehr ehrgeizig. Es geht darum, eine einheitliche Haltung Westeuropas zu finden und das Abdriften Serbiens in den russischen Orbit zu verhindern. Vor allem aber definiert sich Euroslavia als „un'alternativa geopolitica" zu Maastricht. Politische Kultur und nicht Finanzpolitik sollen die Parameter für ein vereinigtes Europa werden. Mit 'Euroslavia' spielt Italien den größten Trumpf aus, über den es verfügt: seine politische Kultur Hier schließt sich der Kreis. Man sagt 'Maastricht' und meint die deutsche Hegemonie, d.h. hier speziell Mitteleuropa. Der Ausschluß aus der Kontaktgruppe ist nicht verwunden, nicht nur wegen des Prestigeverlustes sondern -hier vor allem- wegen der nationalen Interessen auf dem Balkan.

Euroslavia entfaltet eine ungewöhnliche Aktivität: Tagungen - in Italien vor allem, aber auch auf dem Balkan - sind organisiert worden, summer schools sollen die Jugend

---

96 Sema, A., op.cit., S.254

97 s. Gespräch mit dem slowenischen Präsidenten, Milan Kucan: „ Roma-Lubiana, l'accordo è possibile", in LIMES 4/95, S.289-294

98 Projetto Euroslavia, LIMES 4/95, S.7-70

in den Bann der Idee ziehen, in drei Städten - Tuszla, Belgrad und Skopje - sind 'Euroslavia-Häuser' eingerichtet worden, die ersten Meinungsumfragen sind auf den Weg gebracht. Euroslavia beschränkt sich auf den kulturellen Bereich, eine politische Dimension erscheint nicht am Horizont. Noch beschränkt sich die Diskussion des Konzeptes auf Italien und die Balkanländer, und es ist kein Ansatz zu sehen, der darauf deutet, daß die harten Fakten der Wirtschaft - Mitteleuropa- hinter die weichen Konturen der politischen Kultur - Euroslavia - zurücktreten würden. Es sollte aber nicht verschwiegen werden, daß Italien nach der Bundesrepublik der größte Handelspartner der Balkanländer ist.

In diesen Zusammenhang gehört, daß Italien aus den Reihen der westlichen Mächte ausgeschert ist, um in Restjugoslawien bei den Auseinandersetzungen um die nicht anerkannten Kommunalwahlen zu vermitteln. Die meisten anderen Staaten - von den USA bis Frankreich, einschließlich Deutschland - haben auf einer harten Linie, bis hin zu Sanktionen, bestanden. Italien dagegen versucht die Mediation. Sicher ist das grundsätzlich die italienische Technik an Konflikte heranzugehen, es liegt jedoch auch ganz auf der Linie der italienischen Politik. im Sinne des Projektes Euroslavia, und es bewegt sich entlang der Linie, der die italienische Außenpolitik bisher folgte: es hilft Serbien.

Italien sieht die Hegemonialstellung Deutschlands in der EU machtpolitisch darin begründet, daß es eine Option zur Westintegration habe: Mitteleuropa. Die deutsche Politik in MOE wird entsprechend interpretiert. Das Gleichgewicht der europäischen Staaten untereinander wird von dem Ausgleich dieser Option her berechnet. Wenn Italien seine Unentbehrlichkeit bei Veränderungen der Machtstrukturen in Europa annimmt, dann weil es meint, es selbst sei das ideale Gewicht, das man auf die Waagschale werfen könne, um das politische Ungleichgewicht auszugleichen.[99] Es liegt im nationalen Interesse Italiens in MOE sich eine sichere Stellung aufzubauen, die der Konsolidierung eines von deutscher Sprache, deutscher Kultur und deutschem Geld bestimmten Mitteleuropa einen Wall entgegensetzt und so die Option 'Mitteleuropa' für Deutschland relativiert.[100]

In diesem Kontext muß auch die italienische 'Ostpolitik' gesehen werden. Im Grunde handelte es sich dabei um nichts anderes als die Bündelung der von de Michelis initiierten Bestrebungen für eine 'mitteleuropäische Vereinigung' und das konkrete Angebot an die MEO der Untertützung bei der Eingliederung zunächst in die EU und dann auch in die NATO. Es handelt sich bei der 'Ostpolitik' also vorwiegend nicht um große Politik, sondern um die politische Unterstützung der wirtschaftlichen Interessen Italiens in dieser Region.[101]

Die 'Ostpolitik' wird nicht durch ein Konzept sondern durch die konkreten Interessen Italiens zusammengehalten. Dadurch stößt Italien seine Partner im osteuropäischen Raum häufig mehr vor den Kopf, als es ihnen hilft. Es ist gegen eine Osterweiterung der NATO und der EU, angeblich, um Moskau nicht zu verärgern, im Geheimen aber, weil es fürchtet, daß damit die deutsche Einflußzone wächst. Es beugt sich der amerikanischen Entscheidung für eine Osterweiterung, verlangt aber im Vorfeld als conditio sine qua non die Aufnahme von Rumänien und Slovenien mit der ersten Gruppe und stößt damit vor allem Polen vor den Kopf. Es geht Italien in der Ostpolitik vor allem darum,

---

99 Vertone, S.: „Europa, lo stato dell'Unione", Corriere della Sera 5.12.1995

100 Missiroli, A.: „Italia - Germania: le affinità selective", Il Mulino, Europa 2, 1995, S.27

101 „Con Prodi l'Ostpolitik si fa in tre", Corriere della Sera 15.6.1997

den deutschen Einfluß in Osteuropa zurückzudrängen, ihm die Option Mitteleuropa zu nehmen und die Denkart der nord- und osteuropäischen Völker in den Institutionen Westeuropas nicht zu stark werden zu lassen.

Die 'Ostpolitik' wird gegenwärtig von dem Staatssekretär im Außenministerium, Fassino, selbständig geleitet.[102] Als Vorstandsmitglied der Partei der relativen Mehrheit hat er weit über sein Amt hinausgehende Möglichkeiten, seine Vorstellungen durchzusetzen.

Der Außenminister, der ehemalige Ministerpräsident Dini, hatte als Ministerpräsident keine glückliche Hand in der Außenpolitik. Obgleich er unmittelbar vor den letzten Wahlen eine zusätzliche, der Mitte zuzurechnende Partei gegründet hat, Rinnovamento Italiano (RI), ist er nicht eigentlich ein Politiker, sondern mehr ein Experte mit großen Erfahrungen im Bereich des internationalen Finanzmanagements. Seine Partei steht am rechten Flügel des Koalitionsspektrums und hat es -auch wenn ihre Stimmen gebraucht werden- schwer, ihre Vorstellungen im Kampf um einen Konsens aller Koalitionspartner durchzusetzen. Das gilt insbesondere für den Bereich der Außenpolitik. In diesem Beziehungsgeflecht ist die Ostpolitik in der Rangfolge des nationalen Interesses an die Spitze -nach dem Prestige- gerückt.

---

102 Fassino war ursprünglich als Verteidigungsminister vorgesehen, denn er ist der sicherheitspolitische Experte der PdS (früher PCI). Im Roulette der Kabinettsbildung fiel das Amt des Verteidigungsministers aber der PPI zu. Fassino mußte sich mit einem -nach außen hin- zweitrangigen Amt begnügen. Da es in Italien keine beamteten Staatssekretäre gibt, ist sein politischer Einfluß bedeutender als der Rang erscheinen läßt, besonders da er dem Minister an fachlicher Qualifikation und an politischem Einfluß überlegen ist.

Mare nostrum

„Tunesia, Tripoli e la Cirennica formano parte ...da quella zona africana che appartiene veramente fino al'Atlante al sistema europea: E sulle cime dell'Atlante sventolo la bandiera di Roma quando rovesciata Cartagina il Mediterrano si chiama 'Mare nostro'. Oggi i Francesi l'adocchiano e l'avranno fra non poco se noi non l'abbiano“[103] (Tunesien, Tripolis und die Cyrenaika bis hin zum Atlantik sind Teil jener afrikanischen Zone, die zum europäischen System gehört. Und über dem Atlantik wehte nach der Zerstörung Karthagos die römische Flagge. Heute streben die Franzosen danach, und es wird das ihre sein, wenn wir ihnen nicht zuvor kommen). Das ist kein Ausspruch Mussolinis, wenn er auch für eine faschistische Argumentation benutzt wurde, sondern ein Wort Mazzinis.

Der Begriff des 'Mare nostro' war immer eng verbunden mit dem der 'grande potenza'. Beides war dem jungen Nationalstaat Italien mit in die Wiege gelegt worden und beides war irrealistisch, wenn man die realen Machtverhältnisse betrachtete. Italien erfüllte keines der Kriterien, die die Zuordnung zu dieser Kategorie bestimmen: eine ausreichende wirtschaftliche Basis, finanzpolitische Solidität, militärische Abschreckungskraft, effiziente Staatsverwaltung.

Wenn es dennoch im Kreis der Großen zugelassen wurde, dann verdankte es das seiner Kultur, seiner Geschichte und der Protektion von anderen Großen. Italiens imperialistische Unternehmungen werden von einem kulturellen Impetus getragen, der weit über „a white man's burden“ hinausgeht. Der Außenminister Sforza kann noch nach dem 2.Weltkrieg öffentlich die Auffassung vertreten, daß Europa, die weiße Rasse und die menschliche Zivilisation (civiltà umana) ohne den italienischen Beitrag in Afrika nicht auskommen.

Die Nationalstaatenbildung fiel zusammen mit dem beginnenden Imperialismus. Es waren jedoch andere, die wirklichen Großmächte, England und Frankreich, die sich den ans Mittelmeer grenzenden Teil Afrikas teilten. Sogar das schon stark von italienischen Kolonisten besiedelte Tunesien mußte Italien Frankreich überlassen. Erst als es mit dem Dreibund in eine größere Machtstruktur eingebunden war, kam auch Italien zum Zuge. Tripolis und die Cyrenaika wurden seine Beute, und nebenbei fiel auch noch der Dodekanes ab.

Die Machtverhältnisse im Mittelmeer änderten sich dadurch nicht. Zwar hatte Cavour die Teilnahme Piemonts am Krimkrieg damit gerechtfertigt, daß Italien auf diese Weise das Gleichgewicht im Mittelmeer mitbestimmen könne, aber es gab da kein Gleichgewicht: Gestützt auf Gibraltar und Malta blieb die englische Mittelmeerflotte der eindeutige Herr des Mittelmeeres. Die italienische Politik zog die Konsequenz aus dieser Situation und beschränkte sich darauf, zunächst eine starke machtpolitische Stellung in der Adria anzustreben, wenn auch hier die Frage der Herrschaft eindeutig entschieden war. Mit Istrien und Dalmatien war die Gegenküste fest in der Hand einer anderen und darüber hinaus verbündeten Großmacht, deren Flotte, gestützt auf Triest, seit der italienischen Niederlage von Lissa (1866) die Adria beherrschte. Der Wunsch, mit Besitz des an der Gegenküste gelegenen, strategisch wichtigen Albaniens einen Sperriegel ziehen

103 zit.nach Missirou, M.: „Italia e Africa“, Istituto Fascista dell'Africa Italiana, ca.1926, S.54

zu können und so die Adria zum 'Mare nostro' zu machen, erfüllte sich erst spät und nur für kurze Zeit. Wie hatte Mussolini schon 1920 geschrieben: „Die Adria kann militärisch gesehen nichts anderes sein als ein italienischer See und wirtschaftlich ein italienisch-jugoslawisches Meer".[104]

Mussolini nimmt in Überschätzung der italienischen Kräfte Mazzinis Ruf nach dem Mittelmeer als 'mare nostro' wieder auf. Er weiß, daß Italien gegen England ohnmächtig ist und richtet seinen ersten Blick auf ein nähergelegenes Ziel: Tunesien. Ob er glaubte, daß sich Umstände ergeben könnten, unter denen Frankreich auf seine Kolonie verzichten könnte? Als nach der Konferenz von München in Italien sich der Ruf nach einem 'Monaco mediterraneo' erhob und der italienische Außenminister Ciano auf einer Konferenz faschistischer Funktionäre damit „nostre naturali aspirazioni" verbindet, schallte aus dem Zuhörerraum ein lautes „Nizza, Corsica, Tunesia" zurück.[105] Der 2.Weltkrieg entlarvte diese 'natürlichen Erwartungen' als Illusionen.

Italien brauchte lange Zeit, um sich davon zu lösen. Bei den Friedensverhandlungen in Paris kämpften die italienischen Unterhändler um die Rückgabe der Kolonien - und wenn auch nur als UN-Mandat -, wie sie außerdem nur noch um Triest kämpften, denn - um mit Worten von Graf Sforza zu sprechen - Italiens Aufgabe war die schnellstmögliche Rückkehr in den Nahen und Mittleren Osten, wo Italien an alte Interessen wirtschaftlicher und kultureller Art anknüpfen konnte, die auszubauen waren. Erst 1949 hat Italien es aufgegeben, um die Rückgabe seiner Kolonien zu kämpfen und die antikoloniale, der Dritten Welt zugewandte Außenpolitik eingeschlagen, die bis zur Gegenwart die italienische Außenpolitik prägt. Neben der Einsicht in die Aussichtslosigkeit ihrer Bemühungen trug der steigende Einfluß des linken Flügels der DC zu diesem radikalen Wechsel des außenpolitischen Kurses bei.

Das 'mare nostro' als Kontrolle oder Beherrschung des Mittelmeeres ist keine Option der italienischen Außenpolitik mehr. Geblieben ist die Selbtperzeption als privilegierter Gesprächspartner der Völker des Mittelmeerraumes - und damit sind nicht nur die Anrainerstaaten gemeint. Sehr vorsichtig versuchte Italien in diesem Raum ein Stück eigener, selbständiger Außenpolitik, die bewußt andere Wege ging als Italiens Verbündete, vor allem aber als sein Schutzherr, die Vereinigten Staaten, es für richtig hielten.

Italien glaubte auf diese Art wieder zum Drehpunkt der internationalen Politik zu werden, da in seinen Augen das Mittelmeer nicht zu einem Binnenmeer wie die Ostsee herabgesunken ist, sondern nach wie vor die Drehscheibe der Weltpolitik darstellt. Es ist der Blick, mit dem Ernst Kornemann die „Weltgeschichte des Mittelmeerraumes" sah[106], mit dem der gegenwärtige Außenminister Lamberto Dini ein Europa ohne das Mittelmeer mit dem Venedig zur Zeit des Aufstieges der osmanischen Macht vergleicht, wobei er die osmanische Macht mit dem islamischen Integralismus gleichsetzt.[107]

---

104 zit. nach Rumi, G.: „Alle origine della politica estera fascista (1918-1923), Milano 1968, S.72: „L'Adriatico non puo essere militarmente che un lago italiano e commercialmente un mare italiano-yugoslavia", Popolo d'Italia 8.1.1920.

105 Guerriera,A., op.cit., S.56

106 Kornemann, Ernst: „Weltgeschichte des Mittelmeer-Raumes von Philip II. bis Muhammed", München 1948

107 Dini, Lamberto: „La nostra coerenza si misura sull'Europa", Corriere della Sera 21.12.1996: „...la crescita dell'integralismo islamico equiverebbe a una Venezia privata del Mediterraneo dell'ascesa della potenza ottomana."

Die italienische Außenpolitik setzte auf die arabische Karte, dabei waren die Karten von den innenpolitischen Hauptakteuren gemischt worden: Die DC war beeinflußt von der Zurückhaltung des Vatikans gegenüber dem Staat Israel, der Rücksicht auf die arabischen Christen und den programmatischen Vorstellungen ihres linken Flügels, der sehr viel größeren Einfluß auf die aktuelle Politik hatte als der linke Flügel der CDU, schließlich bestimmte Moro, ihr wohl bekanntester Vertreter, lange Zeit die italienische Außenpolitik; die PCI folgte mit der Unterstützung der Araber nur der sowjetischen Vorgabe; die national-populistischen Strömungen jedoch sahen in der Unterstützung der jungen Staaten und der Unabhängigkeitsbewegungen ein Mittel, um eine Schlüsselstellung im Mittelmeerraum zu erlangen.

Die pro-arabische Politik mußte notwendigerweise anti-israelisch sein. Sie durfte Staaten nicht ausschließen, die von der westlichen Staatenwelt wegen ihrer Haltung zu Israel unter Acht und Bann gestellt worden waren. Sie unterschied sich damit radikal von der amerikanischen Politik. Wenn das zu keinem Konflikt führte, dann nur deshalb, weil die USA in Italien ihren treuesten Verbündeten sahen, der den Versuchungen einer Lockerung des transatlantischen Verhältnisses nicht nur widerstand, sondern in allen Konflikten innerhalb des Bündnisses sich verläßlich zu den USA hielt. Daher gründete sich dann der 'Terzomondialismo' Italiens auf das 'besonderes Verhältnis' zu den USA, die die Grenze Italiens im Mittelmeer durch die US 6.Flotte sicherten.

Im übrigen brachte die proarabische Politik Italien keinen Gewinn. Sie setzte vor allem auf eine privilegierte Gesprächspartnerschaft, ohne auf Ergebnisse dieser Gespräche Wert zu legen. Es ging ums Dabeisein , nicht um die Lösung von Konflikten. Andreotti brachte das Prinzip vor dem Auswärtigen Ausschuß des Senates auf eine sehr klare Formel, indem er die entscheidende Rolle des Dialoges und der Suche nach einem Kompromiß als einziges Mittel darstellt, in einer Verhandlung ohne Ambiguität eine Krise zu meistern.

Italien baute diese Methode zum System aus. Sie entspricht seiner politischen Mentalität. Es muß immer wieder darauf hingewiesen werden, daß in der italienischen politischen Kultur Gespräch, Diskussion und Mediation die ausschließlichen Mittel sind, um politische Entscheidungen im Konsenz zu erreichen. So wie Mussolini Ende August 1930 verzweifelt versuchte Verhandlungen zwischen den europäischen Großmächten zustande zu bringen, so bietet sich Italien, wo immer in der 3.Welt -einschließlich der MOE-Staaten- ein längerfristiger Konflikt besteht, als Vermittler an, wie in Albanien, ohne dort die Unruhen verhindern zu können; wie in Somalien zwischen den Bürgerkriegsparteien nach dem Ende der UN-Aktion, auch hier erfolglos.

Italiens Afrikapolitik beschränkte sich auf 'la politica del sedere'. Um im Gespräch zu bleiben, mußte man viel hinnehmen: die Unterstützung der italienischen Terroristenscene durch arabische Länder, die libyschen Raketen auf die Sizilien vorgelagerte Insel Lampedusa, Zwischenfälle um die Definition der Hoheitsgewässer, und dann war auch das Überleben des Staates Israel wurde unter diesem Blickwinkel sekundär. Am Ende gewann Italien in Nordafrika wirtschaftlich, politisch jedoch wurde die Bedeutungs- und Machtlosigkeit der mittleren Regionalmacht Italien aller Welt sichtbar.

Italien konnte sich seine Gleichgültigkeit gegenüber dem Geschick Israels leisten, weil das italienisch-israelische Verhältnis immer sehr viel tiefgründiger gewesen war, als es oberflächlich betrachtet schien. Historisch gab es in Italien keinen Antisemitismus, der mit dem anderer Länder vergleichbar wäre. Wie schon mehrfach gesagt: Italien lebt aus der Geschichte und den Mythen, die sich daraus bilden. Am Risorgimento hatten „jüdische Patrioten" entscheidend mitgewirkt. Sie waren in den Mythos des Risorgimento eingegangen. Italien hatte dann den Zionismus ganz selbstverständlich unterstützt. Es sah sich selbst in einer Schicksalsgemeinschaft mit dem „Newcomer" gegen die etablierten Kolonialmächte England und Frankreich.

Der Faschismus verfolgte anfangs keine antisemitische Politik. Indro Montanelli berichtet, daß Mussolini in seiner Gegenwart gesagt habe: „Il razzismo è roba da biondi"[108] (Der Rassismus ist Sache der Blonden). Es verwundert daher nicht, daß selbst jüdische Notabeln der faschistischen Partei angehört haben. Teils in Nachahmung, teils auf Druck Deutschlands setzten langsam die Judenverfolgungen ein, bis sie in den 1943/1944 von Deutschen besetzten Teilen Italiens in einem schrillen Creszendo deutsche Ausmaße annahmen. Sie wurden jedoch von Deutschen durchgeführt und müssen deshalb auch von jenen verantwortet werden.

Ursprünglich hatten deutsche Juden in Italien Zuflucht vor den Verfolgungen in ihrer Heimat finden können. Das änderte sich während des Krieges, aber die Judenverfolgungen waren Sache des Regimes und Ausfluß der Fremdherrschaft. Sie waren nie Sache der Italiener. Die Bevölkerung, das Heer, die Kirche halfen im einzelnen den Bedrängten, wo sie konnten.[109] Im Widerstand gegen die Fremdherrschaft, in der Resistenza kämpften Juden selbstverständlich mit, wie einst im Risorgimento. Sie haben darum auch im Mythos der Republik ihren selbstverständlichen Platz.

Italien bemühte sich darum, seine Haltung auch von jüdischer Seite bestätigt zu bekommen, um sein Verhalten für die Außenpolitik zu instrumentalisieren, so etwa wenn der Bukarester Zionistenkongress ihm bescheinigt, daß das italienische Volk nie mit den Rassegesetzen einverstanden war und daß es nichts mit den antisemitischen Verfolgungen zu tun hatte. Indirekt trugen diese Bemühungen zu einer signifikanten Erhöhung der Hilfe der UNRRA bei. Diese war lebenswichtig für Italien - und für die Demokratie - , weil damit eine Minimalversorgung der Bevölkerung gesichert war. Gleichzeitig duldete die italienische Regierung stillschweigend, daß Italien als Brücke für die illegale Einwanderung - und später für den Waffenexport - nach Palästina genutzt wurde.

Es hatte dieserhalb nicht nur Konflikte mit England.[110] in Kauf genommen, sondern sich auch die arabische Welt entfremdet, die sich zusätzlich dagegen wehrte, daß Italien die Herrschaft über Libyen -und wenn auch nur in Form eines UN-Mandates- rückübertragen wurde. Erst als Italien 1949 seine Bemühungen um Libyen aufgab, änderten sich seine Beziehungen im Mittelmeerraum grundsätzlich.

Italien konnte sich gegenüber Israel Dinge erlauben, wie den Widerspruch gegen die Benutzung von italienischen NATO-Basen zur logistischen Unterstützung Israels durch die USA im Jom Kippur-Krieg, die bei allen anderen Staaten zu schweren Konflikten geführt hätten. Für Israel spielte dabei allerdings auch die Überzeugung von der relativen politischen Irrelevanz Italiens eine nicht unerhebliche Rolle[111] Die Ambiguität der Haltung Italiens als Mitglied der NATO mit seinem besonderen Verhältnis zu den USA

---

108 Corriere della Sera, „La stanza di Montanelli"

109 Carpi, D.: „Ecco un motivo per non vergognarmi d'essere italiano", Corriere della Sera, La stanza di Montanelli v. 27.9.1997

110 s.Holthaus, A.: „Italienische Nahostpolitik", Inaugural-Diss., München 1992

111 s.Linus, S.: „Quello che il Belpaese non capisce", in: LiMes 4/95, S.175-179

und seine abweichende Nahostpolitik führten dazu, daß es bei Freund und Feind für strategisch irrelevant angesehen wurde.

Die Doppelgleisigkeit (doppio binario) der italienischen Außenpolitik gegenüber der 3. Welt und der eigene Weg, den hier ein NATO-Land ging, wurden nur selten sichtbar. Am deutlichsten geschah das während der UNO-Aktion in Somalia (UNOSOM), wo er zu einem Zusammenstoß zwischen der italienischen und der internationalen Auffassung hinsichtlich des angemessenen Vorgehens kam und wo die einen für Mediation und die anderen für gewaltsame Entwaffnung waren. Die Italiener verlangten - wie immer - eine Teilnahme an den örtlichen Entscheidungsgremien, um an der strategischen Planung beteiligt zu sein und ihre Gesichtspunkte einbringen zu können. In der Sache ging es um die Beendigung des somalischen Bandenkrieges im Konflikt oder im Konsensus, mittels einer militärischen oder einer politischen Lösung. Die Italiener argumentierten, sie hätten eine spezielle Sensibilität dafür entwickelt, wie man sich in einem gleichzeitig verwickelten und risikoreichen Kontext bewegen müsse. Da der Schlüssel zum Erfolg nicht nur militärisch sondern auch politisch geformt sei, müßtc ihr Rat gehört werden.[112]

Seit dem Ende des Kalten Krieges ist Italien auf sich selbst gestellt. Das 'besondere Verhältnis' zu den USA hat sich in ein ganz normales verwandelt. Der israelisch-arabische Annäherungsprozess hat dazu beigetragen, seiner pro-arabischen Nahostpolitik den anti-israelischen Stachel zu ziehen. Die Bedrohung dieser Annäherung seit der Wahl Netanyahus wirkt darum besonders in Italien als unmittelbare Gefährdung der Realisierung eigener außenpolitischer Vorstellungen.

Einwirkungsmöglichkeiten hat Italien jedoch kaum. Die USA sind nun einmal der privilegierte Partner Israels, und selbst die europäischen Großmächte oder gar die EU werden von Israel - ohne Rücksicht darauf, welche Parteienkoalition die Regierung stellt - energisch draußen vor der Tür gehalten. Chirac ist es in dieser Hinsicht nicht anders gegangen als der damaligen italienischen Außenministerin Agnelli, als sie, für die in der EU präsidierende Regierung, im israelisch-arabischen Konflikt zu vermitteln suchte. Dem tat auch keinen Abbruch, daß dieser Versuch im Hinblick auf die vorausgegangene Politik Italiens als naiv bewertet wurde. Als ihr Nachfolger bei seinem Antrittsbesuch gegenüber der Presse kritische Bemerkungen über das israelische Verhalten im Fall Hebron machte, kam es zu einem diplomatischen Zwischenfall.

Die Gefährdung seiner außenpolitischen Situation sieht Italien aber vor allem in der Verschiebung des Schwerpunktes des europäischen Gleichgewichtes nach Nordosten und damit zu einem Bereich der 'Mitteleuropa', der durch einheitliche - wenn nicht Wert - dann doch Ordnungsvorstellungen zusammengehalten wird. Die italienische Regierung konzentriert darum ihre Kräfte drauf, die Aufnahme neuer Staaten aus MOE in die internationalen Organisationenen Westeuropas durch die gleichzeitige Aufnahme möglichst vieler Staaten zu kompensieren, die es dem Süden zurechnet. Die offizielle Begründung lautet, daß die Südflanke Europas sowohl militärisch als auch politisch stärker geschützt werden müsse[113]. Die eigentliche Bedrohung resultiert für Italien aber daraus, daß der Mittelmeer-Raum, d.h. das Mediterraneo politisch an Einfluß und bedeutung verliert. Der Vergleich vom Treffen der Ostsee- und der Mittelmeeranrainerstaaten veranschaulicht die italienische Perspektive. Bei beiden geht es um die Anglei-

112 Ministero degli Affari Esteri: Testi e documenti sulla politica estera dell'Italia 1993/I, Roma.
113 Ippolito, L.: „La Romana si fa avanti: Saremo noi i pacieri dei Balcani", Corriere della Sera 28.4.1997

chung regionaler Probleme. Nur Italien nutzt jedesmal die Gelegenheit zu einer politischen Demonstration, indem es die Bedeutung des 'Mediterraneo' für den Frieden und den Fortschritt Europas betont und eine besondere Rolle für das eigene Land als Brücke zu Nordafrika in Anspruch nimmt.[114] Es wäre verfehlt, dieses als rethorische Pflichtübung abzutun. Die besondere Rolle Italiens im Mittelmeerraum berührt den Kern seines Selbstverständnisses.

Es war Italien, das vorschlug, die KSZE durch ein analoges Instrument im Mittelmeerraum zu ergänzen. Ein Vorschlag, der an der Unversöhnlichkeit der realen regionalen Gegensätze weit vorbeiging. Darum war es auch ein wenig realitätsfern, wenn der deutsche Außenminister Genscher, als er auf dem Höhepunkt der Golfkrise den Nahen Osten besuchte, in allen Hauptstädten auf das Vorbild der KSZE zur Lösung der Konflikte verwies. Italien hielt jedoch beharrlich an seinem Vorschlag einer Mittelmeerkonferenz fest. Diese fand auch tatsächlich statt, aber nicht als Anfang von Verhandlungen über die Schaffung eines konfliktlösenden Instrumentes, sondern zur Schaffung von Instrumenten zur Verdrängung des Stroms der illegalen Immigration aus dem übervölkerten Nordafrika.

Im Laufe der Zeit ist offensichtlich geworden, daß der Strom illegaler Auswanderer aus dem übervölkerten und wirtschaftlich unterentwickelten Nordafrika nicht nur die europäischen Anrainerstaaten, wie man ursprünglich gemeint hatte, sondern ganz Westeuropa betreffen. Italien ist in dieser Hinsicht zu einem Durchgangsland geworden. Seine geopolitische Lage macht es unmöglich, die illegale Zuwanderung zu verhindern. Humanitäre Gründe hinwiederum machen es unmöglich, die in kleinen, überfüllten Nachen über das Meer Kommenden in den wahrscheinlichen Tod zurückzuschicken. Sind die illegalen Einwanderer aber erst einmal an Land, haben sie die wichtigste Etappe auf ihrem Weg nach Deutschland, in die Schweiz, nach Skandinavien, die Benelux-Staaten und Frankreich geschafft. Italien ist darum weniger von dem Problem betroffen, als seine nördlichen Nachbarn.

In Italien wird die Frage der überbordenden illegalen Einwanderung als Hauptgrund dafür gesehen, daß es im Anfang von den Vorteilen des Vertrages von Schengen ausgeschlossen war. Dabei hat beides wenig miteinander zu tun. Italien ist Schengen zunächst beigetreten, hat den Vertrag jedoch nicht vollzogen, weil es die Voraussetzung nicht erfüllte. Die Regierung Prodi, die ihre höchsten politischen Ziele darin sieht, Italien voll in Europa einzugliedern, hat sich als zweite Priorität nach dem Wiedereintritt in die EWS die Vollmitgliedschaft in Schengen gesetzt. Das hat auch einen innenpolitischen Akzent, denn die Italiener empfinden diesen Ausschluß als Schande, als Zeichen dafür, daß die Funktionsunfähigkeit ihrer Verwaltung darin deutlich wird und daß sie damit unter den europäischen Staaten zurückgestuft sind. Sie meinen, sie machen 'brutta figura'. Inzwischen ist die wichtigste Voraussetzung für den Beitritt Italiens zum System von Schengen mit der Verabschiedung eines Datenschutzgesetzes erfüllt.

Das Mißtrauen gegenüber Italien als Eldorado der illegalen Einwanderung jedoch ist geblieben. Der Innenminister wies kürzlich die Behauptung des 'Economist' zurück, nach der bei 60 000 an den Grenzen zurückgewiesenen illegalen Einwanderern schät-

---

114 „Creiamo il Rinascimento mediterraneo", Corriere della Sera 15.5.1996 und Alferj, G.:"Mediterraneo, Europa chiama sud", Il Messagero 10.11.1996

zungsweise 700 000 Illegale es schaffen einzureisen.[115] In der Tat, die Zahl ist aus den Fingern gesogen: Es können viel mehr, aber auch viel weniger sein. Es gibt keine verifizierbaren Zahlen. Aber die Ziffer spiegelt das Image Italiens in diesem Punkt wider. Die kürzlich vollzogene Vollmitgliedschaft bei Schengen führte deshalb in Deutschland, insbesondere in Bayern, zu negativen Reaktionen.[116]

Die Zuwanderung aus dem Maghreb ist Folge eines sich von Generation zu Generation potenzierenden Bevölkerungszuwachses. Der sich daraus ergebende Druck wird im nächsten Jahrhundert ins Unvorstellbare wachsen und die heute mit der Asylpolitik verbundenen Probleme werden davor gering erscheinen. Das Ventil, über das sich der Bevölkerungsüberschuß einen Ausgleich verschafft, ist Italien. Seine langen, nicht abzuriegelnden Küsten und die Nähe seiner südlichen Landesteile zu Nordafrika machen es zum idealen Eingangstor von Europa, wobei die Insel Lampedusa die Türklinke ist. Daraus kann man Italien keinen Vorwurf machen. Auch der effizienten amerikanischen Grenzverwaltung gelingt es nicht - trotz sehr viel günstigerer geopolitischer Voraussetzungen - , die illegale Zuwanderung aus Mexiko zu unterbinden.

Die einzige Antwort auf das Problem kann Italien nicht allein geben, denn es ginge darum, die Wirtschaft des Maghreb so zu entwickeln, daß es keinen Grund mehr für die illegale Auswanderung gibt, weil der Bevölkerungsüberschuß vor Ort aufgefangen werden kann. Die 4.7 Mio. ECU, die die EU für diesen Zweck zur Verfügung gestellt haben, sind jedenfalls nicht mehr als ein Tropfen auf den heißen Stein.

Die Probleme der Mittelmeeranrainerstaaten sind in das Blickfeld der EU geraten. Eine erste Gesprächsrunde der EU mit den Maghreb-Staaten fand im April 1995 in Barcelona statt. Das Ergebnis ist sehr allgemein gehalten, weil die Konferenz angeblich der globalen Sicht gewidmet war. Dabei konnten die Westeuropäer nicht eigentlich zufrieden sein, denn sie hatten gehofft, als Gegenleistung für die 4.7 Mill. ECU eine Zusage für die Rücknahme der illegalen Auswanderer zu erhalten und mußten sich mit dem Versprechen eines erhöhten Verantwortungsbewußtseins begnügen. Die Aussage von Frau Agnelli, daß Europa nun ein bißchen weniger nordländisch und ein bißchen mehr mediterran geworden sei[117],läßt sich nur aus der Genugtuung darüber verstehen, daß sich Europa endlich einmal mit einem spezifischen Problem des Mittelmeerraumes beschäftigt hat. Die geopolitische Aufwertung des Mittelmeeres bringt die Hoffnung mit sich, daß auch die Rolle Italiens wieder aufgewertet wird, so daß es - wie einst im Kalten Krieg - wieder ein begehrter internationaler Partner wird.

Frau Agnelli wirkte geradezu euphorisch, als sie diese Erklärung abgab. Das kann in erster Linie seine Ursache nicht darin haben, daß Europa nun auch die Probleme der Region auf die Tagesordnung genommen hatte. Italien hat seine Mittelmeerpolitik an Europa vorbei, zum Teil sogar dagegen betrieben. Es kann nun schlecht verlangen, daß Europa sich ihr anschließt.

Der Sinn der Feststellung von Frau Agnelli liegt auf einer anderen Ebene, wenn er denn einen Sinn haben soll. Es handelt sich nicht direkt um Politik. Es geht um Kultur und damit um den menschlichen Aspekt. „Un meridionale" wird in Italien, besonders in Norditalien, jemand genannt, der aus Süditalien stammt; im allgemeinen mit einer ab-

---

115 Der italienische Innenminister Napoletano am 10.1.1997 bei einem Vortrag vor der römischen EU-Vertretung

116 Valentino, P.: „Baviera, è allarme Italia: No alle frontiere aperte", Corriere della Sera 20.7.1997

117 M. Vignola: „L'Europa si allunga nel Mediterraneo", Corriere della Sera 29.4.1995

wertenden Konnotation. Italien definiert sich in seinem Selbstverständnis als mediterranes Land, das kulturell von der Geschichte und den Strukturen des Mittelmeerraumes bestimmt ist und es fürchtet, daß eine zu weit gehende Modernisierung dieses Selbstverständnis berührt und Italien zu einem Land wie jedes andere macht. Italien will ein 'normales Land' werden, aber diese Normalität soll mediterran bestimmt sein. 'Mediterraneo', das ist das Land, wo die Zitronen blühen. Je nach der geographischen Perspektive hat es ein positives oder ein negatives Vorzeichen.

Die Politik der 1.Republik wurde weitgehend von Meridionalen bestimmt. Meridional war darum auch das informelle Herrschaftssystem - nicht nur im Hinblick auf Erscheinungen wie den Clientelismus. Die rationale, funktionale, effiziente und effektive Problemlösungs- und Entscheidungsweise der Nordländer, die im direkten Zugriff die Konfrontation und das Austragen von Konflikten nicht scheut, wird mit einem System in Bezug gesetzt, in dem Rationalität und Funktionalität, Handeln und Konfrontation hinter den Unwägbarkeiten menschlicher Beziehungen, der Diskussion und der Mediation zurücktreten müssen. Die italienische Mittelmeerpolitik ist das Paradebeispiel für eine mediterrane Politik[118]: nicht nur nach dem Ort, sondern auch nach dem Inhalt.

Bezogen etwa auf Maastricht bedeutet die Hoffnung auf größeren meridionalen Einfluß die Hoffnung, daß die Kriterien nicht so ernst genommen werden, daß man über ihre Einhaltung reden kann, wenn man nur seinen guten Willen gezeigt hat, und daß so unwägbare Faktoren wie Kultur und Geschichte gebührend berücksichtigt werden.

Für den Nordosten, Bossis 'Padanien', ist „ein bißchen mehr mediterran“ nicht erstrebenswert. Der Nordosten, in dem sich die Produktivkräfte des Landes bündeln, schaut nicht nach Süden. Der Süden Italiens ist für ihn schon Afrika. Für ihn wäre es wichtig, wenn Italien „ein bißchen mehr nordländischer“ würde, denn sein Bezugssystem liegt entlang des Rheins. Das Streben Italiens ein 'normales Land' zu werden und der Mythos von der besonderen Rolle im Mittelmeer schließen einander aus. Übrig bleibt die Tatsache, daß Italien ein Anrainerstaat des Mittelmeeres ist und damit vor speziellen, sich aus der geopolitischen Lage ergebenden Problemen steht. Eines dieser Probleme, die Flut der illegalen Einwanderung als Folge des Anstieges der Übervölkerung, wird in absehbarer Zukunft ein Problem Gesamteuropas sein.

Italiens Verhältnis zu anderen Staaten wird jedoch immer vom Konzept des 'Mare nostrum' bestimmt bleiben, wenn auch in der Form des Erstlings unter den Anrainerstaaten. Auf den ersten Blick ist Deutschland davon nicht betroffen. Es führt jedoch schon zu - wenn auch nicht ausgesprochenen - Verstimmungen auf italienischer Seite, wenn die Bundesrepublik zum Ersatz für im Mittelmeer stationierte, aber in die Krisenregion Golf abgezogene Einheiten der 6.Flotte Einheiten der Bundesmarine zur Verfügung stellt.

118 s. Panorama vom 5.6.1997, wo die italienische politische Grundhaltung darin gesehen wird, daß der Italiener im Gegensatz zu seinen nördlichen Partnern mehr durch die Mediation, den Realismus und das Fehlen ideologischer Rigidität bestimmt ist.

Vom Auswanderer zum Staatsbürger

Am Abhang der Villa Borghese in Rom steht ein Denkmal. Eines der üblichen Reiterstandbilder, mit denen man Könige und Generäle zu verewigen pflegte. Erstaunt und nachdenklich macht aber der Dargestellte und die Widmung. „Gli italiani d'Argentinia" haben aus Anlaß des 200. Geburtstages des Befreiers Südamerikas, San Martin, es der „città di Roma" geschenkt. In diesem Denkmal werden dem Beschauer die inneren Bindungen der ausgewanderten Italiener sowohl an das Land ihrer Abstammung und Herkunft als auch an das Land ihrer Wahl bildhaft deutlich vor Augen geführt. Es mag anderswo verwundern, wenn in Regierungserklärungen ausdrücklich auf Volkszugehörige im Ausland eingegangen wird. In Italien ist das nicht der Fall. Dort sind die im Ausland wohnenden Italiener ganz selbstverständlich Gegenstand der Politik. Wenn etwa der Ministerpräsident Ciampi 1993 sich an „italiani e figli di italiani residente all estero[119] (die Italiener und Kinder von Italienern, die im Ausland wohnen) wendet und wenn er sie als lebendige Zeugen Italiens, seiner Traditionen und seiner glorreichen Geschichte bezeichnet, dann steckt dahinter das Versprechen, die Verleihung des Wahlrechtes an diese Personengruppe mit Nachdruck voranzutreiben.

Dabei handelt es sich nicht nur um im Ausland wohnende italienische Staatsbürger, sondern auch um echte Auswanderer, die die Staatsangehörigkeit ihres neuen Heimatlandes angenommen, ja die schon der zweiten oder dritten Generation der Ausgewanderten angehören. Das mag unwahrscheinlich erscheinen, aber wer erlebt hat, wie eingewanderte Amerikaner italienischer Herkunft zu Hause, in der Familie, unter sich noch italienisch leben und sprechen, der bekommt einen Begriff davon , daß hier die Erinnerung an die ursprüngliche Heimat nicht zur 'Folklore' erstarrt ist. Dazu tragen sicherlich auch die engen Bande bei, die italienische Familien über Grenzen und Entfernungen hinweg zusammenhalten. Die wiederholte Rückkehr an den Ort der Herkunfts-Familie ist nicht nur Suche nach einem Stammbaum, sie zeugt von Bindung. Aus italienischer Perspektive ist die über Generationen sich erstreckende doppelte Bindung der Italiener im Ausland - an das Land ihrer Herkunft und an das Land ihrer Lebensgestaltung - nicht das Resultat traditioneller Lebensformen, sondern ein Zeichen der Modernisierung. Die Wanderungsbewegungen im Zeitalter der Globalisierung werden zunehmen. Damit wird das friedliche Nebeneinander von mehreren Kulturen in einem Land unumgänglich. Die Italiener im Ausland zeigen, wie man sich vollständig in einem fremden Land mit fremder Kultur integrieren kann und dennoch seine ursprüngliche Identität bewahrt. Die Methode für die doppelte Identität findet sich in dem Ratschlag eines italienischen Botschafters in Washington an einen Landsmann: „Ella non potra mai fare strada se gli americani con quali verrà in contatto sentiranno che ella non è in simpatia con l'anima e con l'organismo sociale degli Stati Uniti. Non tema di americanizzarsi esteriomente; l'anima suo d'Italiano non ne rimarrà deformato"[120] (Sie können es nie zu etwas bringen, wenn die Amerikaner, mit denen Sie in Kontakt kommen, fühlen, daß Sie mit der Seele und der Gesellschaft Amerikas nicht sympathisieren. Fürchten Sie nicht sich äußerlich zu amerikanisieren, Ihre Seele als Italiener bleibt davon unberührt).

---

119 Ministero degli Affari Estero, Testi e documenti, op.cit., S.30
120 zit.nach Corriere della Sera, La stanza di Montanelli

Die Menschen italienischer Abstammung in anderen Ländern sind „l'altra Italia" (das andere Italien), das die italienische Außenpolitik als festen Faktor in ihre Überlegungen einbezieht. Der Botschafter Incisa di Camerara hat es auf eine Formel gebracht, die keinen Zweifel läßt: „L'Italia della diaspora migratoria, una garanzia che ha sempre funzionato"[121] (Das Italien der Auswandererdiaspora, eine Garantie, die immer funktioniert hat).

Die Bindungen an das Mutterland und das Wissen darum, daß man für Italien ein unverzichtbares politisches Guthaben ist, hat bei vielen der mit erstem Wohnsitz im Ausland wohnenden italienischen Staatsbürger den Wunsch laut werden lassen, auch ein Wörtchen bei der politischen Gestaltung eben dieses Mutterlandes mitreden zu dürfen. Ein organisatorischer Anfang ist gemacht, indem Strukturen geschaffen wurden, in denen sich die Auslandsitaliener an ihr Ursprungsland binden können. Seit 1986 werden in Frankreich in jedem Konsularbezirk 'Comitati degli Italiani all'Estero' gewählt, nachdem vorher in Rom ein Einwohnermeldeamt für Italiener im Ausland eingerichtet worden ist. Zwei Jahre später wurde ein 'Consiglio Generale degli Italiani all'Estero' ins Leben gerufen, der die Auslandsitaliener gegenüber der Regierung in Rom vertreten soll.

Es wird geschätzt, daß gegenwärtig zwischen 3 und 5 Millionen italienische Staatsbürger im Ausland wohnen, ohne de facto die Möglichkeit zur Wahl zu haben. Diese Zahl spiegelt jedoch nicht im Entferntesten die Ausmaße von 'l'altra Italia', da diejenigen nicht einbezogen sind, die im Laufe der Jahre und im Verlauf der Generationen ihre italienische Staatsangehörigkeit aufgegeben haben. Inzwischen hat sich die Perspektive geändert. Die Globalisierung der Weltwirtschaft und deren Folgen, machen es für Italien notwendig, seine Ressourcen in der ganzen Welt zu sammeln. Eine der wichtigsten dieser Ressourcen aber ist 'l'altra Italia'.

Die politische Perspektive in Fragen der Auswanderung hat sich in den letzten 50 Jahren radikal geändert. Unmittelbar nach dem Krieg förderte die Regierung die Auswanderung intensiv, um so den Bevölkerungsüberschuß im Süden und den daraus resultierenden sozialen Druck aufzufangen. Italien verhandelte mit den USA, um die italienische Einwanderungsquote zu erhöhen, und der Anspruch auf Libyen wurde damit begründet, daß Italien die Kolonie brauche, um eben die Folgen des Bevölkerungsüberschusses zu lindern. Das italienische Wirtschaftswunder hat den seit der nationalen Einigung ununterbrochen dauernden Auswandererstrom abbrechen lassen. Die Möglichkeit, Arbeit im Land zu finden und die demographische Entwicklung haben in dieser Hinsicht aus Italien ein 'normales Land' gemacht. Heute ist die Arbeitslosenquote zwar immer noch sehr hoch, aber Italien ist de facto selbst ein Einwanderungsland. Ging die Initiative für die Forderung nach dem Wahlrecht von den Emigrierten aus, die mit dem Herkunftsland nicht nur kulturell sondern auch politisch verbunden bleiben wollen, so ist es heute die italienische Regierung, die ein nationales Interesse darin sieht, auch die Angehörigen der Nation, die nicht im Staatsgebiet wohnen, in die Staatsgemeinschaft mit einzubeziehen.

Seit 1912 hat die Gesetzgebung sich in wachsendem Maße daran orientiert, daß alle, die durch Sprache, Herkunft, Religion und Gefühle den Nachweis iherer Zugehörigkeit zur italienischen Nationalität erbringen, die Staatsangehörigkeit des italienischen Staates

121 Incisa di Camerana, L., op.cit., S.92

besitzen.[122] Da das nach internationalem Recht nur eine immaterielle 'Bestimmung sein kann, ist im Staatsangehörigkeitsrecht eine besondere Gruppe „italiani non appartenenti alla Repubblica" (Italiener, die nicht der Republik angehören) geschaffen worden, deren besonderer Status im Laufe der Zeit mehr und mehr ausgebaut wurde. Seit 1912 gibt es für diese Gruppe das Recht, ohne große Formalitäten die italienische Staatsangehörigkeit zurück zu erwerben, die Zulassung zum öffentlichen Dienst -von wenigen Ausnahmen abgesehen- ist diesen Italienern verbürgt. Seit 1992 ist die doppelte Staatsangehörigkeit zugelassen. Als letzter Schritt soll den 'Italiani non appartenenti alla Repubblica' auch das Wahlrecht zugestanden werden. Ein entsprechender Gesetzentwurf liegt seit Jahren im Parlament. Wenn er bisher nicht Wirklichkeit geworden ist, dann liegt das nicht am fehlenden Konsens der politischen Kräfte sondern an den Schwierigkeiten der Materie und der inneren Instabilität. Die Legislaturperioden waren bisher zu kurz, nicht nur um den Entwurf abschließend zu behandeln, sondern auch weil kein Konsens über die Ausgestaltung des Wahlrechts zu finden ist.

Italien sieht sich als 'nazione diffusa' (verstreute Nation)[123], es setzt auf seine Mitbürger im Ausland. Viele haben es zu einflußreichen Positionen gebracht. Das Gewicht Italiens in der Welt wird erheblich zunehmen, wenn sie nicht nur als Bürger anerkannt sondern auch sichtbar sind. 'L'altra Italia' ist eine Waffe der italienischen Außenpolitik. Als die USA in der Frage der Reform des Weltsicherheitsrates sich den deutschen und japanischen Vorstellungen zuneigten, wurde z.b. auch sie eingesetzt.

Durch die Einbeziehung von 'l'altra Italia' hofft man, im Lande mehr politisches Verständnis für den Ablauf internationaler Verfahren und den Fluß der Wirtschaftsströme zu gewinnen, verbunden mit einem größeren Verständnis für andere Kulturen. Vor allem aber meint man als 'verstreute Nation' ein größeres Gewicht in der EU beanspruchen zu können, denn Italien bringt damit einen Wertzuwachs in die Gemeinschaft ein, der ihr wirtschaftlich und kulturell zugute kommt. Daneben zählt die Tatsache kaum, daß die Auslandsitaliener mit den internen Problemen der Halbinsel nicht sehr vertraut sind. Das sind, wie Indro Montanelli argumentiert, viele Inländer auch nicht.[124] In einer Zeit, in der die Staatsgrenzen immer durchlässiger werden, bekommt die Familie -in der ganzen Breite der italienischen Bedeutung des Wortes- Entwicklungsmöglichkeiten über Staatsgrenzen hinweg.

---

122 s. im Einzelnen Bicottini, F.: „Cittadinanza", in: Enciclopedia del diritto, Bd. VII, S.140ff.

123 Manzella, A.: „Italiani all'estero, voto 'off shore'", La Repubblica 16.1.1997

124 „Voto per gli Italiani all'estero: che male fa?", Corriere della Sera: „ Stanza di Montanelli".

L'esercito invisibile - Sicherheitspolitik

Das entscheidende Problem der italienischen Außenpolitik in der Vergangenheit lag in der Tatsache, daß die wirtschaftlichen und militärischen Ressourcen nicht annähernd dem Anspruch einer 'grande potenza' gerecht werden. Italien konnte in keinem der Konflikte auf dem europäischen Kriegsschauplatz, in die es verwickelt war, ohne fremde Hilfe die Oberhand behalten.Es ist militärisch nie eine Großmacht gewesen und strebte das auch gar nicht an. Nur hat es diese Tatsache manchmal vergessen oder sich gar im Rausch populärer Strömungen dahin reißen lassen.

Der Eintritt Italiens in den 1.Weltkrieg war eine solche Fehleinschätzung. Der Ministerpräsident Salandra war der Meinung, wenn Italien sein „peso determinante" in die Waagschale würfe, dann werde der Krieg schnell, ohne große Opfer, aber mit großem Gewinn für Italien beendet werden. Sein Vorgänger, der langjährige Ministerpräsident Giolitti, hatte sich dagegen mit aller Kraft gegen den Kriegseintritt seines Landes gestemmt, weil er wußte, daß der Krieg die Kräfte Italiens übersteigen und der Preis auch ohne Krieg zu haben sein würde. Die Befürworter des Kriegseintritts argumentierten damit, daß der Beitritt Italiens zur Entente das Gleichgewicht der Kräfte so entscheidend verändern würde, daß der Krieg in drei bis vier Monaten beendet sein würde und man so die Einheit Italiens zu einem billigen Preis vollenden könne. Giolitti hingegen rechnete mit einem langen Krieg, da nach seiner Analyse die Mittelmächte stärker waren, als viele annahmen. Er sah Schwierigkeiten für eine erfolgreiche italienische Offensive, da der Frontverlauf dem entgegenstand. Schließlich meinte er, daß die 'Vollendung der italienischen Einheit' viel billiger als durch einen - wenn auch noch so kurzen - Krieg zu erlangen sein werde, da der Vielvölkerstaat Österreich-Ungarn den Belastungen durch den Krieg auf Dauer nicht gewachsen sein und sich deshalb selbst auflösen werde.[125]

Die Politik des Hofes in Verbindung mit Massendemonstrationen drängte ihn und die Parlamentsmehrheit beiseite und Italien in den Krieg, der länger dauern sollte, als seine Befürworter gedacht hatten, unvorstellbar hohe Blutopfer forderte, dann zwar reiche Beute brachte, die aber am Ende doch nicht ausreichte, um das ausgelaugte Land zu befrieden. So wurde der 'verschenkte Sieg' - wie in Deutschland der verlorene Krieg - zum Ausgangspunkt für die Hinwendung zur Diktatur. Sieger und Besiegter fanden sich im Kampf für eine Revision von Versailles auf der gleichen Seite.

Beim Ausbruch des 2.Weltkrieges hingegen wußte Mussolini, daß Italien auf einen 'großen', über regionale Auseinandersetzungen hinausgehenden Krieg nicht vorbereitet war. Die kriegerischen Unternehmen in Abessinien und Spanien hatten Infrastruktur und Logistik der Streitkräfte auf ein Minimum reduziert. Als er dann doch in den Krieg eintrat, ging er davon aus, daß nach der Niederlage Frankreichs der Krieg beendigt wäre. Wieder einmal wurde auf einen kurzen Krieg gesetzt, wo mit einem langen Krieg hätte gerechnet werden müssen, der Italiens Kräfte - wie voraussehbar - überforderte und das Land sehr schnell vom Verbündeten zum Satelliten herabsinken ließ, bis es sich schließlich als 'cobelligerent' auf die Seite der Sieger stellte, um am Ende doch als Besiegter dazustehen.

---

125 Giolitti, G.: „Memorie della mia vita", Milano 1922, S.522 f.

Zwischen seinem Status als 'non-belligerente' Nation am Anfang des Krieges und dem gleichermaßen ambiguen Status an dessen Ende hatte Italien sein Imperium verloren, sich in die Händel des Balkans verwickeln lassen und ein Armeekorps dem Moloch der eisigen Weiten Rußlands geopfert. Den Ton hatte immer der deutsche Verbündete angegeben. Kein Wunder, daß sich die Italiener nicht mit dem Krieg identifizierten, zumal schnell zu sehen war, daß die hochgesteckten Kriegsziele irrealistisch waren. Es dauerte dann ja auch nur drei Jahre bis alliierte Truppen auf italienischem Boden standen.

Im Friedensvertrag von Paris wurden Italien Bedingungen auferlegt, die es ihm in der Zukunft weder erlauben sollten, einen Angriffs- noch einen Verteidigungskrieg zu führen. Die Normalisierung kam mit dem Beitritt zur NATO. Die Möglichkeiten des Ausbaus seiner Sicherheit, die die NATO erlaubte und forderte, hat Italien nie genutzt. Es war nicht unmittelbar bedroht wie Deutschland. Seine Seegrenzen waren zunächst von der britischen Mittelmeerflotte und -nach der Suezkrise- von der US 6.Flotte geschützt. Im Norden grenzten verbündete oder befreundete Nationen an. Nur im Nordosten drohte aus dem „Gorizia gap" eine mittelbare Gefahr. Dort wurde darum die Masse des Heeres konzentriert und die operative Kommandoführung - AFSOUTH Land - stationiert. Anderswo im Land stationierte Truppen dienen fast ausschließlich der Territorialverteidigung, wozu in Italien auch Aufgaben im Bereich der inneren Sicherheit gehören. Für die Sicherheit Italiens nach außen kam letzten Endes die US 6.Flotte und damit die USA auf.

Die Frage von äußerer Sicherheit und Verteidigung war im Italien der Nachkriegszeit nachrangig. Es gab eine starke pazifistische Strömung in der DC, mit Affinität zu den kommunistischen Friedenskampagnien.[126] Sie forderte ein Italien zwischen den Blöcken, d.h. strikte Neutralität. Das verband sie mit dem sozialistischen und kommunistischen Lager. Andreotti schildert sehr anschaulich, wie vorsichtig deGasperi taktieren und welche Hilfe er - bis hin zum Vatikan - er mobilisieren mußte, um seine eigene Partei in der Frage des Beitritts zur NATO hinter sich zu bringen. Das Angebot, dem Brüsseler Pakt beizutreten, hatte er noch abgelehnt, weil die Zeit damals nicht reif und der Zeitpunkt - kurz vor Wahlen - ungünstig war.[127]

Noch weniger als in der Bundesrepublik gab es in Italien eine sicherheitspolitische Debatte. Das hätte den 'consociativismo' des politischen Systems empfindlich gestört. Italien war in der NATO, lebte hinter ihrem Schutzschirm und überließ es der NATO, d.h. vorwiegend den Amerikanern, wie dieser Schutzschirm aussehen sollte. Erst als Enrico Berlinguer, als damaliger Vorsitzender der PCI, mit seiner Bemerkung, er könne sich denken, daß auch die PCI nach einer eventuellen Regierungsübernahme weiterhin in der NATO bleiben wolle, weil sie als internationaler Ordnungsfaktor unerläßlich sei, das innenpolitische Tabu aufhob, das über dem Thema lag, fing zaghaft eine sicherheitspolitische Debatte an.

Sicherheitspolitik spielte jedoch auch weiterhin keine Rolle im italienischen politischen Denken. In allen Meinungsumfragen seit den fünfziger Jahren finden sich Verteidigung und äußere Sicherheit auf dem untersten Platz der Rangskala, nach Terrorismus/Politische Verbrechen, Drogen, Arbeitslosigkeit, Gesundheit, Inflation, Renten,

---

126 s. Landolfi, A.: „Compagni di viaggio, Roma 1996

127 Andreotti, G.: „De (prima) Re Publica", Milano 1996, S. 367ff.

Steuerhinterziehung, Schulen, Umwelt, Energie - oder sie erscheinen gar nicht unter den ernsten Problemen Italiens.[128]

Als Mitglied der NATO hat Italien sich darauf beschränkt, militärisch ein niedriges Profil zu zeigen. Der Schwerpunkt der Verteidigungsanstrengungen lag beim Heer, das - wie schon dargestellt - auf die Verteidigung des 'Gorizia gap' konzentriert war. Abgesehen von einer kleinen amerikanischen Einsatzgruppe in Vicenza gab es keinen Ansatz für eine integrierte Verteidigung, dem Lande fehlte eine für die deutsche Verteidigung und für das deutsche sicherheitspolitische Konzept konstitutive Erfahrung. Im Grundsatz stellte Italien vor allem Stützpunkte zur Verfügung. So wurde Neapel der Heimathafen der 6.Flotte. Italien war mit dem Zustand des 'Flugzeugträgers' zufrieden.

Der Beitrag des Landes für seine eigene Sicherheit war unerheblich. Der ehemalige General und jetzige Europaabgeordnete der FI, Luigi Caligaris, nennt ihn „trascurato" und „trascurabile" (vernachlässigt und unbedeutend). Er habe nur als Eintrittskarte zum Club der Staaten gedient, die zählen.[129] Da die Sicherheit bei den USA und der NATO in guten Händen war, genossen die Streitkräfte in Italien keine politische Priorität. Italien brachte nur ein Minimum für seine Verteidigung auf: Die Bedrohung war nur indirekt, die mögliche Einbruchstelle eindeutig eingrenzbar und ohne Alternative, der Schutz der Küsten von der 6.Flotte wahrgenommen, Italien würde mit Sicherheit nicht Hauptkriegsschauplatz sein. Politiker in Demokratien neigen in solchen Situationen dazu, an der Sicherheit zu sparen.

Es gab einen Augenblick in der italienischen Nachkriegsgeschichte, in dem die Sicherheitspolitik aus ihrem Dornröschenschlaf erwachte: als sie eine europäische Dimension bekam. Italien arbeitete intensiv in der Europäischen Verteidigungsgemeinschaft (EVG) mit. Die Europäisierung seiner Verteidigung hätte ihm endgültig das Stigma des Verlierers genommen. Der mit der EVG verbundene Souveränitätsverzicht würde aufgewogen durch die Mitgliedschaft in einer größeren, schwergewichtigeren effizienteren Gemeinschaft. Man würde mehr an Souveränität gewinnen als man aufgab. Das Scheitern der EVG wird darum noch heute als Niederlage empfunden. Dem Ersatz, dem zur WEU erweiterten Brüsseler Pakt, trat Italien dann bei. An Italiens Sicherheitspolitik änderte sich nichts. Es blieb bei der Sicherheitsgarantie durch das Bündnis.

Es waren nicht die Streitkräfte sondern die italienische Politik, die eine strategische Rolle in der westlichen Sicherheitspolitik spielen sollte, wenn auch die Interpretation der Episode als „Sieg Italiens im 3.Weltkrieg"[130] nicht allgemein geteilt werden dürfte. Fest steht, daß Italien bei der Stationierung der INF in Europa eine zentrale Rolle spielte. Zwar war die Forderung nach einer Antwort der NATO auf die Stationierung von Mittelstreckenraketen durch die Sowjets in deren Herrschaftsbereich von Europa ausgegangen, als aber die USA dieser Forderung nachkamen und der NATO die Stationierung von Cruise Missiles und Pershing II in Europa anboten, wagte die überwiegende Mehrheit der Regierungen der im Bündnis zusammengeschlossenen europäischen Staaten unter dem Druck der wie Pilze aus dem Boden schießenden und sich schnell zu Massenbewegungen entwickelnden Friedensbewegungen nicht, das Angebot anzunehmen. Deutschland, von dem ursprünglich die Initiative ausgegangen war und auf dem die Hauptlast der Stationierung liegen sollte, drohte isoliert zu werden. Eine solche Isolie-

---

128 Panorama, März 1982

129 Caligaris, L.: „Paura di vincere", Milano 1995, S. 10

130 Incisa di Camerana, L.: „La vittoria dell'Italia nella terza guerra mondiale", Milano 1996

rung hätte -darüber bestand allgemeines Einverständnis- ihm politisch nicht erlaubt, die Zustimmung zur Stationierung aufrechtzuerhalten. Die Strategie der Friedensbewegung konzentrierte sich darum darauf, die schwächeren Glieder -vor allem Italien- aus der Kette der Länder, die grundsätzlich einer Stationierung zugestimmt hatten, herauszubrechen.

Es war Italien, das diese Rechnung durchkreuzte, indem es als erstes NATO-Mitglied der Stationierung von INF auf italienischem Boden zustimmte. Diese Tatsache illustriert mehr als alles andere die spezifische italienische Situation. Anders als in den meisten westeuropäischen Ländern hielt sich die öffentliche Diskussion in jenen Grenzen, die es der Politik erlaubten, das letzte Wort zu behalten. Um die italienische Entscheidung in ihrer vollen Bedeutung bewerten zu können, sollte man bedenken, daß sie von einer Minderheitsregierung gegen den Willen der größten Oppositionspartei durchgesetzt wurde, mit der sie im consociativen System auf Zusammenarbeit angewiesen war. Die PCI verlangte Verhandlungen vor einer Entscheidung über die Stationierung. Sie ließ es jedoch bei der Forderung bewenden und versuchte nicht, die Massen zu mobilisieren. Die Stabilität eines Regierungssystems sollte nicht allein an der Häufigkeit von Regierungswechseln gemessen werden.

Auch als die Regierung Anfang August 1981 verkündete, daß Comiso als Stationierungsort ausgewählt worden sei, war die Öffentlichkeit ausgesprochen uninteressiert. L'Unita, das Parteiorgan der PCI, hielt es nicht einmal für nötig, die Nachricht auf der ersten Seite zu plazieren. Die Regierung hatte den Zeitpunkt auch außerordentlich sorgfältig gewählt: kurz nach Kommunalwahlen, zu Beginn des Sommerexodus. Sie rechnete damit, daß zu diesem Zeitpunkt keine großen Demonstrationen auf die Beine zu bringen sein würden und im September, wenn nach der großen Sommerpause die Politik wieder beginnen würde, diese sich mit der politischen Routine befassen könnte.

Die Rechnung wäre vermutlich aufgegangen, wenn nicht am Tag nach der Entscheidung des italienischen Kabinetts der amerikanische Präsident seinerseits entschieden hätte, der weiteren Entwicklung der Neutronenbombe zuzustimmen. Die Nachricht davon schlug in Italien wie eine Bombe ein. Der amerikanische politische Botschaftsrat kommentierte die Folgen mit zwei Sätzen „Glücklicherweise wurde die Entscheidung über die Cruise gestern getroffen. Heute, nach unserer Bekanntmachung über die Neutronenbombe, wäre sie nicht mehr möglich gewesen."[131]

Die Koinzidenz der Nachrichten stellte der italienischen Öffentlichkeit, die bisher nie mit Sicherheitsfragen konfrontiert worden war, plötzlich, quasi aus heiterem Himmel, die Gefahren der nuklearen Kriegführung, gipfelnd in einem atomaren Holocaust, vor Augen. Der Widerstand begann mit lokalen Protesten in Comiso und weitete sich zu einer die Nation übergreifenden Massenbewegung aus, die denen in den anderen europäischen Ländern nicht nachstand und die von der internationalen Friedensbewegung angeheizt wurde.

Ein Vergleich von Meinungsumfragen läßt auf den ersten Blick vermuten, daß die öffentliche Meinung in Italien noch stärker als anderswo in Europa auf der Seite der Friedensbewegung stand:[132]

131 Panorama 24.8.1981

132 L'Espresso Dezember 1981

Die Frage, ob man für die Aktivitäten der Friedensbewegung sei, wurde wie folgt beantwortet:

	Frankreich	Deutschl.	GB	Niederlande	Italien
Dafür	50 %	59 %	52%	79 %	79 %
Nicht dafür	34 %	38 %	39%	17 %	15 %
weiß nicht	16 %	3 %	9%	4 %	6 %

Auf die Frage „Was bedroht die Sicherheit Deiner Heimat am meisten?" lauteten die Antworten:

	Frankreich	Deutschl.	GB	Niederl.	Italien
Die Stationierung sowjetischer Raketen in Osteuropa	41 %	58 %	43 %	29 %	14 %
Die geplante Stationierung von INF in Westeuropa	19 %	33 %	29%	24 %	15 %
Beide	7 %	2 %	-	31 %	60 %
weiß nicht	33 %	7 %	28%	16 %	11%

Und auf die generelle Frage nach der Bündnisvorliebe ergibt sich folgendes Bild:

	Frankreich	Deutschland	GB	Niederlande	Italien
mit USA	30 %	51 %	43 %	39 %	24 %
mit UdSSR	3 %	2 %	1 %	1 %	5 %
neutral	58 %	44 %	46 %	55 %	55 %
weiß nicht	9 %	3 %	10 %	5 %	16 %

Diese Zahlen bekommen einen anderen Stellenwert, wenn man sie im Kontext der italienischen politischen Kultur betrachtet: der hohe Anteil von Befürwortern der Friedensdemonstration war nicht ausschließlich ein Ausdruck politischen Willens sondern ein kulturelles Phänomen. In einem Land, in dem Massendemonstrationen zum Alltag gehören, kann es nicht anders sein, als daß man ihnen zustimmt. Hier werden die Stimmen teilweise für Demonstrationen an sich und nicht für die Sache abgegeben. Gleichermaßen wird die Bedrohung unter geopolitischer Perspektive gesehen. Im übrigen wird die extrem hohe Zahl, die Ost und West gleichermaßen die Schuld an der Bedrohung geben dadurch relativiert, daß die Umfrage in dem Land mit der stärksten und einflußreichsten kommunistischen Partei in Westeuropa stattfand, die über die Jahre einem Teil der Bevölkerung ein Bedrohungsscenario eingeimpft hatte, in dem die NATO die Rolle des Aggressors spielte.

Der PCI versuchte die Friedensbewegung zu instrumentalisieren. Die Regierungsparteien konnten jedoch den Schwung der Bewegung auffangen; teilweise dadurch, daß man sie ins Leere laufen ließ. Die Unterstützung durch ausländische 'Friedensfreunde', die in zunehmendem Maße erfolgte, schadete der Friedensbewegung eher. Nach nicht einmal einem Jahr waren die Demonstrationen zu einem lokalen Ereignis herabgesunken: ein internationales Friedenslager in Comiso sorgte ab und zu noch für Nachrichten aber nicht mehr für Schlagzeilen. Auch das Friedenslager schloß seine Pforten als der sozialistische Bürgermeister ihm die Benutzung kommunalen Grund und Bodens verbot. Passiver Widerstand liegt außerhalb des italienischen Verhaltenskodexes.

Den Beitrag Italiens im Falle der Stationierung der INF darf man für die politische Durchsetzung der NATO-Strategie nicht unterschätzen. Italien trug damit sicherlich entscheidend zum Ende des Kalten Krieges bei, aber es hat nur reagiert und nicht agiert.

Die sicherheitspolitische Grundsituation hat sich für Italien mit dem Fall der Mauer nicht geändert. Sicher: es ist -wie Deutschland- jetzt frei, im Rahmen des Bündnisses eigene Wege zu gehen; sicher: die Bindung an die USA ist geringer geworden, so daß man sich stärker und mit weniger Einschränkungen um eine gemeinsame europäische Sicherheitspolitik bemühen kann, aber der Grundfaktor bleibt doch bestehen: Italien kann seine Sicherheit weiterhin nicht ohne Unterstützung von außen garantieren. Seine Küsten können von Land aus nicht verteidigt werden, darum ist Sicherheit nur im Bündnis mit dem jeweiligen Herrn des Mittelmeers zu erreichen.

An eine 'Friedensdividende' denkt in Italien niemand. Der Begriff wird in der politischen Diskussion nicht gebraucht. Es wird nicht infrage gestellt, daß die Anerkennung des Anspruchs darauf, überall mitreden zu dürfen, zu den 'grande potenze' gerechnet zu werden, davon abhängt, ob der Staat über militärische Potenz verfügt. Eine eigenständige Verteidigungspolitik setzt voraus, daß ein „peso determinante" auf die Waagschale geworfen werden kann. Die politische Rhetorik drückt das überall in der Welt gleich aus: „Ein modernes und effizientes militärisches Instrument ist wesentlich für ein Land, das eine eigene Außenpolitik betreiben und in der Welt geachtet sein will."[133] Die Umsetzung solcher Erklärungen scheitert jedoch im allgemeinen an der politischen Realität. Bei den Haushalteinsparungen, die für Maastricht notwendig wurden, sind auch die Ansätze des Verteidigungshaushaltes erheblich gekürzt worden. Das Land nimmt jedoch dennoch für sich in Anspruch, die begonnenen rüstungspolitischen Vorhaben zu Ende zu führen.

Nach den Vorstellungen der PdS soll es mit den kleinen Schritten vorbei sein, die als Reform verkauft werden, aber keine sind. Für sie hat die Wehrpflichtarmee ihren Zweck erfüllt: sie hat dazu beigetragen, die Einheit des Landes zu stärken, d.h. der nationalen Einheit eine Basis zu geben. Jetzt ist es Zeit für kleinere, besser ausgerüstete effizientere Streitkräfte, kurz für eine Berufsarmee. Die Fraktion hat als Übergangslösung einen

---

133 D'Alema, Vorsitzender der PdS, zit. nach Rondolino,P.: „Esercito ridotto e piu efficiente" L'Unità 20.3.96: „Uno strumento militare e efficiente è essenziale per un Paese che voglia avere una propria politica estera e voglia contare nel mondo."

Gesetzesentwurf eingebracht, der die Wehrpflicht auf sechs Monate verkürzt. Die PdS ist damit radikaler als das Regierungsprogramm, das einen graduellen Übergang zu einem gemischten System vorsieht.

Inzwischen hat das Kabinett den Entwurf eines neuen Wehrpflichtgesetzes gebilligt, der Frauen als Freiwillige unbeschränkt zuläßt und einen 'nationalen Hilfsdienst' als Alternative zum Wehrdienst etabliert. Die Wahl zwischen beiden ist völlig frei, mit der Einschränkung, daß die Deckung des Bedarfs an Wehrpflichtigen gedeckt sein muß. Da der zahlenmäßige Umfang der Streitkräfte jedoch verringert werden soll, fällt dieser Bedarf erheblich geringer als bisher aus. Die Wehrpflicht selbst dauert nach diesem Plan zehn Monate. Im Grunde handelt es sich im Ergebnis um einen ähnlichen Plan, wie den der PdS. Elemente aus beiden werden im legislativen Verfahren in die endgültige Regelung einfließen. Die Frage Wehrpflicht oder Berufsarmee wird im italienischen Parteienspektrum ausschließlich unter pragmatischen Gesichtspunkten gesehen. Grundsätzliche Aspekte wie das Verhältnis Staatsbürger - Staat in einer Demokratie spielen keine Rolle.

Die sicherheitspolitischen Gemeinsamkeiten erschöpfen sich in einem Minimalprogramm: Die Rolle des 'Flugzeugträgers Italien' soll ein für alle Male abgelegt werden. Wenn Italien als Stützpunkt für multinationale Operationen benutzt wird, dann nur, wenn es an der Operation beteiligt ist. Und da Italien allein nicht bestehen kann, sollte möglichst schnell und intensiv die europäische Komponente der atlantischen Verteidigung integriert werden. Im Zusammenhang der Fortschreibung von Maastricht fordert Italien eine „Europäisierung der Verteidigung". Es fürchtet nichts so sehr, wie eine Renationalisierung der Sicherheitspolitik, weil das auf jeden Fall negative Folgen für Italien hätte.[134]

Italien nimmt in Anspruch, daß sich nach dem Zusammenbruch der UdSSR die atlantische Frontlinie von Zentraleuropa nach Süden verschoben hat. In der Tat sind die Gefahren aus dem Mittelmeerraum gewachsen. Die libysche Rakete auf Lampedusa konnte von der italienischen Regierung übersehen werden, weil sie keinen Schaden angerichtet hatte. Inzwischen sind zahlreiche Anrainer des Mittelmeeres mit modernsten Waffen versehen, bis hin zu chemischen und biologischen Waffen. Der Kalte Krieg hat bewiesen, daß ein hoher Aufrüstungsstand bei stabiler Lage durchaus Frieden schaffend sein kann. In diesem Kontext darf aber nicht übersehen werden, daß für Italien die so oft beschworene 'Gefahr aus dem Süden' primär nicht militärischer sondern demographischer Natur ist. Die 'Gefahr aus dem Süden' besteht in der voraussehbaren Bevölkerungsexplosion in Nordafrika und fällt darum nicht allein in die Zuständigkeit der Sicherheitspolitik.

Solange die USA für Stabilität in der Region sorgen, kann Italien sich beruhigt zurücklehnen. Insofern aber ist es auch verständlich, wenn jede in die Öffentlichkeit drängende Überlegung über eine eventuelle Reduzierung der amerikanischen Präsenz im Mittelmeerraum Italien mit Sorge erfüllt.[135] Zwar sind die USA nach dem Ende des Kalten Krieges -wie nicht oft genug betont werden kann- weniger auf den Flugzeugträger Italien angewiesen, für Italien hingegen hat sich die Abhängigkeit seiner Sicherheit von den USA nicht geändert. Es ist nicht nur die 6.Flotte, die diese Sicherheit garantiert.

---

134 Entwurf des Programmes des Ulivo (maschinengeschriebenes Manuskript), 1995, S.53

135 Cremasco, M.: „L'Italia e la sicurezza internazionale", in: Istituto Affari Internazionale, „L'Italia nella politica internazionale", ed. 1994, S.80

Es ist auch der Nuklearschirm der USA, dem Europa nichts entgegenzusetzen hat. Jedenfalls so lange nicht, wie Frankreich und Großbritannien nicht die nukleare Komponente seiner Verteidigung in eine künftige europäische Verteidigung einbringen. Für Italien aber ist die nukleare Gefahr nicht so weit weggerückt wie für Zentraleuropa. Viele der Staaten am Südrand des Mittelmeeres sind unberechenbar. Noch weiß man nicht, ob Geddafi über 'die Bombe' verfügt, aber allein der Gedanke an die Möglichkeit, läßt die potentielle Bedrohung real erscheinen. Mit aus diesem Grund hat Italien sich in der Frage, ob das Kommando über AFSOUTH nicht einem französischen Admiral überlassen werden sollte, auf die Seite der USA gestellt.

Als Folge der italienischen Bedrohungsanalyse wird zunehmend die Infrastruktur der Streitkräfte über die ganze Halbinsel ausgedehnt. Das kommt auch innenpolitisch ganz gelegen, da der - offiziell zum soziologischen Phänomen erhobene - italienische 'mammismo'(Mammismus) seit Jahren fordert, daß die Wehrpflichtigen ihre Dienstzeit nicht so weit von der Familie, von der 'Mama' entfernt, ableisten sollen. Insgesamt aber sind die Streitkräfte weder dem Standard der Bündnispartner entsprechend ausgerüstet, noch -das eine folgt aus dem anderen- entsprechend ausgebildet.

Infolge der italienischen Selbstdefinition als 'grande potenza' ist es selbstverständlich, daß die italienische Außen- und Sicherheitspolitik Wert darauf legte -soweit das grundsätzlich möglich war- an allen 'peacekeeping' Aktionen beteiligt zu sein. Deshalb ist für sein Sicherheitskonzept eine Interventionsmöglichkeit außerhalb der eigenen Grenzen unabdingbar. Konsequent folgen die italienischen Streitkräfte dem Trend zur Trennung von Territorialverteidigung und Eingreiftruppen. Die verkürzte Wehrdienstzeit und der 'mammismo' würden bei einer herkömmlichen Lösung die Erfüllung des Auftrages der Streitkräfte unmöglich machen.

Italien hat sich in ungewöhnlich hohem Maße an „peacekeeping" Aktionen beteiligt.[136] Peacekeeping wird von der italienischen Außenpolitik bewußt als Instrument für die Projektion seines Anspruches, eine Großmacht zu sein, benutzt und sekundär für die Sicherung seiner - vorwiegend wirtschaftlichen - nationalen Interessen. Darum bietet sich Italien - auch gegen die Bedenken der militärischen Führung - bei jeder sich bietenden Gelegenheit an. So verlangte Italien mit Nachdruck an UNOSOM beteiligt zu werden und setzte sich gegen die Bedenken der USA, zum Erstaunen der UN durch.

Hinter dem peacekeeping Aktivismus steht ein maßgeschneidertes politisches Design. In dem von Italien vorgeschlagenen Konzept für die Reform des Weltsicherheitsrates ist eines der Kriterien für die Zugehörigkeit zu der Gruppe von Ländern, aus der in Zukunft im Rotationsverfahren die halbständigen Mitglieder des Sicherheitsrates gewählt werden sollen, eben die aktive Beteiligung am peacekeeping.

In der NATO sieht sich Italien mit zwei grundlegenden Problemen konfrontiert: der Europäisierung und der Osterweiterung. Da Italien in europäischem Rahmen, die von Maastricht versprochenen Fortschritte im Bereich einer gemeinsamen Außen- und Sicherheitspolitik mit Nachdruck fordert, muß es sich auch im Rahmen der NATO den Initiativen in dieser Hinsicht anschließen. Deshalb hat sich Italien an den wie Pilze aus dem Boden schießenden bilateralen, bzw. multilateralen Eingreiftruppen beteiligt. Gemeinsam mit Frankreich, Spanien und Portugal hat es eine landgebundene (EURO-

136 Cremasco, M.,op.cit., S.73

FORCE) und eine maritime (EUROMARFOR) Eingreiftruppe gebildet, deren Operationsgebiet der Süden ist.

Die weitergehende Frage, aus der WEU den gleichberechtigten europäischen Partner in der NATO zu machen, ist für Italien zweitrangig. Noch liegen die Vorstellungen darüber zwischen den Partnern so weit auseinander, daß sich eine Lösung nicht andeutet, so daß sich auch noch keine Gefahr abzeichnet, Italien könne hier in die zweite Reihe abgedrängt werden. Wenn Italien in der Debatte einen festen Stand bezieht, dann in dem Punkt, daß WEU/ und EU deckungsgleich sein sollen.

In der Frage der Osterweiterung der NATO hält sich Italien sehr zurück. Wieder hat es sich in der Dichotomie zwischen rhetorischer Zustimmung und retardierendem Verhalten geübt. Aus seiner Perspektive drängte vor allem Deutschland auf eine schnelle Osterweiterung der MOE-Staaten, um die Eroberungen für sein Wirtschaftsgebiet unter den Schutz der NATO zu stellen. So gesehen war die Osterweiterung nicht im nationalen Interesse Italiens. Sie konnte darüberhinaus eine nicht vorherberechenbare negative Reaktion Rußlands bedeuten, die die Interessen Italiens auf dem Balkan negativ berühren könnte.

Da die italienische 'Ostpolitik' zum Ziel hat, bei der Integration der MOE-Staaten Unterstützung zu leisten, war die Regierung zu einer kunstvollen Schaukelpolitik gezwungen. Sie versprach den an die Tür der NATO klopfenden Staaten ihre Unterstützung, während sie gleichzeitig in Moskau die russischen Bedenken teilte und darauf hoffte, daß die Kräfte, die sich in den USA gegen eine Erweiterung wandten, die Oberhand behalten würden. Als abzusehen war, daß der amerkikanische Präsident sich durchsetzen würde, akzeptierte Italien die unumgängliche Entscheidung, setzte sich aber nun intensiv dafür ein, gleichzeitig mit Polen Tschechien und Ungarn auch Rumänien in die Gruppe der ersten MOE-Staaten aufzunehmen, die zur Mitgliedschaft in der NATO eingeladen würden. Es ging ihm im Grunde darum, das südliche Element und mit ihm die südliche Denk- und Lebensweise zu verstärken.

Italien wird weiterhin in der NATO ein Dasein im Schatten der USA führen, sicherheitspolitisch aber wird es seinen nationalen Interessen grösseren Raum geben. Das Land wird sehr empfindlich auf jedes Ansinnen reagieren, das ihm den Anschein gibt, nichts weiter als ein 'Flugzeugträger' zu sein. In diesem Kontext bekommt die Erpreßbarkeit der Regierung Prodi durch die Altkommunisten eine spezifische Bedeutung, denn deren sicherheitspolitischen Vorstellungen schließen nach wie vor den Austritt Italiens aus der NATO nicht aus.

Es liegt im nationalen Interesse, bei allen internationalen Aktionen dabei zu sein, bei denen es um die Erhaltung oder die Wiederherstellung des Friedens geht, um so seinen Anspruch zu rechtfertigen, zu den Großen zu gehören. Es wird sich darum anbieten so oft es geht. Auf diesem Feld verfügt das Land über bessere Waffen als die Streitkräfte. In der Auseinandersetzung um die Stationierung der INF war es die politische Geschicklichkeit, die die 'Friedenskämpfer' ins Leere laufen ließ. Im Bemühen um den Frieden in der 3.Welt ist es die „Communità di Sant'Egidio"[137], die mehr leistet als Diplomaten und Soldaten. Die Communità gehört zu den Einrichtungen des 'volontariato'. Das 'volontariato', das in seinen einzelnen Institutionen sehr viel effektiver und funktioneller organisiert ist als der Staatsapparat - das italienische volontariato steht an der

137 Riccardi, A.: „Sant'Egidio - Roma e il mondo", Roma 1997

Spitze beim Abruf der EU-Hilfen für diesen Bereich -, nimmt oft Aufgaben des Staates wahr, vor allem aber: der Staat nützt seine Tätigkeit und seine Beziehungen für die eigenen politischen Zwecke.

Sant'Egidio ist eine lose Gemeinschaft, die im Gefolge des Vatikanums II entstanden ist, mit dem Ziel zu versuchen, Gebet und Tat miteinander zu verbinden. Die Gemeinschaft ist sehr weltoffen, auch über die Grenzen der Konfessionen und Religionen hinweg. Dieser Charakter macht die communità zu einem akzeptierten Partner bei der Lösung von Konflikten. Das Gebet um Frieden heißt in die Tat umgesetzt: Frieden schaffen. Sant'Egidio bemüht sich sehr intensiv und mit Erfolg darum. Der Frieden zwischen den Bürgerkriegsparteien in Mozambique war in der Sache sein Werk, wenn die italienische Diplomatie ihn auch formalisierte und die italienischen Streitkräfte seine Durchführung sicherten.

Clientelismus in der Außenpolitik

Abseits von den Scheinwerfern der großen Politik war England Geburtshelfer des italienischen Nationalstaates. Das liberale England hatte mit Sympathie den Freiheitskampf auf der Halbinsel verfolgt und geholfen, wo immer das ohne großen Aufwand möglich war. Englische Schiffe spielten bei der Eroberung des neapolitanischen Königreiches durch 'Garibaldi und seine Tausend' eine entscheidende Rolle. Auch in der Folgezeit hatten gute Beziehungen zu Großbritannien Vorrang gegenüber allen anderen Überlegungen in der italienischen Außenpolitik. England saß fest in Gibraltar, Malta und Suez bevor die italienische Staatswerdung beendet war. Im imperialistischen Wettlauf um Kolonien konnte keine Konkurrenz aufkommen, da England im mediterranen Bassin saturiert war. Die Kolonialisierungspläne in Somalia und Äthiopien hinwiederum störten wegen der Randlage beider Regionen das Nord-Süd-Konzept Englands und damit das Verhältnis der beiden Staaten nicht. Die Herrschaft der britischen Mittelmeerflotte mußte Italien akzeptieren. Das tat jedoch weder seinen Interessen noch seinem Selbstbewußtsein Abbruch.

Ein freundschaftliches Verhältnis zu England war das A und O der italienischen Außenpolitik, welche Bündnisse Italien auch immer abschloß. Darum gehörte zum Dreibund auch die offen ausgesprochene und von allen Parteien akzeptierte Vereinbarung, daß das Bündnis sich nicht gegen Großbritannien richten dürfe. Das stimmte zur Zeit des Abschlusses des Bündnisses mit der Wirklichkeit überein, als die Spannungen zwischen England und Frankreich im Wettlauf um die Beherrschung Afrikas ihrem Höhepunkt zutrieben. Es änderte sich im Laufe der Jahre, als die Fehler der deutschen Außenpolitik die beiden Kontrahenten veranlaßten, ihre Differenzen auszugleichen und schließlich mit der 'Entente' in ein bündnisgleiches Verhältnis zueinander zu treten.

Spätestens zu diesem Zeitpunkt mußte man wissen, daß der Dreibund nur noch auf dem Papier stand. Es mag Erstaunen hervorrufen, warum Italien dennoch 1912, eineinhalb Jahre vor Ablauf des Vertrages, dem österreichisch-deutschen Verlangen auf vorzeitige Erneuerung nachkam. Für Giolitti gab es keine andere Wahl. Die Welt war ruhig. Nach den Balkankriegen war selbst dieser Krisenherd beruhigt. Kriegsgefahr lag nicht in der Luft. Eine Verweigerung Italiens hätte von seinen beiden Partnern quasi als Kriegserklärung aufgefaßt werden müssen.[138] In dieser Auffassung spiegelt sich der Pragmatismus der Pietmontesen, aber auch ein Stück Italien wider. Die Konflikte zwischen den Partnern des Bündnisses, die sich zunehmend häuften, sind ein Indiz dafür, daß Italien, als Großmacht zweiten Ranges, in der Außenpolitik Rücksicht auf seine geographische Lage nehmen mußte. Es brauchte die schützende Hand Englands geradezu. Es konnte darum nur auf der Seite eines Deutschlands bleiben, das sich in guten, wenn nicht freundschaftlichen Beziehungen zu England befand.[139] Man mag die Umstände des Kriegseintritts Italiens 1915 bewerten wie man will, der Sache nach hatte Italien nur die Wahl zwischen Beitritt zur Entente oder Neutralität, wobei der steigende Druck, der von beiden Seiten auf Italien ausgeübt wurde, die Neutralität zu einer auf Dauer nicht haltbaren Option machte. Das Kriegsende änderte an dem italienisch-

138 Giolitti, G., op.cit.,Band 2, S.478 f

139 Hoernigk, R.: „Italien zwischen Frankreich und dem Dreibund", Inaug. Diss., Berlin 1931

englischen Verhältnis zunächst nichts. Der Ärger Italiens über die „vittoria mutilata“ traf vor allem Frankreich, das sich am meisten und am offensten für die Unverletzlichkeit der auf dem Balkan geschaffenen Verhältnisse einsetzte. Wenn eine Revision von Versailles zugunsten Italiens gefordert wurde, dann war der Adressat wieder Frankreich.

Mussolini legte anfangs auf ein gutes Verhältnis zu England großen Wert, in ihm regte sich aber schon früh Unmut über die aus seiner Sicht unwürdige Lage Italiens: Die Lage in einem Binnenmeere, dessen Zugänge und Schlüsselpunkte von einem anderen, einem Nicht-Anrainer, beherrscht werden, der den Ton angibt und dessen Wille bestimmend ist. Er gab darum dem Ausbau der Flotte Priorität. Zu einer Neuinscenierung des deutsch -englischen Flottenrennens, diesmal mit anderen Darstellern im Mittelmeer, kam es dennoch nicht. Dazu reichte die Wirtschaftskraft Italiens nicht aus.

Der Bruch mit England erfolgte aus einem ganz anderen Grund: nicht wegen kolonialen Streitigkeiten und nicht wegen Flottenrivalitäten, sondern wegen Italiens Überfall auf das Völkerbundsmitglied Abessinien. Der Bruch konnte nicht überbrückt werden, als es später wieder Annäherungspunkte an England gab, war Italien mit eisernen Banden an Deutschland gebunden; das Band zu England war zerschnitten. Italien hatte sich einen anderen Schutzherren gesucht.

Bei Ausbruch des zweiten Weltkrieges vermochte Mussolini es mit der Zustimmung Hitlers, sich dem Krieg, den er nicht gewollt hatte und auf den Staat und Volk nicht vorbereitet waren, mit der Formel der non-belligeranza zu entziehen. Ob es ihm wie Franco gelungen wäre, diese Politik bis zum Ende der Feindseligkeiten durchzuhalten, ist schwer zu sagen, die Frage stellte sich auch gar nicht, denn Mussolini wollte beim Siegesmahl nicht zu spät kommen. Er sah die Möglichkeit, zunächst Korsika und Tunis als Siegesbeute nach Hause zu bringen und damit seine strategische Stellung im Mittelmeer auszubauen, und er unterschätzte Großbritannien, so wie Hitler es tat. Beide fielen den rhetorischen Kunstfiguren ihrer eigenen Ideologie zum Opfer, in denen die westlichen Demokratien nur als verweichlichte, angefaulte Plutokratien vorkamen. Die Chance, selbst zum Herren über das Mittelmeer zu werden, wollte sich Mussolini nicht entgehen lassen.

Der Verlauf, der Ausgang und die Folgen des 2. Weltkrieges zogen Italien in den Bannkreis eines anderen ‘capo’. Die britische Mittelmeerflotte gibt es nicht mehr. Zypern, Malta und Suez gehören nicht mehr zum britischen Herrschaftsbereich, nur der Felsen von Gibraltar trägt noch die britische Flagge. Großbritannien ist aus der Perspektive des Mittelmeeres eine periphere Macht, einer der vielen Partner in der EU.

Es war für Italien außerordentlich glücklich, daß England die Herrschaft über das Mittelmeer an die USA abtreten mußte, denn England konnte nicht vergessen, daß Italien ihm 1940 in den Rücken gefallen war, als Sieger wollte es Vergeltung. Die USA brauchten nur einige wenige Stützpunkte als logistischen Rückhalt für die 6.Flotte. Damit bekam Italien einen spezifischen Wert.

Italien war von den Alliierten bei Ende des Krieges nicht als Siegermacht anerkannt worden, worauf es aufgrund der ‘co-belligeranza’ glaubte Anspruch zu haben. Ursprünglich war unter den Westalliierten abgesprochen, daß die Engländer die Federführung in der politischen Verantwortung für Italien haben sollten. Das ließ sich aber schon während des Krieges nicht durchhalten. Roosevelt war während seines Wahlkampfs 1944 gezwungen, l’altra Italia, d.h. der italienischen Lobby, erhebliche Zugeständnisse zu machen. Sie hatten zwar keine unmittelbare politische Auswirkung, sie zeigten jedoch Rom, daß es über „bessere Karten in Washington als in London“[140] verfügte. Die italienische Regierung versuchte darum in Streitfällen mit anderen Alliierten, Hilfe bei den USA zu finden.

Als z.B. Frankreich im Mai 1945 handstreichartig einen Teil des Val d'Aosta unter seine Kontrolle brachte, zwangen die Amerikaner de Gaulle zum Rückzug unter Anwendung von Zwangsmaßnahmen, indem sie die Versorgung der französischen Truppen unterbrachen. Hier zeigen sich die Grundlinien des italienisch-amerikanischen Verhältnisses, wie es bis zum Ende des Kalten Krieges Geltung haben sollte. Sergio Romano hat es auf folgende Formel gebracht: „ Für Amerika ist Italien zunächst eine Trophäe, die man den Engländern entreißen konnte, dann ist es auch ein Bezugspunkt in jeder Wahlkampagne. Für Italien sind die US die starken und weit entfernten Sieger von denen man auch, wenn nötig, Schutz vor den nahen Siegern fordern kann.“[141] Das ist die klassische Beschreibung eines Klientelverhältnisses.

Der Ausbau dieses Verhältnisses ist eng an die Geschichte des Kalten Krieges gebunden. Mit jeder Maßnahme, mit der Stalin seine Herrschaft über Osteuropa ausbaute, gewann Italien Bedeutung, und es wurde mehr und mehr in westliche Pläne mit einbezogen. Italien jedoch hielt sich aus innenpolitischen Gründen zunächst zurück. Das innenpolitische Machtgeflecht in seinem Gemisch aus Enttäuschung über die Bedingungen des Friedensvertrages, Rücksicht auf die innenpolitischen Verhältnisse und Rücksicht auf den pazifistischen, neutralistischen Flügel der DC, veranlaßten es, das Angebot abzulehnen, dem Brüsseler Pakt beizutreten, um dann, wenig später unerwartet die Initiative zu ergreifen und sich von sich aus, um den Beitritt zur NATO zu bemühen.

Die USA waren eigentlich gegen die Aufnahme Italiens in die NATO, dessen politische Verhältnisse ihnen zu instabil und zu unübersichtlich erschienen. Es bestand die Gefahr, daß die Linke -und mit ihnen die Kommunisten- bei den nächsten Wahlen die Mehrheit gewannen oder aber -wenn sie sie nur knapp verfehlten- zum bewaffneten Aufstand schritten. Nachdem Italien einmal in der NATO war, nahmen die USA deshalb, nach außen nicht sichtbar, eine rigide Kontrolle der italienischen Außenpolitik vor, so daß Sergio Romano die Situation aus seiner kritischen Perspektive folgendermaßen charakterisiert: „für die USA ist Italien mehr ein Territorium als ein Verbündeter gewesen.“[142]

Für die USA bedeutete das nicht nur den Ausbau der militärischen Infrastruktur, so daß sie ihren Zwecken und denen der Allianz genügte, sondern auch, das Sicherheitsgefüge aus den Turbulenzen der italienischen Innenpolitik herauszuhalten, ihr nationales Interesse lag darin, daß sich das innenpolitische Gleichgewicht nicht -oder doch nur maßvoll- verschob. Italien gewann hinwiederum Sicherheit nach außen, so daß es seine eigenen Verteidigungsanstrengungen zugunsten anderer Prioritäten vermeinte vernachlässigen zu können. Direkte Förderung und Sicherheitsgarantie führten -neben der EG- die Wirtschaft auf eine vorher nie vorstellbare Höhe, so daß das Land, wenn auch nicht ohne Hilfe, Mitglied der G 7 ist.

Konkret ergab sich aus den gegenseitigen Bedürfnissen, daß die politische Basis der italienischen Regierung nur mit Zustimmung der USA erweitert werden durfte und daß die USA das vorrangige Ziel der italienischen Aussenpolitik sicherten und durchsetzten:

---

140 s. Romano, S.:“Lo scambio ineguale“, Milano 1995, S.30

141 Romano, S., op.cit., S. 31

142 Romano, S.:op.cit., S.40:“Piu che un alleato l'Italia, per gli Americani, fu un territorio.“

trotz Instabilität und innerer Schwäche wurde das Land zu den 'grandi potenze' gerechnet. Den Beitritt Italiens zur NATO hatte noch Frankreich gegen die Bedenken der USA durchgesetzt, im Falle des Beitritts zur EG und zu den G7 war es genau umgekehrt. Als mit der PSI eine Partei in das Regierungsbündnis aufgenommen werden sollte, die über lange Jahre ein enger Verbündeter der PCI gewesen war, wurden zunächst die Amerikaner um grünes Licht gebeten. Das war keine Formsache. Als einige Jahre später die PCI unter Enrico Berlinguer an die Türen klopfte, legten die USA ihr Veto ein. Die Aussage Berlinguers über die NATO als Instrument des Friedens und der Entspannung war nicht ausreichend gewesen. Die Bindungen der PCI zur sowjetischen Bruderpartei wurden - wie man heute weiß, zu Recht- als zu eng angesehen.

Die Wahlen waren - mehr oder weniger unausgesprochen - auch immer Entscheidungen über die aussenpolitische Orientierung des Landes. Die Empfehlungen der USA hatten eine ähnliche Bedeutung wie die des Vatikans. Alle Parteien mussten jedoch auch immer Rücksicht nehmen auf die jeweiligen mehr links, pazifistisch und antiamerikanisch orientierten Flügel. Das gab der Politik der DC eine Zweideutigkeit, die für den Partner manchmal schwer zu ertragen war, selbst wenn sie im Ernstfall immer wie erwartet handelte - siehe Comiso. Immerhin führte das dazu, daß der Sozialist Craxi als Ministerpräsident seine innenpolitische Stellung dadurch ausbaute, daß es ihm gelang, seinen amerikanischen Partner davon zu überzeugen, daß er treuer und verlässlicher sei als seine Vorgänger von der DC.

Das änderte aber nichts daran, daß auch er seine Verbeugung vor dem Antiamerikanismus der Linken innerhalb des Spektrums der Regierungsmehrheit machen mußte. So kam es gelegentlich zu spektakulären Meinungsverschiedenheiten und einem Aufbäumen des nationalen Stolzes, wie im Falle der von den Amerikanern in Signorelle zur Landung gezwungenen Entführer der 'Achille Lauro' und der Protest gegen amerikanische Strafaktionen gegen Libyen.

Sergio Romano nennt das Verhältnis von Italien zu den USA in der Zeit des Kalten Krieges „ungleich“[143], dabei war es ein -wenn auch manchmal etwas angestrengtes- ganz normales Verhältnis zwischen Schutzbefohlenem (cliente) und Schutzherren (padrone). Ein Verhältnis, wie es seit der Antike im Mittelmeerraum auch zwischen Staaten durchaus üblich war. Nur wenn man 'modernistische' Maßstäbe anlegt, wird das Verhältnis 'ungleich'. Dann auch wird die Fiktion der 'grande potenza'offensichtlich.

Das Ende des Kalten Krieges ließ den Widerspruch von Geschichte und Gegenwart aufbrechen. Die USA sind noch da. Auf sie ist Italien angewiesen, wenn es um seine Sicherheit geht, nicht nur, weil seine geopolitische Lage das verlangt, sondern auch, weil es nicht selbst bereit ist, signifikante Anstrengungen dafür zu machen. Aber die USA haben sich von der Rolle des Schutzherren/padrone losgesagt. Der letzte Schritt erfolgte mit der Erklärung Clintons vor den italienischen Wahlen im Frühjahr 1996, die USA würden mit jeder Regierung zusammenarbeiten, die von einem der beiden Wahlbündnisse gebildet werden würde. Die Entscheidung ist lebhaft begrüßt worden. Die neue Freiheit in der Politik hat jedoch eine Kehrseite: Die italienischen nationalen Interessen müssen nun von Italien selbst definiert und verteidigt werden. Dabei kann es dann

143 Romano, S., op.cit.

zu dem Dilemma von Konfrontationen mit de USA kommen, wie es im Fall der Neustrukturierung des Weltsicherheitsrates sichtbar geworden ist.[144]

Diese Freigabe der italienischen Innenpolitik wurde den USA sicherlich leichter angesichts der Tatsache, daß der Fall der Mauer nicht nur zu einer radikalen Änderung der sicherheitspolitischen Verhältnisse sondern auch zu einer radikalen Veränderung des italienischen Parteiensystems geführt hatte. Entscheidend dabei war die endgültige Loslösung der PCI von Moskau und ihre Wandlung zu einer eher sozialdemokratischen Partei, obgleich der neue Name Partito democratico di Sinistra und das dafür stehende PdS den Wandel für deutsche Augen nicht auf den ersten Blick sichtbar macht. Die kommunistischen Restpartei (Prc) ist auf knapp 10 Prozent der Wählerschaft abgesunken. Insofern hat sich das Parteienbild in Italien der westeuropäischen Norm angeglichen. Der Änderungsprozeß war lange erwartet worden. Es bedurfte nur des Anstoßes des Zerfalls des Kommunismus im Osten, damit er vollzogen wurde.

Bei den Wahlen im Frühjahr 1996 wurde die PdS erstmalig knapp die stärkste Partei. Sie dominiert damit auch die Wahl- und Regierungskoalition des Ulivo, obgleich der Ministerpräsident Prodi -jedenfalls außenpolitisch- eher dem linken Flügel der alten DC, jetzt Ppi, zuzurechnen ist. Die PdS hat sich auch bei der Auswahl der von ihr zu besetzenden Ministerien nach außen sichtbar zurückgehalten. Sie hat sich auf die innenpolitischen Schlüsselministerien beschränkt: Innen-, Erziehungs-,Bildung- und Wissenschafts-, Kultus-, Transport-, Finanzministerium. Die nach außen gerichteten Ministerien von der Verteidigung bis zum Außenhandel sind von eher bürgerlichen Parteien besetzt, wobei von Anfang an feststand, daß im Falle eines Wahlsiegs der ehemalige Ministerpräsident Lamberto Dini, der seine Karriere in der Weltbank gemacht hat und als konservativer Bankier in den USA gute Verbindungen hat, das Außenministerium übernehmen würde. Insofern hat es ein deutliches und beruhigendes Signal an die USA gegeben.

Es muß betont werden, daß das Schutzverhältnis nicht von Italien aufgekündigt wurde. Wie eine Umfrage des LiMes-Pragma zeigt, sind die Vereinigten Staaten das einzige Land, von dem ein signifikanter Teil der Italiener bei einer Bedrohung von außen mit Hilfe rechnet.

Auf die Frage, „Wer verteidigt uns, wenn wir in Gefahr sind?" erfolgte die folgende eindeutige Antwort:[145]

USA	37.5 %	osteuropäische Länder	0.6 %
NATO	5.7 %	Internationale Organisationen	0.6 %
		andere amerikanische Länder	0.5 %
Europa	11.0 %	andere	1.8 %
Frankreich	6.9 %	alle	2.2 %
Deutschland	3.7 %	niemand	17.9 %
andere europäische Länder	4.7 %	keine Antwort	10.4 %

144 Ostellino, P.: „Mister Richardson, l'Italia non è nel Quarto Mondo", Corriere della Sera 24.7.1997
145 LiMes 4/96, S.10

Wenn man berücksichtigt, daß USA und NATO im Hinblick auf Sicherheit und Verteidigung Synonyme sind, dann zeigt das Umfrageergebnis sehr deutlich, daß die Italiener sich sowohl ihrer geopolitischen Lage als auch ihres bisherigen sicherheitspolitischen Systems bewußt sind. Das ist einer der Gründe dafür, warum sie mehr als alle anderen europäischen Länder ein weltpolitisches Disengagement der USA fürchten. Für sie hat sich das Zentrum der weltpolitischen Konflikte von Zentraleuropa zum Mittelmeer verlagert: Der Golfkrieg, Somalia, die israelisch-arabischen Schwierigkeiten, der Balkan sind die entsprechenden Orientierungsdaten. Diese Verlagerung der Frontlinie gilt für beide Seiten, nur tragen die Konflikte nicht mehr unbedingt den Charakter einer ideologisch unterlegten, globalen Auseinandersetzung.

Die aktuelle geostrategische Bedeutung Italiens wirkt insofern beruhigend, als damit der verteidigungspolitische Schutzschirm der USA bleibt, wenn auch der politische weggefallen ist. Italien leistet selbst einen entscheidenden Beitrag zu dem Schutz nicht dadurch, daß es wesentliches zu seiner eigenen Sicherheit beitragen könnte, aber dadurch, daß es mit den Stützpunkten für USA/NATO Voraussetzungen dafür schafft, daß andere nicht nur seine Sicherheit, sondern die der Südflanke der NATO garantieren.

Die Stützpunkte sind in geheimen Abkommen in den fünfziger Jahren zur Verfügung gestellt worden. Diese Abkommen wurden nie in Frage gestellt. Die innenpolitische Situation erlaubte es nicht. PCI und DC waren beide nicht daran interessiert, um nicht die Pandorabüchse einer außenpolitischen Diskussion zu öffnen, an der keinem in der jeweils aktuellen Situation gelegen war. Jetzt wird von italienischer Seite kein Gegenargument mehr gesehen, die Verträge nach fast fünfzig Jahren neu zu verhandeln.[146] Italien legt Wert darauf, daß seine Souveränität mehr geachtet wird. Dabei geht es mehr um die formale als um die inhaltliche Seite der Sache.

Italien fühlt sich heute freier in seinem privilegierten Verhältnis zu den USA, weil die Mitte-Links-Regierung von Romano Prodi sich als modernes -mehr oder weniger den europäischen sozialdemokratischen Parteien zuzurechnendes- Parteienbündnis sieht, das in dem amerikanischen Präsidenten Clinton und dem neuen britischen Ministerpräsidenten Blair auf seelenverwandte Politiker „democratico e di sinistra“ (demo- kratisch und links) zu treffen meint, mit parallelen politischen Ideen, so daß der Gleichklang der Gesinnung zum Gleichklang in der Außenpolitik führt. Nationale Interessen und politische Gleichgesinntheit sind jedoch durchaus zweierlei Dinge. Auf dem Balkan und im Mittelmeerraum haben die USA andere Sorgen als Italien. Es zeigt , wie groß die italienische Abhängigkeit noch immer ist, wenn die Außenpolitik weiter mit doppelten Zungen reden muß.

146 Veltroni, W.: „Vogliamo gli Stati Uniti d'Europa“, LiMes 4/96, S.28

Die Lateinische Schwester

„Politicamente e economicamente, per razza, per spirito, per abitudine, i nostri due popoli sono fatti per procedere affiancati. Quanto sangue italiano non scorre, attraverso una immigrazione che dura da lungo tempo, nelle vene del più francese dei francesi? Quanta coltura francese non costituisce il fondo della coltura moderna italiana?“[147] Enthusiastischer kann man das Verhältnis zwischen den beiden Völkern nicht darstellen. Darin drückt sich nicht nur der meridionale Hang zur Begeisterung aus, sondern durchaus die italienische Perspektive zum Nachbarstaat, mit dem ihn im Guten und im Bösen so viel verbindet.

Im Verhältnis von Italien und Frankreich trifft die Metapher von den 'lateinischen Schwestern' den Kern. Nur, es sind Stiefschwestern, und die eine ist sehr viel älter. Oft gibt es Streit zwischen ihnen. Vor allem über das 'Spielzeug ' können sie sich nicht einigen, und manchmal machen sie sich auch gegenseitig den Freund abspenstig. „Non si puo negare l'ammirazione reciproca ma anche le tensioni sono sempre esistite“[148] (Die gegenseitige Bewunderung ist nicht zu leugnen, aber es haben auch immer Spannungen bestanden).

Frankreich hat Italien nicht nur den ersten Hauch republikanischer Freiheit sondern auch die Ideen gebracht, die die konzeptionelle Grundlage des Risorgimento werden sollten. Die Ideen der französischen Revolution sind die Ideale des italienischen Nationalstaates geworden. Den entscheidenden Durchbruch im Kampf um seine Realisierung schafften französische Waffen. Die Rechnung dafür war bitter - schließlich mußte ein Teil des Stammlandes der Savoyer abgetreten werden -, aber die Bitterkeit wurde versüßt durch die endlich - nach so vielen vergeblichen Anläufen - gewonnene Freiheit und Einheit, obgleich sie dann wieder vergällt wurde, weil französische Truppen den Papst in seinem Reststaat schützten und so die Krone der Einheit - Rom - dem jungen Staat vorenthielten.

Es war jedoch nicht diese Verbeugung Napoleons III. vor der ihn tragenden katholischen Mehrheit allein, die Italien 1870 dazu veranlaßte, seinem Untergang und der Niederlage der ihm folgenden Republik tatenlos zuzusehen, wenn man davon absieht, daß die Garibaldiner ihm zu Hilfe eilten. Die jüngere Schwester konnte sich nicht damit abfinden, daß die ältere die Ideale ihrer gemeinsamen Jugend, die Ideale der französischen Revolution , verraten und sich einem Populisten in viel zu großen Kleidern an die Brust geworfen hatte. Frankreich war - und sollte es auch bleiben - das große Vorbild für eine Staatsform, in der sich Demokratie, Autonomie, Freiheit und Nation zu einer optimalen Symbiose zusammenfanden. Mit Ausnahme einer kurzen Zeitspanne in seiner Geschichte hat Italien das nie vergessen.

---

147 „Politisch und wirtschaftlich, von der Rasse, dem Geist und den Gewohnheiten her sind unsere beiden Völker dazu geschaffen, Seite an Seite vorzugehen. Wieviel italienisches Blut fließt nicht, als Folge sich über eine lange Zeit erstreckenden Einwanderung in den Venen der französischsten aller Franzosen? Wieviel von der französischen Kultur bildet nicht die Grundlage der modernen italienischen Kultur.“,F.Gualtierotti, zit. nach Korinman, M.: „Le idee del signor Gualtierotti“, in: LiMes 4/94, S.262

148 Äußerung des neuernannten Direktors der 'Accademia di Francia a Roma', B. Racine in einem Interview im Corriere della Sera am 27.9.1997

In dem Verhältnis zu einander kam das jedoch zunächst nicht zum Ausdruck. Italien verbrachte die ersten Jahre seiner nationalen Einheit in internationaler Zurückgezogenheit, während Frankreich die Wunden seiner Niederlage gegen Preußen/Deutschland pflegend, dem Rat Bismarcks folgte und eine Kompensation für Elsass-Lothringen in dem Erwerb überseeischer Besitzungen suchte. Nordafrika bot sich dafür geradezu an: Es lag geographisch benachbart, war in einem staatsrechtlich ambivalenten Zustand - nicht mehr türkisch, aber auch noch nicht richtig unabhängig -, die regionalen Herrscher hatten nur eine schmale Machtbasis und konnten darum durchaus Vorteile darin sehen, sich unter den Schutz einer europäischen Großmacht zu begeben.

In Tunesien stießen die Interessen Italiens und Frankreichs aufeinander. Der daraus entstehende Konflikt schwelte bis zum Ende des 2. Weltkrieges und belastete die italienisch-französischen Beziehungen. Aus italienischer Perspektive schnappte Frankreich ihm Tunis vor der Nase weg, obgleich es von alters her ein - zumindest moralisches - Anrecht meinte darauf zu haben. Schließlich war es nur durch den Kanal von Sizilien von Italien getrennt und darum auch ein bevorzugtes Ziel italienischer Auswanderer. Sie stellten bei weitem die Mehrheit unter den Europäern in Tunesien, als Frankreich dem Bey sein Protektorat aufzwang. Ihre Rechte waren durch einen internationalen Vertrag - ein Statut - gesichert, das anzuerkennen sich Frankreich seinerseits vertraglich verpflichtet hatte. Dennoch war es ihm ein Dorn im Auge, und es versuchte immer erneut, die sich daraus für die Italiener in Tunesien ergebenden Rechte einzuschränken. Erst mit dem Ende des 2. Weltkrieges endete der Kampf um das Statut Damit war ein dauernder Zankapfel zwischen den beiden Mittelmeermächten aus der Welt geschafft.

Im imperialistischen Wettlauf immer von Frankreich abgeblockt, tat Italien das nächstliegende und verschaffte sich durch ein Bündnis zusätzliche Stärke: Es schloß mit Deutschland und Österreich-Ungarn den Dreibund; ein Verteidigungsbündnis, das primär gegen Frankreich gerichtet war. Zunächst erwies sich der Dreibund für Italien in seiner Mittelmeerpolitik auch als nützlich. Frankreich mußte Maßnahmen zurücknehmen, die das Statut verletzten. Italien erwartete aber mehr: Es verlangte eine Kompensation für das ihm entgangene Tunis. Es erhob Anspruch auf Tripolitanien, der nicht einfach zu verwirklichen war, weil Tripolitanien noch unmittelbarer türkischer Besitz war. Italiens Bündnispartner hielten sich darum in der Frage sehr zurück, was zu einer wachsenden Enttäuschung in Italien führte.

Italien - vom Dreibund nicht unterstützt, immer wieder in seinen kolonialen Bestrebungen von Frankreich abgeblockt - ging auf französische vorsichtige Abwerbungsversuche ein, durch die es aus dem Dreibund herausgebrochen werden sollte. 1890 sagen sich Italien und Frankreich in einem geheimen Notenaustausch zu, daß Frankreich seine Interessensphäre nicht auf Tripolitanien ausdehnen wird, während Italien sich zur Unterstützung der französischen Politik in Marokko verpflichtet. Das ist zwar formal kein Verstoß gegen den Dreibund, aber der Notenwechsel scheute doch das Licht der Öffentlichkeit, wie die Geheimhaltung zeigt. In Deutschland scheint etwas durchgedrungen zu sein. Der Reichskanzler beruhigt den Reichstag mit der sprichwörtlich gewordenen Metapher, eine Ehefrau müsse auch einmal eine Walzerrunde mit einem anderen Kavalier tanzen dürfen. Grundsätzlich bestehe Übereinstimmung darüber, daß der Dreibund defensiv sei und darum der Entwicklung freundschaftlicher Beziehungen zu anderen Staaten nicht im Wege stehe.

Nur zwei Jahre nach dem Notenwechsel gestalteten sich die freundschaftlichen Beziehungen zwischen Frankreich und Italien so eng, daß die italienische Regierung die Unterstützung der 'lateinischen Schwester' im Verteidigungsfall und auch im Fall einer offensiven Antwort auf eine Provokation zusagt. Das ist nun gewiß ein Widerspruch zum Dreibund, der nicht aufhebbar ist, es sei denn, man will die deutsche -die Italiener immer wieder vor den Kopf stoßende- Außenpolitik als Rechtfertigung gelten lassen.

Nach der englisch-französischen Annäherung wird die Umorientierung der italienischen Politik sehr deutlich: Die Irredentenfrage gewinnt wieder an Gewicht und die in diesem Kontext ein Zeichen setzende Verlagerung des Schwergewichtes der Stationierung der Streitkräfte von West nach Ost führt zwar zu Rückfragen der Bündnispartner, die aber ohne Folgen bleiben. Vor aller Welt sichtbar wird die Umorientierung Italiens auf der Konferenz von Algeciras, als es für die französische Position stimmte und damit nicht nur die isolierte Stellung Deutschlands offenkundig machte, sondern auch dazu beitrug, der deutschen Außenpolitik eine schwere Niederlage zuzufügen.

Der erste Weltkrieg sah die 'Schwestern' wieder Seite an Seite. Der Frieden von Versailles hinwiederum trennte sie: die eine gewann den großen Siegespreis, die andere gewann viel, aber nicht alles, was sie erwartet hatte. Die eine fühlte sich danach als Garant des Friedens, die andere stellte ihn -wie die Verlierer- in Frage. Italien betrieb eine 'revisionistische Politik, die auf den Widerstand Frankreichs stoßen und es kurz über lang auf die Seite der Verlierer führen mußte. Die antifranzösische Politik beruhte zunächst darauf, daß Mussolini persönlich den Franzosen ihre Haltung beim Zustandekommen Jugoslawiens und der Tschechoslowakei übel nahm.

Italien fühlte sich auf dem Balkan um den Preis des Sieges geprellt. Dort strebte seine Politik nach Revision der Grenzen. Frankreich aber hatte gerade auf dem Balkan mit der 'Kleinen Entente' - wenn auch gegen Deutschland gerichtet - die Grenzen festgeschrieben. In der 'Revision von Versailles' fanden sich Faschismus und Nationalsozialismus, Mussolini und Hitler. Zum ersten Mal seit der Geburt der jüngeren Schwester wurden die Familienbande an einer entscheidenden Stelle durchschnitten.

Das betraf nicht nur die Regierenden. Ciano berichtet, daß die ursprünglich unpopuläre deutsch-italienische Achse sehr schnell an Popularität gewann, wegen der Franzosen „con la loro politica da insulti grossolana e di malcelato disprezzo" (mit ihrer Politik schwerer Beleidigungen und unverhohlener Verachtung).[149]

Hatte Italien bisher in Frankreich die Mutter der westlichen freiheitlichen, nationalstaatlichen Demokratie gesehen und manchmal mit ihm gehadert, weil es selbst den eigenen Idealen nicht immer folgte, so tat sich nun ein breiter Graben auf. Die Demokratie war nicht mehr Ideal sondern wurde als Plutokratie verteufelt: eine durch die eigene Schwäche zum Untergang verurteilte Form der Zivilisation. Als dann 1940 in allen lateinischen Ländern die demokratische Regierungsform zu Fall gebracht worden war, dachte Mussolini wieder an die Familienbande, d.h. an einen lateinischen Block, um ein Gegengewicht gegen das deutsche Übergewicht zu schaffen.

Frankreich nahm Italien den Dolchstoß von 1940 weniger übel als Großbritannien. Mißverständnisse -wie der Versuch in Aosta- wurden schnell überwunden. Zwischen Frankreich und Italien entwickelte sich schnell ein freundschaftliches Verhältnis, das 1948 sogar zu einer Zollunion führte. Während sicherheitspolitisch die britische Mittel-

149 Ciano, G.: op.cit., S.171 ff.

meerflotte noch vorwiegend darauf gerichtet war, Italien unter Kontrolle zu halten, hielt Frankreich seinen politischen Schutzschild über Italien. Es lag in seinem nationalen Interesse, dem atlantischen Block einen den Mittelmeerraum nicht ausschließenden Kontinentalblock entgegenzusetzen. Damit mußte es jedoch in ein unlösbares Dilemma kommen, in dem Moment, in dem de Gaulle die vierte Republik Geschichte werden ließ. Der Seiltanz zwischen den USA und Frankreich mußte für ein Land in der geopolitischen Lage Italiens zu einem Absturz führen.

Es war jedoch nicht nur de Gaulles Anti-Atlantik-Haltung, der das geschwisterliche Verhältnis stören sollte. Italien hatte nach dem 2.Weltkrieg wieder zur westlichen politischen Kultur gefunden. Frankreich war das große Vorbild der institutionellen Neuerrichtung der italienischen Republik gewesen. Die neue italienische Verfassung hatte, -nicht nur den eigenen Erfahrungen sondern auch dem Vorbild der 4. Republik folgend-, dem Parlament, der Legislative das entscheidende Gewicht bei der Ausgestaltung der Staatsmacht gegeben. Die Exekutive war ausdrücklich schwach gehalten, ein Präsidialsystem darum auch nicht in Betracht gezogen worden. Nun hatte Frankreich genau dieses aber für notwendig gehalten. Wie einst Mazzini Frankreich den Sündenfall des Imperiums Napoleons III. übelgenommen hatte, so schlug die Stimmung in Italien nun wieder um. Aus dem Vorbild wurde ein Schreckbild.

Außenpolitisch hatte Italien keine Wahl. Es konnte sich nicht gegen Amerika und für Frankreich entscheiden, das ihm konkret außer Worten nicht zu bieten hatte, da ihm eben mehr an seiner Vorrangstellung als an einer europäischen Politik gelegen war. Die beiden Schwestern lebten sich auseinander, obgleich sie sich durch die gemeinsame Mitgliedschaft in vielen Organisationen immer häufiger sahen. Gemeinsam blieb die mediterrane Kultur und die Überzeugung, daß Italien ein unersetzbarer Teil von Europa ist. Diese Überzeugung ging in die italienische Politik ein.

Frankreich fand in dem engen Bund mit Deutschland die Basis für seine Außenpolitik, der sich aus den Anfängen des Einvernehmens Adenauer - de Gaulle entwickelte. Italien kompensierte das mit seinem „rapporto speciale“ mit den USA. Daran haben auch die Jahre nichts geändert als mit Mitterand, Craxi und Gonzales Sozialisten die Regierungen in den Mittelmeerländern führten. Der Traum von dem „Mediterraneo Socialista“ hat sich vor der Realität der nationalen Interessen nie materialisieren können.

Nachdem die italienische Republik aus der amerikanischen Klientel entlassen wurde, wäre theoretisch ein erneutes Aufeinanderzugehen als Grundlinie der Außenpolitik durchaus möglich gewesen. Der Vorschlag wurde zwar öffentlich diskutiert[150], ohne daß jedoch Konsequenzen in der praktischen Politik gezogen wurden. Die Bindungen zwischen Frankreich und der Bundesrepublik sind inzwischen so eng geworden, daß ein dritter Partner kaum Platz in dem Bund hat. Für Italien hat der immer engere Zusammenschluß der beiden Staaten durchaus zwei Seiten: Man fürchtet den qualitativen Sprung zu einer Fusion der beiden Staaten, die Italien endgültig an die Peripherie Europas drücken würde[151], sieht aber durchaus auch die Gefahr, daß ein Deutschland ohne die Bindung an Frankreich auf den Weg nach ‘Mitteleuropa’ getrieben werden könnte.

Italien versuchte darum sowohl mit Frankreich als auch Deutschland -oder wenigstens einem von beiden Ländern- neue „rapporti speciali“ aufzubauen, um nicht aus

---

150 Romano, S.: „Francia e Italia, la possibilità di un’intesa“, Il Mulino XLIV/1995, Europa, S. 62 -67

151 s. LiMes 2/95: “Francia - Germania, l’Europa a due“, insbesondere Tatò, F.: „Framania non vuole l’Italia“, S. 111 ff.

Kerneuropa ausgeschlossen zu werden, wie etwa das Schäuble/Lammers-Papier es vorsieht. Trotz der nahen Verwandtschaft beider Völker findet Italien jedoch schwer Zugang zu Frankreich. Für die 5. Republik spiegeln sich im inneren Zustand Italiens die Sünden und Fehler der eigenen überwundenen Vergangenheit. Man findet keinen Zugang mehr zu dieser Art von Politik, man sieht nur die Folgen: Schulden, Mißwirtschaft, mangelndes Durchsetzungsvermögen des Staates, politische Instabilität. Das ist kein verlässlicher Partner. Die nationalen Interessen stoßen aufeinander, so etwa bei dem Kernstück des europäischen Einigungsprozesses, der gemeinsamen Landwirtschaftspolitik. Das gemeinsame mediterrane Erbe ist interessant nur noch in Bezug auf eine gemeinsame europäische Politik im Mittelmeer mit Schwerpunkt auf dem Nahostproblem und der Bekämpfung der illegalen nordafrikanischen Zuwanderung.

Italien dagegen hat in seiner Außenpolitik in den letzten Jahren wenig Rücksicht auf Frankreich genommen, und Frankreich hat seinerseits ungewöhnlich heftig reagiert. Als der Verfall der italienischen Lira, der zum Austritt Italiens aus der EWS führte, die französische Wirtschaft in Mitleidenschaft zog, hat sich Präsident Chirac sehr laut zum Fürsprecher der wirtschaftlichen Interessen seines Landes gemacht. Als es um die Zusammensetzung der „Kontaktgruppe“ ging, gab es keinen Schutzengel, der Italien half, den französischen Einspruch zu überwinden. Zu einem internationalen Spektakel weitet sich dann das italienische UN-Abstimmungsverhalten hinsichtlich der französischen Nucleartests aus, das eine stillschweigende Verurteilung Frankreichs implizierte.

Dabei hat das franzöische politische System wieder Vorbildcharakter erhalten. Die italienische 1.Republik erleidet das Schicksal der französischen 4.Republik. Sie ist obsolet geworden, weil das Übergewicht der Legislative die Demokratie handlungsunfähig gemacht hat. Bei der Diskussion um eine neue Struktur des Staates hat der „semipresidenzialismo francese“ einen hohen Stellenwert. Er ist zumindest kein Schreckbild mehr.

Andererseits hat sich Frankreich mehr und mehr von dem Mittelmeerraum abgewandt. Seine Latinität beschränkt sich auf die Kultur. Wenn das auch eine politische Dimension hat, so ist es eher die weiche Seite der Politik. Wo es um die Politik als Ausgleich von Interessen geht, ist wenig Harmonie zu sehen. Die Auseinandersetzung um den Verfall des italienischen Wechselkurses, den Frankreich als Kampfmaßnahme gegen seine Wirtschaft interpretierte, hat sich durch die Rückkehr Italiens in die EWS von allein erledigt, jedoch schwelt der Konflikt unter der Oberfläche weiter. Italien selbst facht das Feuer von Zeit zu Zeit an, indem es für den Fall eines Ausschlusses aus der EWU mit währungspolitischen Kampfmaßnahmen droht. Die Stabilität der italienischen Lire ist nicht so gesichert, wie es die Regierung Prodi verkündet. Turbulenzen auf dem internationalen Währungsmarkt oder Probleme bei der Einführung des EURO können sie jederzeit wieder zum Taumeln bringen.

Die eigentliche Gefahr ist jedoch ‘Framania’, das immer engere Zusammenwachsen von Deutschland und Frankreich, das am Ende zur Institutionalisierung einer gemeinsamen Politik führt, welche nicht nur Europa hegemonialisierte, sondern Italien sichtbar auf den Rang einer kleinen Macht herabdrückte.Für die italienische Politik gilt, daß sie alle Gelegenheiten wahrnehmen wird, um Meinungsverschiedenheiten zwischen den beiden Partnern für seine eigene Politik auszunutzen und zu verstärken.

Es ist dabei jedoch in einem Dilemma, wie es sich am deutlichsten am Beispiel des EURO zeigt, wo es gegen die technisch bestimmte Kaltherzigkeit der Deutschen auf die politisch bestimmte Flexibilität der Franzosen setzt. Italien kann sich an den Gedanken einer -wie die Bundesbank- politisch unabhängigen, der Stabilität verpflichteten europäischen Zentralbank nicht gewöhnen. Es meint in dieser Hinsicht einen Verbündeten in Frankreich gefunden zu haben, dessen Regierung der Politik Vorrang vor der Stabilität gibt. Italien geht es aber eben nicht um einen europäischen Wettkampf gegen Amerika. Das kann es sich gar nicht leisten. Es geht ihm um den Vorrang des Politischen vor dem Technischen, ergo dem Sachlichen, in diesem Falle der Geldwertstabilität. Aber auch dieses Ziel kann es nicht zu offen verfolgen, um Deutschland nicht auf die Alternative 'Mitteleuropa' zu verweisen.

Natürlich gehören auch Spanien und Portugal zu den lateinischen Schwestern. Sie sind für die italienische Außenpolitik jedoch weiter entfernt. Das Verhältnis zu den iberischen Ländern ist belastet durch die gemeinsame faschistische Vergangenheit. In dem modernen Spanien der Nach-Franco-Zeit, dem Neukommer in der EU sieht Italien vor allem den Rivalen in der Position des Mittelsmannes im Mittelmeerraum. Es befürchtet, daß Spanien Italien den Rang streitig machen und damit in der EU „contare di piu", mehr zählen könnte, als das 'Belpaese'.

In der 'lateinischen Kultur' werden Konflikte weniger offenbar als im restlichen Europa, weil sie dort -trotz aller Härte im Einzelfall- innerhalb der Familie ausgetragen werden. Als Frau Agnelli auf dem Höhepunkt des lautstark vor den Ohren Europas ausgetragenen Streites, der vom italienischen Abstimmungsverhalten zu Mururoa ausgelöst worden war, auf einer Konferenz in Bonn, ihren französischen Kollegen de Charette trifft, küßt dieser sie -"wie in der Familie üblich"- auf beide Wangen. Daraus schließt die italienische Außenministerin, daß es nun keine Friktionen mehr zwischen den beiden Ländern gäbe.[152] Das Verhältnis der beiden Länder behält aus italienischer Sicht immer etwas familiäres. Darum kann man von einem Tag zum anderen den Zwist der Vergangenheit und alle Sachbedingungen, die dagegen stehen, vergessen. Darum arbeitet Italien daran, sich Frankreich als Verstärkungsgewicht gegen den deutschen Block anzubieten, mit der Erwartung, daß die lateinische Schwester ihm schon 1999 den Eintritt in die EWU sichert. In der Freude über die wiedergewonnene Familieneinheit vergißt Italien allerdings, daß es den verlangten Preis nicht zahlen kann: die Unterstützung des französischen Anliegens, die Kommandostruktur im Mittelmeer zugunsten Frankreichs zu verändern[153], und daß es sich der französischen Politik immer dann widersetzen wird, wenn sie Italien nicht als gleichberechtigt behandelt.

---

152 Zitat aus 'La Repubblica vom 19.12.1996: „Mi ha baciato su tutte e due guance per dimonstrare che non ci sono frizioni tra l'Italia e la Francia."

153 s.z.B.Guatelli, A.: „Prodi-Chirac, filo rosso su moneta e NATO", Corriere della Sera, 12.2.1996

Deutschland und 'le colonne corazzate' der Bundesbank

Selten wird man einem so gespaltenen Verhältnis von Völkern zueinander begegnen wie dem Verhältnis von Italienern und Deutschen, in dem aus historischen Erfahrungen Vorurteile geworden sind.

Kürzlich wurde in einer bekannten Fernsehsendung[154] ein italienischer Bauarbeiter auf dem Alexanderplatz interviewt. Nach langen Jahren in Paris arbeitet er nun in Berlin . Gefragt, warum anders als in Paris seine Frau nicht mit nach Berlin gekommen sei, antwortete er etwas gequält: „Paura di nazismo; gente malvestiti" (Angst vor Nazis; schlecht angezogene Leute). Die Reaktion läßt sowohl einen politischen als auch einen kulturellen Choc vermuten.

Für die Italiener bleiben die Deutschen die Teutonen, die Eroberer aus dem Norden. So weit die Italiener zurückdenken können, haben die Deutschen versucht, das Land zu erobern. Wenn man heute davon überzeugt ist, daß das neue Deutschland eine in den Westen fest eingebundene Demokratie ist, von der keine Eroberungskriege mehr zu befürchten sind, so ist doch die Wirtschaftskraft des neuen Deutschlands gefährlich. Sie hat Deutschland - nur verdeckt durch die Gemeinschaft mit Frankreich - in den Rang einer Hegemonialmacht erhoben. Sicher, Italien weiß die Tatsache zu schätzen, daß die Nachbarn aus dem Norden sich so intensiv mit der italienischen Kultur beschäftigen und zu deren Kennern gehören, aber das hat sie nicht gehindert, immer wieder zu versuchen, Italien ihrem Willen gefügig zu machen. In einem kürzlich erschienenen Buch zu dem Thema, hat Federico Rampini die Gefühle seiner Landsleute auf eine kurze Formel gebracht: „Germanizzazione è una parola che fa paura" (Germanisierung ist ein Wort, das Angst macht).[155]

Das Verhältnis wird sehr genau in einer Sprichwort gewordenen 'battuta' beschrieben, wenn es heißt: „I tedeschi amano gli italiani ma non si fidano e gli italiani si fidano dei tedeschi ma non li amano" (Die Deutschen lieben die Italiener, aber sie trauen ihnen nicht, die Italiener trauen den Deutschen, aber sie lieben sie nicht.)

In der praktischen Politik bedeutet das: „Sechs Jahrhunderte Literatur, beginnend mit der Beschäftigung mit Petrarca, zählen, aber die gefülsmäßigen Vorbehalte des Risorgimento und des ersten Weltkriegs zählen mehr",[156] wie Luigi Federzoni es ausgedrückt hat. Ciano hat härter reagiert. Als es ihm gelungen war, die Abberufung des Botschafters von Hassel in Berlin durchzusetzen, lautet sein abschließendes Urteil; „Poi von Hassel conosceva troppo bene Dante. Diffido degli stranieri che conoscono Dante. Ci vogliono fregare con poesia."[157] (Und dann kannte von Hassel Dante zu gut. Ich mißtraue Ausländern, die Dante kennen. Sie wollen uns mit der Poesie reinlegen).

---

154 Italia 1, Moby Dick, 30.01.1997

155 Rampini, F.: „Germanizzazione", Milano 1996, S. 2

156 Federzoni, L.: „Italia di ieri per la storia di domani", Milano 1967, S. 211. Federzoni war Nationalist und nicht eigentlich Faschist; er bekleidete unter Mussolini hohe Ämter, u.a. war er Innenminister. Er gehörte zu der Gruppe von Mitgliedern des 'Gran Consiglio', die 1943 für den Antrag Grandi stimmten, dessen Annahme zum Sturz Mussolinis führte.

157 Ciano, G., op.cit., S.121

Trotz aller dieser Vorbehalte wird es in Italien nicht für abwegig gehalten, daß Deutschland die USA als Schirmherr Italiens ersetzt. Die Italiener würden diesen Tausch durchaus akzeptieren, obgleich ihnen die deutsche Effizienz und die deutsche Art des politischen Handelns, eben die deutsche politische Kultur, so fremd sind, wie uns Europäern allgemein die amerikanische Kultur. Italien und Deutschland sind einander fremd, ohne es zu merken und ohne sich dessen bewußt zu werden.

Dennoch, die Bundesrepublik ist in vielerlei Hinsicht richtungweisend geworden. Statt nach Washington führt die erste Auslandreise neugewählter italienischer Regierungschefs nach Bonn. Ratschläge des Bundeskanzlers zur Innenpolitik werden aufmerksam zur Kenntnis genommen und verwendet und nicht mehr - wie bis vor kurzem - empört als Einmischung in die inneren Verhältnisse zurückgewiesen.Wenn der deutsche Finanzminister seinen Zweifel daran anmeldet, daß Italien rechtzeitig die Kriterien von Maastricht erfüllen kann, fällt die Lira ins Bodenlose und wenn bei einer internationalen Tagung deutsche Professoren Bedenken äußern, daß die Stabilität des EURO gesichert werden kann, wenn Italien von Anfang an dabei ist, gehen die Wellen in Italien so hoch, daß der Bundeskanzler selbst sie glätten muß.

Da hat es die Wirkung eines politischen Katechismus, wenn der Bundeskanzler am Tage vor dem Gipfeltreffen mit Prodi im Februar 1997 einen langen Artikel in La Repubblica veröffentlicht, in dem er die Bedeutung Italiens für Europa ausgiebig würdigt und versichert, daß es keine finstere Verschwörung gäbe, um das Land zunächst einmal aus der EWU heraus zu halten. Das stärkte innenpolitisch der Koalitionsregierung l'Ulivo den Rücken.

Außenpolitisch dagegen muß die Regierung den deutschen Wünschen schon Rechnung tragen. Diese Wünsche werden leicht zum Druck, der schwer auszuhalten ist, denn die dahinterstehende wirtschaftliche Macht gibt ihm ein besonderes Gewicht. Als nach der Auflösung Jugoslawiens, Italien von Slowenien Wiedergutmachung an den vertriebenen Istriern forderte, befürchtete die Bundesrepublik, daß damit die Begehrlichkeit der deutschen Vertriebenen geweckt werden könnte und mischte sich ein.[158] Italien schraubte in der Tat daraufhin seine Forderungen zurück.

Vor allem aber wirbt Italien um 'Amicizia', was viel mehr ist, als das deutsche Wort 'Freundschaft' ausdrückt, mit dem man es übersetzen muß. Der Kreis der Amici legt sich weit um die Familie, und die Bande zwischen 'Amici' sind so eng wie Familienbande. Konstitutiv für die Amicizia ist die Tatsache, daß die Beteiligten einander helfen und einander -wenn nötig- einen Gefallen tun und immer für einander da sind. Der ehemalige Außenminister Gianni de Michelis berichtete kürzlich, daß Italien in den Verhandlungen mit der EU Deutschland entscheidende Hilfe geleistet hat, als auf dem Gipfeltreffen in Paris im November 1989 Andreotti -die Bedenken Mitterands und Frau Thatchers nicht zur Kenntnis nehmend- Kohl mit einer typisch italienischen Formel half das 'impasse' zu überwinden. Auf Vorschlag Andreottis einigte man sich darauf, daß Europa die Einigung Deutschlands beglückwünscht und unterstützen wird. So endete der Gipfel mit einer ausdrücklichen Anerkennung der deutschen Bemühungen um Wiedervereinigung.[159] In italienischen Augen war das ein Freundschaftsdienst, der den Freund zu Gegenleistungen verpflichtet, denn Freundschaft bezeichnet eine Gemein-

---

158 Sema, A.: „Questione istriana o istrische Angelegenheiten", LiMes 4/94, S. 245 ff.
159 De Michelis, G.: „La vera storia di Maastricht", LiMes 3/96, S.137 ff.

schaft, der man verpflichtet ist und von der man Hilfe erwarten kann. De Michelis hat diese Freundschaft schon eingefordert, als er die Idee ventilierte, ob Italien nicht am Tisch der '4+2' Platz nehmen könne. Die Forderung war so außerhalb der machtpolitischen Realität, daß das 'Belpaese' es nicht übelnahm, als Außenminister Genscher nicht mitspielte. Heute jedoch wird im Falle der EWU der Freundesdienst eingefordert.

Auf der deutschen Seite hingegen hat sich die Italienperspektive nach dem Krieg radikal geändert. Der Kreis derjenigen, die das Land der Sonne mit der Seele suchten, war auf das Bildungsbürgertum beschränkt und relativ klein gewesen. Nun suchen die Deutschen in Massen nur noch die Sonne. Sie sehen zwar nicht viel vom Land, aber was sie sehen und erfahren, entspricht allen ihren Vorurteilen: Unordnung, eine nicht durchschaubare Bürokratie, Inflation und Verantwortungslosigkeit, mit einem Wort: mangelnde Stabilität. Der Eindruck bestätigt alles, was man sowieso schon zu wissen meinte: Auf die Italiener kann man sich nicht verlassen. Man hat es ja sowohl im 1. wie im 2. Weltkrieg erfahren.

Man könnte über die beiden stereotypen Sichtweisen lächeln, wenn sie nicht einen erheblichen Einfluß auf die Außenpolitik hätten. Dabei muß jedoch scharf unterschieden werden. Während das deutsche populäre Italienbild weitgehend von den Erfahrungen auf dem 'Teutonengrill' bestimmt ist, liegen dem italienischen Deutschlandbild jahrhundertelange historische Erfahrungen zugrunde. Sie laufen zusammen im Bild des übermächtigen Eroberers.. Italienische Heere haben noch niemals Deutschland mit Krieg überzogen und versucht, es ihrer Herrschaft einzuverleiben, wie vor kurzem noch die Deutschen. Schließlich war der Mussolini der Republik von Salò nichts weiter als ein Satrap Hitlers. So feierten die Italiener denn auch den Sturz Mussolinis als „la restituzione dell'Italia agli italiani“[160] (Die Rückgabe Italiens an die Italiener).

In der Zeit nach der Einigung Italiens war der Staat lange Zeit mit Deutschland vertraglich verbunden. Aber weder der Dreibund noch der Stahlpakt waren aus italienischer Sicht unproblematisch. Sie gaben ihm keinen Platz an der Galatafel. Es mußte sich mit den übriggebliebenen Brocken zufrieden geben. Was Mussolini im Hinblick auf die Westmächte sagte, galt auch für das Verhältnis zu Deutschland: Italien will gleichberechtigt mit am Tisch sitzen und nicht wie ein Dienstbote behandelt werden. Um den Dreibund zu schließen, hatte Italien die Befreiung der noch unter fremder Herrschaft 'schmachtenden', unerlösten Brüder zurückstellen müssen.

Der Stahlpakt fesselte Italien so fest an Deutschland, daß es ohne Fluchtweg in dessen gefährliche Politik, die - unvermeidbar und gewollt - zum Kriege führen mußte, verwickelt wurde. Italien wollte den 'großen Krieg' nicht. Der Stahlpakt, das italienisch-deutsche Bündnis, das die Partner sehr viel enger band, als es der Dreibund je getan hatte, war auf deutsches Drängen hin zustande gekommen, und erst ein Machtwort Mussolinis hatte die italienische Unterschrift erzwungen. Das geschah zu einem Zeitpunkt, als man schon wußte, daß Hitler unter allen Umständen den Krieg wollte. Je mehr sich dieser Wille realisierte, um so mehr schwenkte ein signifikanter Teil der faschistischen Führungsschicht auf eine antideutsche Haltung ein. Zwar wurde der Anschluß Österreichs geschluckt, weil Hitler ihn mit dem Verzicht auf Südtirol versüßt hatte, aber es blieb ein bitterer Geschmack zurück. Durch die außenpolitischen Erfolge Deutschlands fühlte man sich in den Schatten gestellt. Wenn Mussolini sich für den Kriegseintritt ent-

---

160 Bonomi, I.: „Diario di un anno“, Milano 1947, S.6

schied, dann nicht nur, weil er sich an der Beute beteiligen wollte. Er konnte nicht anders. Sein Selbstverständnis war geprägt von der Theatralik militärischer Schaustellungen und den Erfolgen in Afrika, Albanien und Spanien. Der Caesarismus der faschistischen Diktatur ließ ihm keine Wahl.

Die Erinnerung an den 2. Weltkrieg ist in Italien noch sehr wach. Und sie wird wach gehalten, da immer wieder Prozesse oder Gedenktage das fürchterliche Geschehen jener Tage in das Gedächtnis zurückrufen. Vor allem aber ist aus dem Widerstand gegen die Deutschen, der Resistenza, die italienische Republik geboren.Die Definition des Selbstverständnisses des Staates enthält eine antideutsche Komponente.

Natürlich weiß man, daß 'die Deutschen' heute keine Eroberungspläne mehr haben. Piero Ottone hat im L'Espresso das neue Deutschland sehr plastisch beschrieben: Es will nicht mehr die Welt erobern, sondern gute Geschäfte machen, so daß es gut leben kann; es mangelt ihm an Charme und es geht mit erhobenem Zeigefinger durch die Welt, aber Hegemonie ist kein Thema für es. Deutschlands historische Erfahrungen haben es unabänderlich zu einem Teil des Westens gemacht.[161]

Deutschland und Italien waren die beiden Verlierer des 2. Weltkrieges. Sie sind jedoch seit langem wieder fest in die internationale Gemeinschaft eingebunden und nehmen dort einen geachteten Platz ein. Beide sind Gründungsmitglieder der EU; das Dreieck Adenauer-deGasperi-Schumann war der Motor für den Zusammenschluß Kerneuropas. Ihre Sicherheitspolitik war für Jahrzehnte von Entscheidungen der NATO abhängig. Nach außen sieht es nun so aus, als ob endlich einmal das Verhältnis beider Staaten unproblematisch geworden sei.

Untergründig jedoch ist die Angst vor dem Riesen aus dem Norden nicht vergangen. Der wirtschaftliche Aufschwung der Bundesrepublik und das daraus folgende politische Gewicht erwecken Angst vor einem erneuten Streben der Deutschen nach Hegemonie. Zunächst beruhigte man sich damit, daß der wirtschaftliche Gigant ein politischer Zwerg sei. Die Metapher ist in Italien so gängig wie in Deutschland. Die Wiedervereinigung hat diese Gelassenheit weggefegt. Alle Alpträume einer deutschen Hegemonie in Europa sind wieder da, ob in alter -Mitteleuropa- oder in neuer -Framania- Form, bleibt sich gleich. Der Verdacht, Deutschland falle in 'Zentralmachtallüren' zurück -um einen von H.U. Borkenhagen geprägten Begriff zu benutzen-, ist in Italien latent vorhanden.

Der erste Bruch, in dem sich deutsche und italienische Vorstellungen über die künftige Europapolitik konzeptionell trennten, war der Vorschlag des Schäuble/Lammers Papiers, ein „Europa der zwei Geschwindigkeiten" zu schaffen. Italien sah nur, daß es aus Kerneuropa verbannt werden sollte, um - wie es annahm - im Mittelmeerraum marginalisiert zu werden. Wenngleich sich die Erkenntnis durchgesetzt hat, daß aus deutscher Sicht der Vorschlag von Kerneuropa der Versuch der Versöhnung von Ost- und Europapolitik war, wird der Vorschlag weiter überwiegend als Ausdruck deutscher Hegemonialbestrebungen bewertet.

Vom Schäuble/Lammers-Papier führt ein direkter Weg zu der Auseinandersetzung darüber, ob Italien von Anfang an Mitglied der EWU werden kann bzw. soll. Dabei wird der deutschen Außenpolitik eine Dichotomie unterstellt. Auf der einen Seite befindet sich die Regierung und der Bundeskanzler, die politisch entscheiden, d.h. nach italienischem Gebrauch des Wortes politisch, mit denen man reden kann und die mit sich

161 Ottone, P.: "Niente paura, sono buoni come gli svizzeri", L'Espresso 8.10.1995

reden lassen. Und demgegenüber steht die Bundesbank - das Kürzel Buba gehört inzwischen zur italienischen Umgangssprache -, eine von der Politik weitgehend unabhängige Institution. Aus italienischer Perspektive: Von Technokraten beherrscht, mit denen nicht zu reden ist, unabhängig in einem Maße, das den 'Primat der Politik' in Frage stellt, so daß sie der EWU die Bedingungen diktieren kann und finanzpolitische statt politischer Überlegungen die Entscheidungen konditionieren. Der Feind im Visier der italienischen Politik ist die Bundesbank und nicht die Bundesregierung.

Der Bundeskanzler genießt in Italien ein Ansehen, das in Deutschland kaum vorstellbar ist. Er ist „l'uomo più potente d'Europa". Er gilt als einziger europäischer Staatsmann von Rang, der eine Vision hat und nicht im Tagespolitischen sich erschöpft. Er wird bewundert als Schöpfer des neuen vereinigten Deutschland, dessen persönlicher staatsmännischer Kunst es gelang, die Russen davon zu überzeugen, daß es für sie vorteilhaft sei, die DDR freizugeben. Er hat die Einbindung Deutschlands in den Westen weiter betrieben, und er will nach der Einheit Deutschlands auch die Einheit Europas so weit vorantreiben, daß die gemeinsamen Institutionen unaufhaltsam auf einen Staatenbund hinführen, um so zu verhindern, daß Deutschland anfängt, von Mitteleuropa zu träumen. Zu Kohl haben die Italiener Vertrauen. Wenn er von Kerneuropa spricht, dann ist sicher, daß er an das karolingische Europa denkt und dann ist sicher, daß Italien dazu gehört.

Das Bestreben des Politikers Kohl, Deutschland mittels des EURO unlöslich in den Westen einzubinden, wird anerkannt. Er wird bewundert als Schöpfer der deutschen Einheit, dem zugetraut wird, die Einheit Europas zu vollenden, wenn auch inzwischen das Zunehmen der innenpolitischen Krise in Deutschland Besorgnis erregt. Dabei werden die deutschen Europaskeptiker mit den Deutschen gleichgesetzt, die den EURO nicht wollen, weil eine Währung, an der Italien beteiligt ist, nicht über die Härte der Mark verfügen kann.

So wird mittelbar - ohne die Dinge beim Namen zu nennen - wieder zwischen guten und bösen Deutschen unterschieden. Dann stimmt auch die grundsätzliche Lebenseinstellung wieder: Wenn ein so für Europa essentielles Land wie Italien, obgleich es solche Anstrengungen macht, um die formalen Voraussetzungen zu erfüllen, aus dem Kreis des Kerneuropas ausgeschlossen werden soll, dann kann dahinter nur ein Komplott der 'potere oscuri' stecken. So kann der italienische Verteidigungsminister Andreatta, ein Wirtschaftswissenschaftler, unmittelbar nach dem deutsch-italienischen Gipfel im Februar 1997 die Bundesbank und die mit ihr verbundenen europäischen Zentralbanken - in diesem Zusammenhang ganz folgerichtig - der Kurstreiberei bezichtigen.

Nun wird man sich in Deutschland fragen, warum Italien dagegen sein sollte, daß der EURO so stabil wie die Mark ist; vor allem, da es einen erklärten politischen Willen gibt, ihn zu einer dem Dollar ebenbürtigen Leitwährung zu machen. Zum einen fürchtet Italien, daß es zwar die meisten Parameter von Maastricht gerade noch oder fast erreichen können werde, daß jedoch die strukturelle Instabilität des Landes als potentielle Gefahr für die Stabilität des EURO beurteilt wird. Aus technokratischer Sicht ist Italien ein Risiko. Zum anderen aber ist in Italien die Stabilität der Lira immer in ihrer politischen Priorität als veränderbar gesehen worden. Die historische Erfahrung einer Vermögen verzehrenden Inflation fehlt, da über eine lange Zeit Löhne und Gehälter indexiert waren und die Vermögen durch hohe Habenzinsen der Staatsanleihen geschützt waren. Die Inflation wirkte nicht erschreckend, im Gegenteil: Die 'weiche' Lira hat es Italien erlaubt, lange Zeit über seine Verhältnisse zu leben, ohne daß damit negative Folgen für den einzelnen Bürger verbunden gewesen wären.

Da die unmittelbare Zugehörigkeit zur EWU zum nationalen Interesse mit so hoher Priorität geworden ist, daß Romano Prodi sein politisches Schicksal damit verbunden hat, müssen finanzpolitische Erwägungen hinter allgemeinpolitischen zurückstehen. Der italienischen Bevölkerung sind mit einer Eurosteuer Opfer für dieses Ziel abverlangt worden, mit dem Versprechen, damit schaffe Italien es auch und müsse nicht in die zweite Reihe zurücktreten. Wenn das Versprechen nicht eingehalten werden könnte, ergäben sich ernsthafte innenpolitische Folgen, vor allem würden sie den Sezessionsbestrebungen im Norden und Nordosten Auftrieb geben. Aus italienischer Perspektive muß Italien zu Kerneuropa gehören, ganz gleich ob das Urteil der Technokraten positiv oder negativ ist.

Damit Hand in Hand geht eine Beurteilung von Maastricht, die fordert, die Prioritäten umzudrehen: Zunächst die Realisierung - jedenfalls eines Minimums - von politischer Einheit und dann erst die der finanzpolitischen Einheit. Immer wieder wird auf das Delors-Konzept verwiesen und darauf, daß die Bekämpfung der Arbeitslosigkeit die gleiche Priorität haben müsse wie die Stabilität der Währung und daß eine gemeinsame Außen- und Verteidigungspolitik eigentlich Voraussetzungen für eine gemeinsame Währung seien. Italien will darum die politische Kontrolle über die europäische Zentralbank so ausdehnen, daß eine politische Autorität über die Stabilität der Währung entscheidet.

Insoweit sind sich alle politischen Kräfte einig, ob sie es wie die Opposition - und mit ihr die Prc - laut verkünden oder wie l'Ulivo hinter vorgehaltener Hand flüstern, während sie alle nach außen hin verkünden, Italien werde selbstverständlich die Kriterien von Maastricht zum vorgesehenen Zeitpunkt erfüllen. Die Rechnung wird aufgehen. Es muß hier festgehalten werden, daß falls die Rechnung nicht anerkannt wird und Italien die Zugehörigkeit zur Kerngruppe der EWU verweigert werden sollte, es seine immer wieder vorgetragenen Forderungen für eine Strukturreform der EU zur Bedingung erheben wird, um auf diese Art sein politisches Gewicht zur Geltung zu bringen. Eugenio Scalfari, der frühere Chefredakteur von La Repubblica und gegenwärtig der einflußreichste, der Regierung nahestehende Journalist, hat dieses Vorgehen kürzlich offen vorgeschlagen.[162]

Für seine Politik sucht Italien Verbündete, und es meint sie in den gleichgesinnten, mediterranen Ländern - Frankreich, Spanien, Portugal - gefunden zu haben. Italien geht davon aus, so die notwendigen Einschnitte in den überbordenden Sozialstaat behutsamer und langsamer machen zu können.

Die Währungsunion hat für Italien eine übergreifende politische Bedeutung. Sie ist nicht nur ein Instrument zur Modernisierung des eigenen Landes, sondern sie soll ein für alle Male die Gefahr aus dem Norden bannen. Die EWU soll Deutschlands - auf seiner Wirtschaftskraft beruhende - potentielle Hegemonialstellung in der EU begrenzen und gleichzeitig verhindern, daß sich die Bundesrepublik durch die wirtschaftliche Durchdringung MOE's ein neues Großreich schafft, das seine Nachbarn - vor allem aber Italien - erneut bedroht. Aus italienischer Perspektive hat Deutschland ein Alternative, die „costruzione di una nuova Mitteleuropa dal Reno al Dnjepr, dal Baltico al Adriatico"

162 Scalfari, E.: „Le colonne corazzate della Buba", La Repubblica 2.2.1997

(die Konstruktion eines Mitteleuropa vom Rhein bis zum Dnjepr, vom Baltikum bis zur Adria.), um die Worte Sergio Romanos zu wählen.[163] In Italien ist mit diesen Worten die Angst verbunden, daß die Deutschen sich doch wieder dazu verleiten lassen könnten, einen 'Sonderweg' einzuschlagen, sich Weltmachtträumen hinzugeben und eine Bedrohung für Europa zu werden. In Deutschland mag das verwunderlich klingen. Der Verdacht ist jedoch eine politische Realität.

In der 'Mitteleuropa'-Politik Italiens mischen sich zwei außenpolitische Ziele mit der höchsten Priorität an nationalem Interesse: die historischen Ansprüche auf dem Balkan und der Anspruch immer dabei zu sein und immer gehört zu werden. So wurde eine deutsche Initiative wie die Anerkennung der Unabhängigkeit Kroatiens und Sloweniens genau so als gegen das nationale Interesse Italiens gerichtet empfunden, wie der Ausschluß aus der Kontaktgruppe, auch wenn nicht Deutschland das Veto gegen seine Zugehörigkeit eingelegt hatte. Italien antwortete, indem es auf dem Balkan und in den Mitteleuropäischen Ländern eine Position als Vermittler aufzubaute, die als 'Ostpolitik' etwas anspruchsvoll -und auch fehlleitend- firmiert, um damit eine Schutzwehr gegen 'Mitteleuropa' zu errichten.

Im Kern geht es in beiden Bereichen um den Anspruch Italiens zu den Großen zu gehören. Auf die Beachtung dieses Anspruches reduzieren sich - wie in der Geschichte, so auch heute - die Probleme in den deutsch-italienischen Beziehungen. Der ehemalige italienische Botschafter in Bonn, Luigi Ferraris, hat die deutsch-italienischen Beziehungen in den achtziger Jahren untersucht.[164] Die Konflikte in dem Zeitraum lassen sich mit wenigen Ausnahmen auf den einen Nenner bringen: Es muß verhindert werden, daß Italien bei Konsultationen nicht berücksichtigt wird. Der Bogen spannt sich von der auf dem Gipfel von Rambouillet (1984) von Frankreich und Deutschland beschlossenen Abschaffung der Grenzkontrollen zwischen beiden Ländern[165], bis zur Regierungserklärung von 1987, weil dort der Bundeskanzler kein Wort über Italien verlor[166]. Das Instrumentarium ging vom diplomatischen Protest bis zur Androhung politischer Folgen wie etwa einem Umdenken in der Frage der INF-Stationierung.[167]

Das sprechendste Beispiel für die Prioritäten der italienischen Außenpolitik ist der Kampf um die neue Struktur des Weltsicherheitsrates. Das Bemühen Japans und Deutschlands um je einen zusätzlichen permanenten Sitz im Sicherheitsrat kann von Italien so nicht hingenommen werden, weil damit vor aller Welt sichtbar würde, daß Italien nicht gleichrangig mit Deutschland ist. Die UN war einmal mit Zielrichtung gegen die Verlierer des 2. Weltkrieges gegründet worden und nun sollen zwei dieser Verlierer ständig im höchsten Organ vertreten sein? Nur Italien wäre ausgeschlossen. Das ist mit seinem Selbstverständnis nicht vereinbar.

Italien machte darum einen Gegenvorschlag, der im Land als Kampfansage gegen Deutschland empfunden wurde, wobei man drauf achtete, daß die Herausforderung auf einem außenpolitischen Nebenkriegsschauplatz erfolgt, der für den Gegner auch nur

163 Romano,S.: „Le Italie Parallele", op.cit., S.146

164 Ferraris, L.V.: „Deutsch-italienische Beziehungen in den achtziger Jahren", in: Bernecker, W./ Dotterweich, V. (Hrsg.): „Deutschland in den internationalen Beziehungen des 19. und 20. Jahrhunderts", München 1996, S.331 - 346

165 ibid., S.343 f.

166 ibid., S.345

167 ibid., S.337

nebenrangige Bedeutung hat. Italien konterte den deutsch/japanischen Antrag damit, daß es seinerseits beantragte, den Sicherheitsrat um eine dritte Kategorie von Mitgliedern zu erweitern. Neben den Ständigen und den Nichtständigen Mitgliedern sollte es eine Gruppe von ca. 20 Semi-ständigen Mitgliedern geben, aus deren Reihen im Turnus von sechs Jahren jeweils sieben bis acht für zwei Jahre in den Sicherheitsrat gewählt werden sollen.

Italien ist dabei, seine vielfältigen Kontakte in der 3. Welt nutzend, sehr geschickt vorgegangen, indem es vorschlägt, die Semi-ständigen Mitglieder nach feststehenden Kriterien wie Wirtschaftskraft, Finanzbeiträgen und Beiträgen zu peace-keeping Operationen auszuwählen. Der Bogen dieser neuen Kategorie von Sicherheitsratsmitgliedern würde sich nach diesem Vorschlag von Deutschland und - natürlich - Italien über Canada, Argentinien, Pakistan und Indonesien bis nach Nigeria spannen. Der Vorschlag hat viel Unterstützung in den Ländern der 3. Welt gefunden. So viel Unterstützung, daß er eine ernsthafte Alternative zum deutsch/japanischen Antrag wäre, wenn nicht die USA dem deutsch/japanischen Vorschlag mit ihrem ganzen internationalen Gewicht unterstützen würden.

Es hat in Italien Spekulationen gegeben, ob es nicht angebracht sei, sich mit einem Verzicht auf seinen Antrag in New York die deutsche Zustimmung zur unmittelbaren, vollen Mitgliedschaft in der EWU zu erkaufen, für den Fall, daß die Kriterien doch nicht voll erfüllt werden könnten. Ein solcher Handel ist nie ernsthaft in Erwägung gezogen worden, nicht etwa weil man bei der italienischen Einschätzung der Machtstellung der Bundesbank davon ausgeht, daß die Politik eine solche Zusage nicht zuverlässig geben kann, sondern weil es sich um eine Sache handelt, auf die Italien unter allen Umständen bestehen wird. Außerdem wäre ein solcher Handel für Italien kein gutes Geschäft. Beim Sitz im Sicherheitsrat und in den Gremien der EWU geht es um die gleiche Sache. Man würde an einer Stelle internationales Prestige gewinnen und es an einer anderen verlieren.

So dreht sich das deutsch-italienische Verhältnis um die Spindel, mit der das Garn des Vorranges gesponnen wird. Das Miteinander der beiden, fast gleichzeitig geborenen Jüngsten in der Familie der europäischen Nationalstaaten war auch in den Zeiten der - jedenfalls äußerlich- engen Freundschaft immer davon bestimmt, daß die Jüngste die gleiche Anerkennung und im Familienrat die gleiche Stimme haben wollte, wie ihr größerer Bruder. Angelo Bolaffi hat im Messagero die italienische Perspektive zu dem Thema in die Worte gefaßt „il nostro è un paese troppo forte per poter essere lasciato fuori della porta", (unser Land ist zu stark, um draußen vor der Tür gelassen zu werden). Die Sensibilität Italiens gegenüber Zurücksetzungen -gewollten oder ungewollten- bewegt sich in Dimensionen, die sich dem Verständnis seiner nördlichen Nachbarn entziehen. Italien hat ein angeborenes Selbstverständnis, zu den 'Großen' zu gehören. Es weiß, daß sein Image als Großmacht nicht unumstritten ist. Die daraus erwachsende italienische Unsicherheit erhält zusätzliche Nahrung durch die deutsch-französische Zusammenarbeit. Die Achse Paris - Bonn stellt in italienischen Augen ein Direktorium dar, das der EU seinen Willen aufzwingt. Versuche Italiens, Dritter im Bunde zu werden, werden wegen ihrer Aussichtslosigkeit weniger und weniger. Die Rückkehr Englands in die aktive Europapolitik weckt weitere Befürchtungen.

Carlo Jean hat vorgeschlagen[168], daß Italien nicht versucht, sich in die Achse Bonn - Paris zu drängen, sondern an einem neuralgischen Punkt der italienischen nationalen Interessen vorsichtig gemeinsam tätig zu werden. Um die Paranoia in Bezug auf Mitteleuropa abzubauen sollte Deutschland z.B. in die italienische 'Ostpolitik' und in das Projekt 'Euroslavia' einbezogen werden Ob der Vorschlag unter den Widrigkeiten der aktuellen Politik Realisierungswert hat, ist nicht zu beurteilen. Eine sachbezogene, spezielle Zusammenarbeit zwischen Deutschland und Italien mag von beiderseitigem Nutzen sein. Bei der Empfindlichkeit in Bezug auf die Gleichrangigkeit ist es aber fraglich, ob sich auf dem Wege Konflikte vermindern lassen..

Was auch immer die beiden Nationen tun werden, um die Feindbilder der Vergangenheit abzubauen, das Mißtrauen in der Bevölkerung sitzt tiefer, als es der Anschein nach außen vermuten läßt. Wenn es auch nur Volkes Stimme und nicht die der Politik und der Wirtschaft ist, so soll man die Wirkung auf die aktuelle Politik gerade in Italien nicht unterschätzen. Als kürzlich im Fernsehen die Sezessionspläne der Lega diskutiert wurden, kam von einem Zuschauer sofort per Telefax die Frage, ob die Lega nicht bedacht habe, daß sie das Spiel Deutschlands betreibe, dem an einer Schwächung und Teilung Italiens gelegen sei.[169] Außerhalb des 'Belpaese' mag man darüber lächeln, für Italiener ist das sehr ernst, denn es sind die Deutschen in Person der 'Buba', die so hohe Hürden für den weiteren Weg der EWU aufgestellt haben, daß Italien sie nur unter großen Opfern überwinden kann -und auch nur dann, wenn Deutschland sich auf einen politischen Handel einläßt.

Da aber gibt es große Bedenken. Zwar werden die einzelnen Stimmen genau registriert, die sich zu der Realisierung der EWU in Deutschland äußern, aber da sie nicht nach Höhe und Tiefe bewertet werden können, orchestriert man sie zu einer mißtönenden Mantel- und Degenoper, zum deutschen Komplott gegen Italien. Wenn die Mitteleuropäer Italien nicht verstehen, weil sie es mit ihren Augen sehen, so gilt der Satz auch umgekehrt. Italiener können auch die deutsche Politik nur mit den Kriterien sehen und bewerten, die ihnen seit Jahrhunderten in Fleisch und Blut übergegangen sind. Nur wenige sehen und sind bereit zu akzeptieren, daß in Deutschland die Politik nicht immer das letzte Wort hat. Man wundert sich zwar über die erstaunliche Unabhängigkeit der Bundesbank, nur wenigen ist dagegen bekannt, daß auch die deutsche Politik in der Sache an Grenzen gebunden ist, die durch das Bundesverfassungsgericht gesetzt werden, das in Auslegung der Verfassung die Rechte des Bürgers schützt. Im Hinblick auf den EURO hat das Gericht sehr hohe Barrieren aufgestellt. Diese Barrieren schränken auch die Möglichkeiten für ein Entgegenkommen in der Sache bezüglich der Kriterien ein. Selbst wenn diese Beschränkung der Politik bekannt wäre, würde sie in Italien nicht verstanden werden, denn italienische Politik ist geübt darin, diese Art von Barrieren zu umgehen.

Der Botschafter Ferraris konnte seinen Überblick über ein Dezennium der deutsch - italienischen Beziehungen noch mit der Feststellung abschließen, daß sie auch in Zukunft harmonisch sein werden, wenn auch beide Partner auf die Verfolgung ihrer jeweiligen nationalen Interessen bestehen würden und daraus Friktionen entstehen könnten. Die Feststellung ist heute nicht mit der gleichen Sicherheit aufrecht zu erhalten. Das

---

168 Jean, C.: „Germania unita e futuro dell'Europa", Il Mulino 1/96, S.159
169 RAI 3, Prima Serata, 13.2.1997

künftige deutsch-italienische Verhältnis wird entscheidend davon bestimmt werden, ob Italien zu den 'Gründungsmitgliedern' der EWU gehören wird. Sollte dieses Ziel verfehlt werden, dann würden die Beziehungen zwischen den beiden Ländern langfristig tiefgreifend gestört bleiben. Es wird - jedenfalls in der öffentlichen Meinung Italiens - kein Unterschied gemacht werden zwischen der deutschen öffentlichen Meinung, die Angst vor dem Abschied von der 'harten' Mark hat und den populistischen oder opportunistischen Politikern, die sich dem nicht entgegen stemmen.

Framania

Die immer engere deutsch-französische Freundschaft läßt in Italien - stärker als in anderen Ländern - den Verdacht aufkommen, daß kurz über lang die Bindung beider Staaten aneinander so eng wird, daß man von einem staatenähnlichen Gebilde sprechen kann, da immer mehr Politikbereiche gemeinsam betrieben werden. Es ist bekannt, daß Italien gerne der Dritte im Bunde wäre.[170] Es ist den Italienern jedoch auch klar, daß der innere Zustand des Landes ein Hindernis ist, das Thema auf die Tagesordnung zu setzen. So nimmt man protestierend zur Kenntnis, wie beinahe Tag für Tag die deutsch-französische Zusammenarbeit enger wird.

Das sieht in den Medien konkret so aus:

- Am 25.1.1997 wird berichtet, daß nach einer Indiskretion von Le Monde Deutschland und Frankreich eine Abmachung unterschrieben haben, nach der sie ein gemeinsames Verteidigungssystem vereinbaren, das in NATO und WEU integriert bleibt. Parität und Komplementarität verzahnen beide Systeme.
- Am 4.2.1997 wird eine weitere geheime Abmachung in der Öffentlichkeit bekannt, in der ein Stabilitätsrat mit erheblichen Vollmachten in der Finanzpolitik beschlossen wird, an dem nur die Länder beteiligt sind, die an der EWU teilnehmen.
- Drei Tage später ist es wieder die Sicherheitspolitik, die Framania in die Schlagzeilen bringt. Der von Frankreich und Deutschland gemeinsam vorgeschlagene Fünfer-Gipfel in Paris zur NATO-Erweiterung wird - wie man erwarten konnte - in Rom nicht sehr freundlich aufgenommen.

Für die italienische Außenpolitik ergibt sich eine grundsätzlich neue Situation: Es ist nicht mehr möglich, den Westen und den Nordosten gegeneinander auszuspielen. Zwar besänftigt die enge Bindung Deutschlands an Frankreich die immanente Furcht, vor dem immer wieder gefährlichen, übermächtigen Nachbarn aus dem Norden, zwar vertreibt sie das Gespenst 'Mitteleuropa', aber sie erhöht auch die Angst davor, an den Rand Europas gedrückt zu werden. Die häufige Berufung auf die mediterrane Rolle Europas klingt in diesem Kontext wie eine Beschwörungsformel, weil dahinter das Wissen steht, daß Frankreich sich längst als zentraleuropäische und nicht mehr als mediterrane Macht definiert.

Italien weiß im Grunde, daß es der deutsch-französischen Zusammenarbeit nichts entgegen zu setzen hat. Es gibt keine Alternative zu ihr. Die britische Rückkehr auf die europäischen Bühne ändert daran nichts. Im Gegenteil: sie läßt am Horizont die Gefahr auftauchen, daß England gelingt, was Italien versagt bleibt. Obgleich Italien es nicht gern wahrhaben will, fällt sein Gewicht nicht schwer genug in die Waagschale, und Gedankenspielereien über einen mediterranen Block führen auch nur in eine Sackgasse, denn ohne Frankreich bliebe er nur Stückwerk. Darüber hinaus ist Spanien eng an Frankreich und Deutschland gebunden.

Die Achse Bonn - Paris ist nicht gegen Italien gerichtet, sie ist im Gegenteil eine Garantie dafür, daß Deutschland in den Westen eingebunden bleibt. Sie ist darum im italienischen Interesse, das wird in Rom auch so gesehen. Es ist in Italien dagegen schwer erträglich, daß die deutsch-französische Zusammenarbeit die Rolle Italiens in der EU

---

170 Zum Thema siehe grundsätzlich: „Francia - Germania - Europa a due", LiMes 2/95

verringert. Sie wird darum als eine Niederlage der italienischen Außenpolitik empfunden. Selbst kritische Beobachter wie Sergio Romano hoffen auf eine Krise zwischen den beiden Partnern, damit ihr Land an Einfluß in der EU gewinnt, wenn auch zugestanden wird, daß zunächst - zumindest - die italienische Haushalt- und Finanzpolitik in Ordnung gebracht werden müssen.

Framania erhöht die Anziehungskraft Zentraleuropas für das überwiegend nach Norden und Westen orientierte 'Padanien'. Insofern wird die deutsch-französische Zusammenarbeit als Bedrohung empfunden. Die heutige Form der Bindung jedoch läßt sich noch als das reale Kerneuropa interpretieren und die Perspektive auf Europa nimmt ihr die aktuelle Gefahr. Eine Bedrohung Italiens wäre erst die Institutionalisierung etwa des bestehenden Verhältnisses, denn das würde den Sezessionsbestrebungen Auftrieb geben.

So schließt sich der Kreis. An Bevölkerung und Wirtschaftskraft gemessen, hat Italien durchaus das Recht, zu den 'großen Mitspielern' der internationalen Politik zu gehören und ein begehrter Partner für andere Länder zu sein. Das stimmt bis zu einem gewissen Grade, stößt sich aber an den Grenzen institutioneller bzw. machtpolitischer Konstellationen. Nach dem Ende der Herrschaft der DC ist die personenzentrierte Stabilität dem Vakuum exekutiver Schwäche gewichen. Die Vormachtstellung der Legislative in der Struktur der Verfassung führt zur Abhängigkeit der Politik von einer schwankenden Volksmeinung. Beliebigkeit und Instabilität sind schlechte Voraussetzungen für eine Nationen ineinander verklammernde Zusammenarbeit. Die Reformunfähigkeit Italiens, die ihre Wurzel gleichermaßen in ideologischen Überzeugungen wie im Festhalten der Parteien an einmal errungenen Machtpositionen hat, läßt in absehbarer Zeit keine Änderung des bestehenden Zustandes vermuten. Entscheidend ist aber, daß selbst bei einer Reform der Institutionen, die Italien mit den europäischen Großmächten kompatibel macht, das Land nicht jenes 'peso determinante' besitzt, das es schon so oft in seiner Geschichte meinte auf die Waagschale werfen zu können und das sich immer als zu leicht erwies.

Es kommt als Partner für internationale dauerhafte Beziehungen, die auf eine gemeinsame Politik abzielen, nur bedingt in Frage. Der Traum von Framatalia, die Erweiterung der deutsch-französischen Zusammenarbeit in einen Dreierbund, hat bisher bei Sondierungen keine Gegenliebe gefunden und wird es auch in Zukunft nicht. Gleichermaßen ein Traum wird eine Achse Rom - Berlin bleiben: Germalia, denn alle geopolitischen Gedankenspiele, die die wirtschaftliche Achse Paris-Berlin durch eine nach Norditalien hineinreichende Achse Rostock-Dresden München ergänzt sehen[171], können nicht darüber hinwegsehen machen, daß Italien in seiner gegenwärtigen Verfassung kein Partner in einem europäischen Kern sein kann. Sie können auch nicht übersehen, daß eine solche Achse geopolitisch gerade bewirken könnte, was die Italiener unter allen Umständen vermeiden wollen: Mitteleuropa. Zwar wäre Italien dann dabei, doch die Ergebnisse der Zusammenarbeit in diesem Raum empfehlen sich nicht gerade zur Nachahmung.

Italien fürchtet, daß ein von der Achse Paris - Berlin dominiertes Europa nicht nur das Land an den Rand drücken, sondern seine nationalen Interessen nicht zum Zuge kommen lassen und die Spannung zwischen Nord und Süd vergrössern wird. Der Wahlsieg von Labour in Großbritannien und die damit verbundene Hoffnung, daß Eng-

171 Bolaffi, A.: „E se invece nascesse Germalia?“, LiMes 2/95, S.119-154

land nun seine Europaabstinenz aufgibt, lassen damit eine Politik realistisch erscheinen, die aus der Achse ein Quadrat macht und die Dominanz Frankreichs und Deutschlands mildert, indem England und Italien beitreten.[172] Der Wahlsieg der Sozialisten in Frankreich läßt aus italienischer Perspektive diese Vorstellung gerade jetzt eine realistische Möglichkeit sein. Ein solches Quadrat befreite Italien aus seinem Dilemma, weil es damit selbst Teil des Motors würde, der die Einigung Europas vorantreibt.

---

172 Perrelli, G. e Luttwak, E.: „Dove va l'Italia?" Roma 1997, S.113

Italien und Europa

Italien hat schon über Europa als politisches Wesen nachgedacht, als in Resteuropa die Mauern nationalstaatlichen Denkens diese Perspektive in den Bereich der Utopie verwiesen.[173] Gewiß, Rom ist nicht als Mazzinis Hauptstadt der europäischen Jugend europäische Hauptstadt geworden, sondern die Hauptstadt des Nationalstaates Italien, aber der europäische Gedanke ist -wenn auch kleingedruckt- mit in die Geburtsurkunde dieses Nationalstaates geschrieben: jene idealistische, utopische Komponente des Risorgimento, die in der praktischen Politik dann vom Pragmatismus der Realpolitiker überspielt wurde.

So ist es nur folgerichtig, wenn de Gasperi, Einaudi und Sforza nach dem verlorenen Krieg auf Europa setzen. Sie berufen sich dabei ausdrücklich auf das Erbe Mazzinis und denken in den Kategorien eines europäischen Risorgimentos, bei dem Italien den entscheidenden Beitrag leistet. Implizit in den italienischen Vorstellungen vom europäischen Einigungsprozess war das Recht auf eine privilegierte Behandlung Italiens. In der Europapolitik vereinigte sich endlich der Utopismus Mazzinis mit den Erfordernissen der praktischen Politik. Sergio Romano hat es auf eine einfache Formel gebracht: „Sconfitta nella guerra fra gli Stati nazionali l'Italia ridiventava nel processo d'integrazione europea una potenza vincitrice.“[174] (Im Krieg zwischen Nationalstaaten besiegt, wurde Italien im Verlauf des europäischen Einigungsprozesses zu einer Siegermacht).

Wieder schließt sich ein Kreis. Rom -und damit Italien- ist die Wiege der westeuropäischen Kultur. Es ist das Herz der Christenheit. Es war das Karolingische Europa, das hier wieder erstehen sollte: Ein christliches -katholisches- Europa, fest auf dem Glauben ruhend, ein Bollwerk gegen jede Art von Gefahr für die westliche Kultur und Zivilisation.

Italien nahm dann am Prozeß der Einigung Europas von Anfang an teil, wenn auch mit wechselndem Einsatz. So war es zwar Gründungsmitglied der Europäischen Gemeinschaften - ein Faktum, auf das es nicht müde wird hinzuweisen - aber es war nicht Begeisterung oder eine kühle Analyse des nationalen Interesses, das es zur übernationalen Zusammenarbeit führte, sondern der Druck der USA. Später nahm Italien mit de Gasperi maßgeblichen Einfluß auf die Ausgestaltung der Gemeinschaft. Das Dreieck Schumacher, Adenauer, de Gasperi ist in die Schulbücher eingegangen. De Gasperi war es auch, der die Grundsätze der Europapolitik Italiens so eindeutig formuliert hat, daß sie für die Zeit der 1. Republik Bestand hatten. Mit dem wachsenden Erfolg der Gemeinschaft wuchs auch das Interesse der italienischen Wirtschaft an ihr. Wie Deutschland half auch Italien die Mitgliedschaft über die Folgen des verlorenen Krieges hinweg zu kommen und wieder internationales Ansehen zu gewinnen. Gleichzeitig verband de Gasperi -wie Adenauer- mit der institutionalisierten übernationalen, wirtschaftlichen

173 s. Mazzini G.: „Organizzazione della democrazia“, 1850, in: „Scritti editi e inediti di Giuseppe Mazzini, Imola 1919

174 Romano, S.: „Le Italie parallele“, op.cit., S.126

Zusammenarbeit den Zweck, nationalistische, auf Autarkie hinzielende Versuchungen zu verhindern.

De Gasperi ist die Entscheidung für Europa nicht leicht gefallen. Mit Kriegsende war Italien in ein wirtschaftliches Chaos verfallen. Die Bedingungen des Friedensvertrages wurden als unbillig empfunden. Man wurde nicht als Verbündeter - wenn auch der letzten Stunde - behandelt, sondern als Gegner. Der „Strafcharakter“ des Friedensvertrages wurde als ungerecht empfunden, weil Italien seine eigene Rolle beim Sieg über Hitler anders einschätzte als die Alliierten und darum eine andere Behandlung erwartet hatte. De Gasperi mußte seinen Kurs zwischen der Scilla eines neu erwachenden Nationalismus und der Charybdis universalistischer Friedensinitiativen, von denen auch die DC betroffen war, hindurchsteuern. Erst wegen des Marshallplans “l’europeismo diveniva pertanto necessario“[175] (wird der Europäismus notwendig).

Mit den Jahren ist Europa immer stärker eine Bindung geworden, die es Italien erlaubt hat, die Ungereimtheiten seines politischen und administrativen Systems zu unterlaufen oder zu verstärken. Die Hilfe für den Mezzogiorno und die tolerierten oder sogar vertraglich zugestandenen Unzulänglichkeiten bei der Ausführung von EU-Direktiven haben es dem Land erlaubt, die Kosten der Modernisierung niedrig zu halten und die EU letzten Endes bei der Öffentlichkeit zu legitimieren. Dieser Ansatz bei der europäischen Integration hat die EGKS/EG zu einem entscheidenden Faktor des wirtschaftlichen Aufschwunges Italiens gemacht. Für Italien wurde die EG nicht ein Instrument zur Erreichung übernationaler oder kontinentaler Zielsetzungen. Sie diente primär nationalen Interessen: Rahmen für die Entwicklung der Stahlindustrie, Ansatzpunkt für eine intensive Wirtschaftsentwicklung, Beschäftigungsgelegenheit für die Arbeitslosen des Südens, Exportmarkt zu niedrigen Preisen, Mittel für die Entwicklung Süditaliens und als Instrument der sozialen Kohäsion. So war die Wahl für die europäische Integration im Grunde eine Wahl für die nationale Integration. Für die Industrie und für - zumindest einen Teil - der Landwirtschaft bedeutete die EG größere Märkte und ein neues System von Subsidien und Schutz. Für den städtischen Mittelstand verbreitete sie die Faszination der Modernität, ohne daß mit den traditionellen Bräuchengebrochen werden mußte.

Während Anfang der siebziger Jahre auch in Europa eher ein niedriges Profil in der Weltpolitik angestrebt wurde, ergab sich ein doppelter Zwang zur politischen Aktivität, sowohl im Verhältnis zu den USA als auch im Mittelmeer, als plötzlich durch den Oelboykott das ‘mare nostrum’ in den Mittelpunkt der Weltgeschichte geriet. Italien hatte durch seine pro-arabische Politik eine wichtige Karte in der Hand, die seinen Anspruch untermalte, am besten zur Vermittlung geeignet zu sein. In der Sache schien der Widerspruch in der italienischen Europapolitik - hier Bekenntnis zur europäischen Ordnung, dort Client der USA und dazwischen eine eigenständige Mittelostpolitik - unauflöslich, aber Italien verstand ihn in einem ambiguen Gemisch mit leicht antieuropäischer Tendenz aufzulösen. Die deutsche Einheit, der Golfkrieg und der Vertrag von Maastricht haben das Verhältnis grundlegend geändert. Sie haben Italien auf Europa zurückgeworfen. Die gleichzeitige Krise der Republik hat sich dabei auch auf ihre Rolle im Kreis der Mächte ausgewirkt.

---

175 Poggiolini, I.: „Europeismo degasperiano e politica estera dell’Italia: un ipotesi interpretativa (1948-1949)“, in: „Storia delle relazione internazionale I“, 1985, S. 73,
s. auch Ministero degli Affari Esteri: „Gaetano Martino e l’Europa“, Roma 1995, S. 132

Die Entwicklung führte dann dazu, daß der europäische Einigungsprozess unaufhaltbar wurde und mehr und mehr Länder erfaßte. Dabei verlor er jedoch seine kulturelle Geschlossenheit. Wenn sich Italien auch als laizistischer Staat begreift, so ist es für das Selbstverständnis der Italiener kein Widerspruch, daß sie ihr Land als katholisch definieren. Es geht dabei nicht um Glauben - die Spaltung in credenti (Gläubige) und non-credenti (Nichtgläubige) ist so alt wie der Nationalstaat Italien - sondern um Kultur. Es ist die katholische Kultur, nicht die katholische Religion, die das Land unverwechselbar geprägt hat, sodaß es ihm schwerfällt, Partner zu verstehen, die keinen Zugang zu dieser Kultur haben.

Ursprünglich waren es jedoch allein innenpolitische Gründe, die zum Erlahmen des Interesses an Europa führten. Nach dem Rücktritt de Gasperis wurde es schwer, in der DC noch eine einheitliche Linie durchzusetzen. Die Partei zerfiel in Strömungen (correnti), die sich eine organisatorische Struktur gaben, eine verbindliche politische Linie existierte nicht mehr, sie ergab sich jeweils aus dem Kompromiß der Beteiligten. Die konstitutionelle Dominanz des Parlamentes machte indirekt die Parteien - d.h. weitgehend die DC - zum eigentlichen Entscheidungsträger, so daß die Politik, auch die Außenpolitik, im Miteinander der correnti ausgeglichen werden mußte.

Die grundsätzliche italienische Art politische Entscheidungen im Konsensus zu finden, wurde verstärkt durch die gemeinsame Bindung an die Resistenza und durch zusätzliche Momente, wie z.B. gewerkschaftliche Anbindung. Die Friedensinitiativen aus dem Osten trafen in der DC durchaus auf offene Ohren. In einem Staat, der Resistenza und Antifaschismus zu seiner Grundlage erklärt hatte, mußte eine Bewegung wie „Partigiani della pace" eine gewisse Anziehungskraft ausüben. Wer aber Katholik war, Gläubiger (credente), und Politik machen wollte, der konnte es nur in der DC, da die Kirche einen anderen Weg nicht zuließ. Die 'correnti' vertraten daher politische Grundlinien, die von ganz links bis nach ganz rechts reichten, wobei die Extrempositionen auszuscheiden sind. So weit sie sich nach Osten orientierten, war ihnen Europa gleichgültig.

Auch de Gasperi mußte auf sie Rücksicht nehmen: nicht nur in sicherheitspolitischen Angelegenheiten. Bei der Ratifizierung des Vertrages über die Europäische Gemeinschaft für Kohle und Stahl brachte er in der Senatsdebatte kein europapolitisches Argument vor. Ihm schien der Frieden überzeugender, und so argumentierte er mit der Einbindung der Bundesrepublik, die den Deutschen die erneute Vorbereitung eines Weltkrieges unmöglich mache. Als er nicht mehr das Steuer in der Hand hielt, verzichtete Italien mit Rücksicht auf diese Kräfte weitgehend auf eine aktive Europapolitik.

Wie der Name de Gasperi für europolitisches Engagement steht, so stehen die Namen des späteren Staatspräsidenten Gronchi und des langjährigen Parteivorsitzenden der DC, Aldo Moro, für europapolitisches Desinteresse. Über lange Jahre beschränkte sich Italien darauf, einmal erreichten Einfluß in der Kommission zu erhalten.

Im Hinblick auf Europa saß Italien jedoch auf zwei Stühlen: Washington und Brüssel und es bestand immer die Gefahr, sich plötzlich zwischen beiden Stühlen zu befinden, wenn es eine falsche Bewegung machte. Wie fast immer in Italien begegnete man den Problemen doppeldeutig. Während der Nachfolger Sforzas, der liberale Martino, eine durchaus offene und aktive Europapolitik betreibt, macht der Staatspräsident daneben seine eigene Außenpolitik, die sich nach Westen schließt und nach Osten öffnet. Er wird damit zum Vertreter einer Außenpolitik bei der, wie Sergio Romano es ausdrückt, Nationalismus und Pazifismus parallele Straßen der gleichen Diplomatie werden.

Martino kann sich letztendlich durchsetzen und mit ihm die Politik der klaren und eindeutigen Bindung an das Europa der EG und die USA. Eine Idee Jean Monnets aufnehmend, schlägt er ein Treffen der Außenminister der EGKS vor, um die Schöpfung eines gemeinsamen Marktes zu diskutieren, die in die Annalen der EU eingegangene Konferenz von Messina. Das Treffen gibt den Startschuß für die Erarbeitung von Verträgen als Grundlage für EG und Euratom. Sie wurden in Rom unterzeichnet, und einer von ihnen -die EG- sollte einen Erfolgszug sondergleichen antreten.

Die EG hat -wie schon angedeutet- auch ihre italienische Erfolgsgeschichte: Von ihr ging ein Impuls zur Modernisierung aus, der Italien sein eigenes Wirtschaftswunder verdankt, wenn die Modernisierung auch den Staatsapparat nur zögernd erfaßt. So hat sich zumindest in Norditalien eine gesunde, konkurrenzfähige Wirtschaft entwickeln können, die sich an den Grenzen einer archaischen Verwaltung stößt. Das gilt gerade für die neue Form der industriellen Produktion in gewerblichen Kleinbetrieben.

Obgleich Italien diese Betriebe als nationale Errungenschaft feiert und als vorbildhaft für die künftige industrielle Produktion etwa in seine 'Ostpolitik' einbringen will, tut es wenig, um diese Betriebe zu fördern. Da sie stark exportorientiert sind, können die Produzenten vergleichen. Von dem Vergleich geht ein starker Druck zur Modernisierung der Verwaltung aus, der aber von einer reformunfähigen - im Grunde über die Parteien hinweg konservativen - Politik nicht aufgenommen wird.

Die wirtschaftliche Entwicklung machte die Europapolitik im Laufe der Jahre zu dem tragenden Pfeiler der italienischen Außenpolitik. Nur über Europa gehört Italien zu den Großen, nur über Europa kann es seine Einheit bewahren. Ohne den Antriebsmotor Europa ist eine Modernisierung der veralteten Staats- und Verwaltungsstruktur nur schwer vorstellbar, es ist nicht von der Hand zu weisen, daß ohne ihn die Gefahr bestünde, im Entwicklungsprozess von den Entwicklungsländern überholt zu werden. Die soziale Sprengkraft eines solchen Prozesses und des immer weiteren Auseinanderklaffens der Schere zwischen Staat und Wirtschaft braucht hier nicht ausgemalt zu werden. Es gilt noch immer die so oft wiederholte Formulierung in der Regierungserklärung de Mitas, wonach sich das Verhältnis von Innen- zu Außenpolitik in dem Verhältnis von Modernisierung im Inneren zum Einfluß in der EU spiegelt, denn nur wenn Italien es schafft, ohne Rettungsring der EU für Stabilität im Inneren zu sorgen,wird es entscheidenden Einfluß auf die Politik der Gemeinschaft ausüben können.

Es ist noch weit hin, bis Italien ohne Rettungsring in europäischen Gewässern schwimmen kann. Das Land ist kein Experimentierfeld für neue politische Strukturen geworden. Die 2. Republik ist immer noch die erste. Das durch ein Referendum erzwungene Mehrheitswahlrecht hat keine größere Stabilität gebracht, da es durch Elemente des Verhältniswahlrechtes verwässert worden ist. Die Zahl der Parteien im Parlament hat sich eher vergrössert. Nicht große Volksparteien wie in England und Deutschland stehen gegeneinander sondern heterogene Koalitionen, die nichts gemeinsam haben, als den gemeinsamen Gegner. So hat die erste nach diesem Muster gestrickte Koalition unter der Führung Berlusconis keine längere Lebensdauer gehabt als die früheren italienischen Regierungen, ihr folgte eine 'unpolitische' Regierung von Technikern, und auch die Regierung Prodi ist immer wieder existenzbedrohenden Belastungen ausgesetzt, da ihre Spannbreite von den Altkommunisten (Prc) Bertinottis bis zu eher konservativen liberalen Marktwirtschaftlern des ehemaligen Ministerpräsidenten Dini die ganze Breite des politischen Spektrums abdeckt. Politik muß auf dem kleinsten gemeinsamen Nenner stattfinden. Da die Koalitionen Rücksicht auf ihre Partner nehmen müssen, haben die kleinen Parteien ein weitgehendes Vetorecht. Das wirkt, obgleich für die Arbeit an der neuen Verfassung tneoretisch die Koalitionsgrenzen aufgehoben sind.

Für die Verfassungsänderung haben sich die Parteien unter den zur Verfügung stehenden Instrumenten dasjenige ausgesucht, das am weitgehendsten von ihnen bestimmt werden kann: eine gemeinsame Kommission beider Kammern, die Bicamerale, die unter Umgehung des üblichen langwierigen Verfahrens, einen Entwurf für Verfassungsänderungen vorlegen kann, der jedoch von beiden Kammern des Parlamentes und dann abschließend durch eine Volksabstimmung bestätigt werden muß. Die Bicamerale wurde gewählt, weil sie am sichersten von den Parteihierarchien gesteuert werden kann und man mit ihr am besten ein unbequemes Ergebnis verhindern kann. In der jüngeren Vergangenheit gab es bereits zweimal eine 'Bicamerale', die ohne Ergebnis wieder auseinanderging.

Doch wäre es eine Illusion zu glauben, daß mit dem Erfolg der Bicamerale das Problem der Regierbarkeit des Landes schon gelöst sei. Jede Verfassungsreform, die ein adäquates Gleichgewicht von Legislative und Exekutive aufrecht erhalten will, stößt an die Grenze einer Verwaltung, die nicht wie in England, Frankreich oder Deutschland jene staatstragende Kraft hat, die auch über politische Krisen hinweg Kontinuität und Stabilität garantiert. Das Ergebnis der Bicamerale war dann auch enttäuschend, weil am System nichts geändert werden soll. Es sind zwar institutionelle Reformen dem Parlament vorgeschlagen, ohne jedoch die Machtverhältnisse zwischen den Institutionen zu berühren. Selbst wo Zugeständnisse gemacht zu sein scheinen, wie im Falle der Autonomie der Regionen, geht der Vorschlag nicht über das hinaus, was schon die bestehende Verfassung vorgibt, was aber bisher nicht realisiert worden ist. Jetzt soll der Entwurf die Autonomie der Regionen konkret festlegen, ändern tut sich nichts. Die Verfassungsreform in Italien ist eine Variable der internationalen Politik. Es kann nicht darauf gesetzt werden, daß die inneren Verhältnisse bald eine feste Größe werden.

Die Modernisierung der Verwaltung erscheint dagegen auf den ersten Blick in Bezug auf das Verhältnis zu Europa zweitrangig. Zwar werden auch die Europäer,wenn sie mit Italien zu tun haben, von der altertümlichen, schwerbeweglichen italienischen Bürokratie betroffen, aber ihr Ärger schlägt nicht politisch durch. Dennoch besteht ein existentieller Bezug. Die Modernisierung ist dringend notwendig, um in einerWelt zu bestehen, die von der modernen Technik geprägt ist. Ohne den Druck der EU aber wäre eine Modernisierung in Italien kaum durchsetzbar und ohne sie könnte das Land in der Konkurrenz der globalen Wirtschaft schlecht bestehen.

Die Lega meint mit einer föderalen Staatsstruktur - oder notfalls der Sezession - auch alle bürokratischen Behinderungen beseitigen zu können. Der Föderalismus an sich ist jedoch kein Mittel zur Modernisierung.Wohl bringt er den Staat näher an den Bürger, aber es ist immer noch der gleiche Staat und damit die gleiche Verwaltung. Es ist ein Staat, der auch die kleinsten Lebensdetails gesetzlich regelt. Prodi hat davon gesprochen, daß es sein Ziel sei „Lo stato leggero" zu schaffen. Dazu bedarf es jedoch zunächst keiner Dezentralisierung, sondern einer wesentlich geringeren Regelungsdichte. Italien kann einen modernen Staat jedoch nur schaffen, wenn es 'in Europa' bleibt, d.h.

in Kerneuropa. Hier schließt sich der Kreis der Dominanz der Innen- über die Außenpolitik.

Zum Selbstverständnis Italiens in der EU gehört seine mediterrane Rolle: Der Begriff 'mediterran' umfaßt Innen- und Außenpolitik, denn zum 'Mediterraneo'gehört der 'Mezzogiorno'(Süditalien). Italien betrachtet sich nicht nur als idealer Gesprächspartner mit den Völkern der Gegenküste sondern ist auch selbst Träger mediterraner Kultur. Wenn Italien fordert, daß Europa 'mediterraner' werden müsse, dann fordert es immer zugleich mehr Aufmerksamkeit für die Entwicklungsländer im Nahen Osten und Nordafrika, aber auch für sich selbst. Die Angst ist verständlich, daß mit der Ausdehnung der EU nach Ostmitteleuropa, die Prioritäten in Europa anders verteilt würden und daß der Süden dabei verlieren würde. Es mag widersprüchlich klingen, aber der Bezug auf das mediterrane Element bedeutet immer auch Abstriche von der Modernisierung. Er bedeutet mehr menschliche Wärme, mehr human touch, weniger Effizienz, wenn diese nur auf Kosten der mitmenschlichen Beziehungen zu haben ist, weniger Kälte und weniger Sachlichkeit.

Die Feststellung, daß es nicht möglich sei, sich ein Europa vorzustellen, das indifferent auf das Bassin des Mittelmeeres sieht, kann man von italienischer Seite -manchmal ungläubig staunend- auf allen Tagungen hören, auf denen auch die internationalen Beziehungen angesprochen werden. Aus ihr spricht die geschichtliche Erfahrung der Jahrhunderte, in denen das Mittelmeer das Zentrum der Weltgeschichte war und die Rationalisierung der aktuellen Situation.

Übersehen wird bei dieser Klage die Tatsache, daß es bis jetzt keine gemeinsame Außen- und Sicherheitspolitik der EU gibt. Italien drängt zwar auf die Erfüllung der im Vertrag von Maastricht in dieser Hinsicht artikulierten Vorstellungen. Es ist jedoch auch in einem solchen Fall fraglich, ob beim Ausgleich der nationalen Interessen das Mittelmeer die Priorität gewönne, die ihm nach italienischer Ansicht zukommt und die auch unabhängig davon das Ergebnis einer rationalen Analyse wäre. Schließlich kann das Gemisch aus rapide wachsender Bevölkerung und integralistischem Islam, das sich am Südrand des Bassins zusammenbraut, Existenzbedrohung für die westliche Zivilisation und ihr politisches System werden. Dies gilt besonders für den Fall, in dem es den aus allen Nähten platzenden Völkern gelingen sollte, sich die Instrumente der Modernisierung zu Nutzen zu machen, sich den Inhalt aber fern zu halten. Das Libyen Ghaddafis zeigt, wie das funktioniert. Nuklearwaffen können nicht nur aus Rußland den Frieden der Welt bedrohen. Die Forderung, Europa müsse auch das Mittelmeer im Blick behalten, ist also nicht nur im nationalen Interesse Italiens zu erheben. Eine andere Frage ist, welches der ideale Brückenkopf für eine Vermittlung zwischen Nord und Süd wäre.

Italien könnte dafür sicher nicht nur eine geschichtliche Erfahrung heranziehen, die so weit zurückliegt, daß sie keinen Bezug zur aktuellen Situation mehr hat. Es verfügt auch gegenwärtig über mehr Kontakte in dem Raum als jeder andere europäische Staat. Diese Kontakte aber sind der Ausfluß einer Politik, die nicht von der Mehrheit der europäischen Partner geteilt wird. Ihre pro-arabische - und damit indirekt anti-israelische - Tendenz wird von Italien in dieser Hinsicht als Einzelgänger betrieben und nur als solcher hat es sich das auch erlauben können. Als Vermittler der EU jedoch wäre eine andere Politik und wohl auch andere Gesprächspartner notwendig, vor allem aber wären die nationalen Interessen Israels bei der Analyse des Vorgehens zu berücksichtigen. Eine europäische Außenpolitik wird sich gerade für den konfliktgeladenen Mittelmeerraum schwer formulieren lassen, auf der anderen Seite wird ohne die Mitwirkung Italiens -ganz abgesehen von der Selbstnominierung- keine Politik im Mittelmeerraum gemacht werden können, denn „non è credibili un'Europa affiacciata con indifferenz sul Mediterraneo“ [176](Ein Europa, das dem Mittelmeerraum mit Indifferenz gegenübersteht, ist nicht glaubwürdig).

Man kann über italienische Europapolitik nicht reden, ohne den Namen Altiero Spinelli zu erwähnen.[177] Spinelli ist schon gegen Ende des Krieges mit einem eigenen europapolitischen Konzept hervorgetreten. Im Gegensatz zu den Gründervätern kam er von links: er war Kommunist gewesen, hatte sich aber vom Kommunismus gelöst, als dieser zum Stalinismus ausartete. Der Europagedanke hatte in Italien keine Freunde im kommunistischen Lager, die Linke überhaupt war aus ideologischen Gründen zurückhaltend. Spinelli und seine Freunde sorgten dafür, daß der Gedanke über die ganze Breite des Parteienspektrums verbreitet wurde. Als Verbannter auf der Insel Ventotene hatte Altiero Spinelli zusammen mit Ernesto Rossi schon 1941 eine Denkschrift verfaßt, die als Manifest von Ventotene in die europäische Geschichte eingegangen ist. Das Manifest ist vom Enthusiasmus des Risorgimento durchsetzt. Es geht davon aus, daß ganz selbstverständlich Nachkriegseuropa sozialistisch sein werde: „La rivoluzione europea, per rispondere alle nostre esigenze, deve essere socialista“[178] (Die europäische Revolution muß sozialistisch sein, um unseren Bedürfnissen zu entsprechen), wenn auch der Sozialismus, an den er dachte, nicht „puramente dottrinale“ (rein doktrinär) sein sollte. Seine Vorstellungen mündeten in einem nach föderalen Grundsätzen strukturierten Europa. Dafür hat er mit „volontarismo donchisciottesco“ (mit dem Eifer eines Don Quichotte), wie S. Romano es ausdrückt, gekämpft.

Das Manifest verbreitete sich schnell im Untergrund. 1943 wurde auf seiner Grundlage der 'Movimento Federalista Europea' gegründet, der nie den Anspruch erhob, eine Partei zu sein oder zu werden, sondern der überparteilich alle Kräfte zusammenfassen wollte, die auf die Schaffung eines Bundesstaates Europa hinwirken. Italien verfügte damit über eine organisierte Bewegung, die für einen Bundesstaat Europa eintritt und dieses Ziel auch im werdenden Europa nicht aus den Augen läßt. Spinelli hat sich dementsprechend von der Parteipolitik ferngehalten. Er war europapolitischer Berater verschiedener Regierungen, schuf mit der Unione Federalista Europea einen Zusammenschluß aller Gleichgesinnten, war der Gründer des Istituto Affari Internazionale und verschaffte damit Italien einen Platz unter den Ländern, die über einen -wie immer gearteten- think-tank zur Analyse der Auswärtigen Politik verfügen., wurde italienisches Mitglied der Europäischen Kommission, um schließlich als Unabhängiger auf der Liste der PCI ins Europäische Parlament gewählt zu werden. Er hat seine Verbindung damit verteidigt, daß hinter dem Kampf für Fortschritte in der politischen Einheit Europas jede andere Überlegung zurückstehen müsse, darum werde er auch unabhängig bleiben, ganz gleich, welche Partei ihm den Weg ins Parlament ebne.

Spinelli handelte auch in Straßburg nach diesem Prinzip und brachte eine überparteiliche Gruppe von Parlamentariern zusammen, den Club des 'Coccodrillo', mit der er versuchte, seine Vorstellungen einer institutionellen föderativen Ordnung Europas durchzusetzen.

---

176 Corriere della Sera 13.12.1996

177 Romano, S.: „Guida alle politica estera italiana“, op.cit., S.192 ff.

178 Spinelli, A. / Rossi, E.: „Il Manifesto di Ventotene“, Napoli 1982, S.38

Er war damit im Europa-Parlament erfolgreich. In politische Realität umgesetzt wurde mit dem Gemeinsamen Markt nur ein Teil davon. Für Spinelli war alles dieses nicht genug. Er ist tief enttäuscht kurz danach gestorben. Dennoch ist er einer der Väter der Einigung Europas, von gleichem Rang wie Monnet, Schumann, Adenauer und De Gasperi. Es ist sein Verdienst, wenn der Gedanke an die politische Einigung nicht von den Erfolgen der wirtschaftlichen Einigung ins Vergessen gedrückt wurde. Ohne Regierungsverantwortung war er frei von pragmatischen Bindungen. Sein Leben blieb einem Ideal verpflichtet.

Für Italien bedeutete der Gemeinsame Markt eine neue Phase der Europapolitik. Von ihm geht der Zwang zur Modernisierung nicht mehr der Wirtschaft sondern des Staates aus. Da Frankreich und Deutschland die Führer des neuen europäischen Aufbruchs waren, ist auch die Anpassung an sie unvermeidlich. Diese Anpassung macht Italien Schwierigkeiten, weil das Land auf einem Gebiet getroffen wird, auf dem sich seine notorische Schwäche am deutlichsten zeigt: die Wirtschafts- und Finanzpolitik. Italien drängt darum, die gemeinsame Außen - und Sicherheitspolitik, die Maastricht ja auch in Aussicht stellt, voranzutreiben. Im politischen Spiel fühlt man sich Meister, und in der Sicherheitspolitik ist Italien bereit, seinen bescheidenen Beitrag zu leisten, ohne besonders aufzufallen. Vor allem aber drängt man auf eine Realisierung des Kampfes gegen die Arbeitslosigkeit, der aus italienischer Perspektive in Maastricht als Pendant zur gemeinsamen Währung mit angelegt ist und dessen Verwirklichung mit Berufung auf das Delors-Papier jetzt einfordert wird, vor allem weil im öffentlichen Bewußtsein Italiens die beiden Themen im Keynesschen Sinne untrennbar miteinander verbunden sind.

Die die Koalition von außen mittragende kommunistische Partei ist programmatisch antieuropäisch. Aus pragmatischen Gründen hat sie sich entschieden, das proeuropäische Regierungsprogramm mitzutragen. Da sie nicht in der Regierung selbst vertreten ist, gibt ihr das die Freiheit, ihre Zustimmung zu europapolitischen Maßnahmen an Bedingungen zu knüpfen, und da hat die Bekämpfung der Arbeitslosigkeit den absoluten Vorrang.

Die fehlende Arbeitsmarktpolitik der EU wird laut und einstimmig beklagt. Die Mittel, die die EU bereitstellt, um strukturschwachen Regionen einen Anstoß zur Entwicklung zu geben, werden in den am schwersten unter der Arbeitlosigkeit leidenden Regionen des Mezzogiorno nicht genutzt, weil die ineffiziente Verwaltung die angebotenen Förderungsmaßnahmen nicht umsetzen kann. So sind in der Periode 1989-1993 im Durchschnitt 32.6 % der EU-Mittel nicht abgerufen worden, wobei in Sizilien (56 %) und Kalabrien (50.3 %) die Situation besonders kraß ist.[179]

Frau Bonomi, Italienerin und in der Europäischen Kommission zuständig für humanitäre Hilfe, gibt die Schuld daran vorwiegend der Verwaltung, die sich nicht an europäische Verfahren gewöhnen könne. Diese verlangten nun einmal klare und glaubwürdige Projekte, die genaue Kontrolle ihrer Durchführung und eine schnelle und zuverlässige Realisierung und Transparenz, während Italien an seinem Klientelismus, den Blankoschecks und den Ausschreibungen, deren Kosten im Verlauf der Ausführungen explodieren, festhält.[180]

---

179 nach Monti, L.: „I fondi strutturali per la coesione Europea", Roma 1996, S.320

180 „Le amministrazione pubblico italiana non vuole abituarsi a usare procedure europee. Cioè progetti chiare e credibile; un moniteraggio accurato della loro attuazione; tempi di realizzazione certi e veloce; transparenza e controlli severi. Queste sono le regole del gioco in Europa. Invece l'Italia conti-

Die politische Diskussion um Europa, die in Rhetorik zu versanden drohte, hat durch Maastricht Realität bekommen. Diese Realität läßt sich genau definieren: Italien will in der EWU von Anfang an dabei sein. Alle anderen Probleme, Politikbereiche, Vorschläge, Forderungen sind nach wie vor europapolitische Rhetorik. Wenn es zum Schwur kommt, dann haben nationale -um nicht zu sagen nationalistische- Interessen den absoluten Vorrang. Zwar wird beklagt, daß Europa noch keine gemeinsame Außenpolitik habe, und so sein Gewicht bei internationalen Krisen nicht zur Geltung bringen könne, wenn sich jedoch die Gelegenheit ergibt, daß Europa nicht als solches,sondern vertreten durch einzelne europäische Staaten mitsprechen kann, dann besteht Italien auf seiner Beteiligung. Wird diese verweigert,, dann versucht Italien der europäischen Sache die Grundlage zu entziehen, indem es die zur Lösung der Krise vorgesehene Konferenz torpediert.

So wurde die von Frankreich angeregte Konferenz über die Osterweiterung der NATO zwischen den USA, Rußland, Frankreich und Deutschland bekämpft, weil Italien ausgeschlossen war. Der Außenminister machte beim Antrittsbesuch von Frau Albright das Thema zum wichtigsten Anliegen. Die ausweichende, zweideutige Antwort wurde als Sieg über Frankreich gefeiert. Nach dem Bericht von Franco Venturini im Corriere della Sera war der Außenminister nach dem Gespräch sehr zufrieden, die sachlichen Differenzen mit seiner Gesprächspartnerin spielten daneben keine Rolle. Es ist für Italien unerträglich, nicht dabei zu sein, selbst wenn es, wie hier, keine sachlichen Gründe für seine Beteiligung gibt, denn schließlich hatte es im Bereich der Sicherheit nur ein Minimum getan, und sich im übrigen auf seine Bündnispartner verlassen. Das ist Italien auch bewußt, und es wird ganz offen ausgesprochen, so wenn der Verteidigungsminister darauf hinweist, daß „durante la guerra fredda l'Italia era importante per la sua posizione geostrategico e meno importante per le sue forze fornito all'Alleanza atlantica“ (während des Kalten Krieges war Italien wichtig wegen seiner geostrategischen Lage und weniger wichtig wegen seines Beitrags zur atlantischen Alleanz).[181]

Die Furcht davor, zum Abstieg in die zweite Liga verurteilt zu werden, läßt alle anderen Überlegungen zurücktreten: die einer europäischen Präsenz bei internationalen Entscheidungen und die auf ein freundschaftliches Verhältnis zu Frankreich. Von dem Zwang zur ersten Liga gehören zu müssen -und wenn auch stets als Tabellenletzter-kann Italien nur eine europäische Außenpolitik im Rahmen der EU-Staaten befreien.

Damit schließt sich auch hier wieder ein Kreis. Von dem irrationalen Zwang zur 'grande potenza' kann Italien nur erlöst werden, wenn es den Nationalstaat überwindet, in einem nach Größe und Einfluß unbestreitbar zu den 'Großen Mächten' gehörenden Europa aufgeht, einer Großmacht, bei der Italien zum Kern der Entscheidungsträger gehört. Dann erst wäre der historische Anspruch eingelöst, den das Mutterland der europäischen Zivilisation meint stellten zu können. Bis dahin aber wird Italien weiter die Beteiligung Europas an allen weltpolitischen Entscheidungen fordern, nur muß die Welt wissen, daß die zugrundeliegende Gleichung lautet: Europa unter Beteiligung von Italien oder kein Europa. Die Feststellung von Lamberto Dini, Europa habe den Anspruch

---

nua a preferire i suoi carrozzoni pubblici, gli assegni in bianco, i metodi clientelari, gli appalti i cui costi esplodono in corso d'opera“, zit. nach La Repubblica 10.3.1997

181 Andreatta, B., Verteidigungsminister, in einem Interview mit Panorama-Redakteuren. Panorama Nr.11, 20.3.1997, S.77

der Nationalstaaten zunichte gemacht, immer das letzte Wort zu haben[182], entlarvt sich in Bezug auf die Außenpolitik als wohltönende Rhetorik. Natürlich unterstützt Italien alle Schritte die zu einer gemeinsamen Außenpolitik führen können bis hin zu einem Bevollmächtigten für die Außenpolitik der EU. Aber die Grenzen zwischen politischer Rhetorik und realer Politik sind bei der italienischen Europapolitik in die Analyse mit einzubeziehen.

Das Verlangen zu den ersten, zum Kern zu gehören, hat noch eine andere Seite. Wenn es um die Realisierung von EU Direktiven geht, dann macht es Italien nämlich nichts oder nur wenig aus, daß es nicht unter den Ersten ist. Bei der Umsetzung der Direktiven zur Verwirklichung des Gemeinsamen Marktes gehört Italien zu den letzten Drei der EU, gefolgt nur von zwei Neukommern: Österreich und Finnland. Das liegt weniger an der Unbeweglichkeit der Verwaltung sondern eher an der mangelnden politischen Stabilität. Die kürzlich auf halbem Wege liegengebliebene Reform der Staatsbahnen ist ein klassisches Fallbeispiel für eine von allen Seiten der sie tragenden Koalition hin- und hergezogene und dadurch schwache Regierung, die gewerkschaftlicher Willkür kein Mittel entgegenzusetzen hat. Nicht zu Unrecht stellt sich darum die Frage, wer in Rom regiere. Als ein EU-Kommissar sie kürzlich im Hinblick auf den Kommunikationsriesen STET konkret stellte, dessen Privatisierung nach EU-Recht erforderlich ist und für die die italienische Regierung auch eine entsprechende Zusage gemacht hat, wobei sie aber immer wieder um Terminverlängerung hatte bitten müssen, wurden die Manager ausgewechselt und so ein Bauernopfer gebracht. Die Privatisierung steht jedoch immer noch in den Sternen.

Europa ist Dreh- und Angelpunkt der italienischen Politik geworden, seit l'Ulivo sie - gegen eine teilweise euroskeptische Opposition, die zu eindeutigen, europapolitischen Aussagen nicht fähig war -, zum Kern- und Drehpunkt seines Wahl- und Regierungssprogrammes gemacht hat. Seitdem ist die politische Kernfrage, der sich nur wenige zu entziehen vermögen: Wird Italien ein Teil Europas? Diese Frage klingt für Nichtitaliener unsinnig, denn schließlich ist Italien von Anfang an dabei. Für Italiener jedoch ist Europa mit der EWU identisch. Dort nicht dabei zu sein, wäre der Ausschluß aus Europa. Die italienische Europapolitik und damit auch die Außenpolitik kreisen um die EWU und daran wird sich bis zur Entscheidung 1998 nichts ändern.

182 Corriere della Sera 13.12.1996

Morire per Maastricht? - Italien und die Europäische Währungsunion

Während in Deutschland eine Entscheidung des Bundesverfassungsgerichtes den Rahmen für die Aufgabe der nationalen Finanzhoheit zog und in Frankreich Präsident Mitterand es vorzog, den Verzicht auf einen Teil der Souveränität durch eine - formalrechtlich nicht notwendige - Volksabstimmung legitimieren zu lassen, vollzog sich in Italien die Ratifizierung des Vertrages von Maastricht ohne nennenswerte öffentliche Diskussion. Das ist um so erstaunlicher, als der Politik von Anfang an klar sein mußte, daß das Land selbst bei gewaltigen Anstrengungen Schwierigkeiten haben werde, um die über den Beitritt entscheidenden Kriterien zu erfüllen. Die politische Situation im Land und die Gleichgültigkeit in der Sache ließen das Problem offensichtlich in den Hintergrund treten.

Der damalige Ministerpräsident Andreotti hat zwar ein der italienischen Außenpolitik gewidmetes Kapitel seiner Memoiren mit „Von Helsinki bis Maastricht" überschrieben, man sucht aber vergeblich auch nur eine Zeile über den Vertrag selbst darin zu finden. Der damalige Außenminister De Michelis berichtet, daß es für Italien bei Maastricht primär darum gegangen sei, die deutsche Vereinigung mit der Europäisierung Deutschlands zu kompensieren („scambio ... fra unificazione tedesca e europeizzazione della Germania")[183]. Ein Mittel zu diesem Zweck sei der Vertrag von Maastricht gewesen. Er und der damalige Finanzminister[184] Carli - ehemaliger Präsident der Bank von Italien - hätten sich erfolgreich dagegen gewandt, daß die Kriterien 'ideologica' (theoretisch, doktrinär) interpretiert würden.

In diesem Kontext wirkt es dann auch weniger absurd, wenn De Michelis erklärt, daß sowohl er als auch Carli überzeugt davon gewesen seien, daß Italien „da subito" (sofort) zu den Ländern gehören würde, die der EWU beitreten könnten. Eine solche Überzeugung bei Staatsschulden, die das Doppelte von dem nach Maastricht Akzeptablen betrugen, kann nur genährt worden sein von dem festen Glauben, daß die Kriterien nicht 'ideologisch', d.h. rigide, fest bzw. ausnahmslos, angewandt werden würden sondern 'politisch', d.h. flexibel, weich, realistisch und pragmatisch, der Situation entsprechend, Ausnahmen zulassend. Im übrigen muß man mit Sergio Romano[185] darin übereinstimmen, daß Italien gar nichts anderes übrig blieb als den Vertrag von Maastricht zu unterschreiben. Es war der Sieg der Idee 'Europa': „ein Projekt, in das Italien den größeren Teil seiner Außenpolitik investiert hatte." Italien war andererseits aber zu schwach, dem Vertrag seinen Stempel aufzudrücken.

Italien hat sich auch in der Folgezeit kaum Sorgen über den Beitritt zur EWU gemacht. Die rasch aufeinanderfolgenden Regierungen haben mit einer Ausnahme, der Regierung Amato, nicht ernsthaft eine Politik betrieben, die den Eindruck gemacht hätte, daß sie darauf zielte, die Kriterien von Maastricht zum vorgegebenen Zeitpunkt zu erfüllen. Die Aufregung war zwar groß, wenn der deutsche Finanzminister in einem Parlamentsausschuß - also außerhalb der Öffentlichkeit - seiner Überzeugung Ausdruck

183 De Michelis, G.: „La vera storia di Maastricht", LiMes 3/6, S. 137 - 144

184 Es handelt sich um den Ministro del Tesoro, wörtlich übersetzt den Schatzminister. Ihm und nicht dem Ministro delle Finanze obliegt jedoch die längerfristige Finanzplanung.

185 Romano, S.: „L'Italia parallele", Milano 1996, S. 150

gegeben hatte, daß Italien die Voraussetzungen für die EWU nicht rechtzeitig erfüllen werde, und es wurde auf allen Ebenen interveniert. Doch man gab sich damit zufrieden, wenn von deutscher Seite darauf verwiesen wurde, daß es sich bei diesen Aussagen nur um Meinungen handele und daß ein Urteil erst erfolge, wenn die Konten offengelegt würden, und sah seinerseits aber keinen Anlaß, die eigenen Konten für den Tag des Urteils vorzubereiten.

Es kann nicht oft genug wiederholt werden: Die Vorstellung, daß ihr Land nicht zu den Ersten in Europa gehören soll, ist für Italiener undenkbar. Schließlich ist Italien 'Gründungsmitglied' der EU, die Wiege der europäischen Zivilisation und der Brückenkopf in den Mittelmeerraum. Ohne Italien wäre Europa nicht Europa. Das läßt man sich immer wieder bestätigen; davon ist man fest überzeugt. Als 'Gründungsmitglied' hat das Land das werdende Europa mitgestaltet. Der Fakt ist darum für die Italiener sowohl ein Argument als auch ein Recht. Die Italiener lieben es, in der Politik Metaphern aus der Welt des Fußballs zu verwenden. Sollte man nicht zu den Ländern gehören, die „da subito" den Beitritt zur EWU schaffen, dann wäre das der Abstieg aus der Liga A (Bundesliga). Die Metapher ist zwar schief aber sehr massenwirksam.

Der Ausschluß aus dem Kreis der 'Gründungsmitglieder' der EWU wäre gleichzeitig der Ausschluß aus dem Kreis derer, die mit am Verhandlungstisch sitzen und entscheiden. Es geht nicht primär um die Sache. Die in Wirtschaftskreisen durchaus vertretene Ansicht, daß es für Italien vorteilhaft wäre, wenn es erst später der EWU beitrete, geht schnell in der anschwellenden Massenhysterie des Dabeiseins unter allen Umständen unter. So war es schon im Fall des Schäuble/Lammers-Papiers gewesen, so ist es erst recht im Fall der EWU.

Klarer als bei anderen Gelegenheiten wird im Falle der EWU deutlich, warum sich die Italiener auf ihre 'katholische' Kultur berufen, wenn sie Ansprüche begründen wollen. Die hohen Staatsschulden sind Sünden der Vergangenheit, der 1.Republik. Inzwischen ist mit der 2. Republik angeblich ein Neuanfang gemacht worden: Die Inflationsrate ist gefallen, Italien konnte wieder in das EWS zurückkehren, mit einem Sparhaushalt, der den Bürgern eine Sondersteuer für Europa abverlangt, ist ein Zeichen der Umkehr gesetzt worden. Ist das nicht genug Buße? Warum sollen dann die Sünden der Vergangenheit noch zugerechnet werden? Die katholische Kultur ist auch eine Kultur des „condono" (Straferlaß). Sie ist tief im Volk verwurzelt so wie auch ihre Kehrseite: der Mangel an Verantwortlichkeit.[186] In die gleiche Denkart gehört jedoch auch die Mehrzahl der Argumente, die - vielmehr als die Erfüllung der Kriterien - den sofortigen Beitritt Italiens zu EWU begründen. Aus italienischer Perspektive ist Unverständnis dieser Argumentation gegenüber nur mit der Zugehörigkeit zu einer anderen Kultur zu erklären: einer kalten, nordischen, berechnenden, rationalen, protestantischen Kultur. Das Verständnis, das man bei den lateinischen Schwestern findet, bleibt für die praktische Politik irrelevant, da diese unter anderen Sachzwängen stehen und andere Prioritäten bei ihren nationalen Interessen haben.

Die geradezu als Axiom vorgebrachten Argumente halten einer rationalen Analyse nicht stand. Die kulturelle Kluft jedoch macht eine Verständigung nur schwer möglich. In die harte Sprache der politischen Macht übertragen, ist die 'Wiege der westlichen Kultur' kein Faktor, auf den Rücksicht genommen werden muß. Als Brücke nach Nord-

186 Cerroni, S., op.cit., S.27 ff.

afrika und dem Nahen Osten ist Italien nicht unentbehrlich, denn schließlich gibt es mit Spanien einen weiteren Mittelmeeranrainer -wenn man von Frankreich einmal absieht-, der intensive Kontakte zum anderen Kontinent hat. Historische Verdienste zählen wenig vor der Realität der aktuellen Machtverhältnisse. Sentiments sind gut für Tischreden, in der aktuellen Politik zählen sie wenig, nur in der mediterranen Kultur werden sie für bare Münze genommen.

Das außenpolitische Ziel, zu den 'Gründungsmitgliedern' der EWU zu gehören, dominiert inzwischen die Diskussion zum Thema Maastricht in einem solchen Maße, daß die realpolitischen Interessen Italiens davon verdeckt -oder gar geopfert- werden. Die EWU als Ausgleich für den Machtzuwachs Deutschlands durch die Einigung spielt nur eine Rolle am Rande und nur, um Verständnis dafür zu wecken, daß Frankreich sich nicht auf die italienische Seite schlagen kann, weil dort Macht höher rangiert als Prestige. In Italien dagegen hat die Priorität 'Gründungsmitglied der EWU' den absolut höchsten Rang: die Regierung hat ihr Schicksal daran gebunden. Der Bevölkerung ist die Notwendigkeit so eingepeitscht worden, daß ein Mißerfolg ein erneutes 'Caporctto' wäre.

„Entrare in Europa" hat für die Italiener aber auch eine innenpolitische Bedeutung. Mit der gemeinsamen Währung und der gemeinsamen Zentralbank bekommt Italien Anteil an einer effizienten, transparenten Verwaltung. Es wäre ein entscheidender Schritt vom 'Bel paese' zu einem 'normalen' Staat. Von daher wird die Dominanz Deutschlands bei der Konstruktion der EWU durchaus begrüßt, weil -um mit Indro Montanelli zu sprechen- es durchaus von Vorteil wäre, nach der Pfeife der stärkeren Mächte zu tanzen, wenn das nur dazu führte, daß die italienische Regierung nicht länger an den Haushalttiteln herumpfuschen könnte. Der Beifall für dieses Meinung darf nicht darüber hinwegtäuschen, daß in der italienischen öffentlichen Meinung - wie in der italienischen Politik - die Klarheit, Genauigkeit und Eindeutigkeit der Zahlen hinter der Ambivalenz des Aushandelns politischer Positionen zurücktreten muß.

Wenn Carli beim Aushandeln des Vertrages von Maastricht gegen eine 'ideologica' Auslegung der Kriterien für den Beitritt zur EWU kämpfte, dann meinte er die rigide Anwendung an sich ideologiefreier technischer, unpolitischer Parameter, damit die italienische Perspektive genau kennzeichnend. Ideologiefrei wäre aus dieser Sicht die Einbeziehung 'politischer Kriterien' wie Arbeitslosigkeit, Wirtschaftspolitik, Sozialpolitik, Außen- und Sicherheitspolitik. Politikbereiche, die in der EU zurückgestellt wurden, weil es unmöglich ist, zum gegenwärtigen Zeitpunkt den notwendigen Konsensus zu erreichen. Die italienische Politik aber meinte, so die Geldwertstabilität relativieren und die Interessen aller Mitgliedsländer -nicht nur Deutschlands- berücksichtigen zu können. Der Standpunkt ist nicht spezifisch italienisch. In Italien pflegt man sich gern auf Dahrendorf, Giscard d'Estaing und Helmuth Schmidt zu berufen. Das Maastrichter Modell ist der italienischen Kultur im Kern fremd, es wird als nordeuropäisch und deutsch empfunden, aus italienischer Sicht sollte es so verändert werden, daß sein Charakter 'südländischer' wird.

Je mehr sich diese Hoffnung als irreal erweist, um so stärker steigt die Zahl der „euroscettici" (Euroskeptiker), die nicht für Maastricht sterben wollen.[187] Dabei muß beachtet werden, daß Zustimmung zum und Ablehnung des EURO eine Funktion der

187 s. Caracciolo, L.: „Euro No - Non morire per Maastricht", Bari 1997

Chancen Italiens sind, von Anfang an dabei zu sein. Ihre Argumente gehen Hand in Hand mit den Vorbehalten der offiziellen Politik, nur daß letztere andere Schlüsse aus ihnen zieht. Für die Euroskeptiker hat Maastricht nur negative Folgen: die Arbeitslosigkeit steigt, das Wirtschaftswachstum stagniert, der Sozialstaat ist überall in der Krise, in der Außen- und Sicherheitspolitik existiert Europa nicht und die Regierungskonferenz zur Fortschreibung Maastrichts hat auch nicht den erwarteten politischen Aufwind gebracht. Der Vertrag führte in italienischen Augen zum ' Europa der Bankiers', das Europa der Politik werde an den Rand gedrängt. Die Gegenüberstellung insinuiert den Gegensatz Geld und Menschlichkeit oder Kapitalismus und Sozialismus. Es werden damit alle Saiten der italienischen politischen Kultur angeschlagen, so daß im Grunde kein Dissens zwischen den Euroskeptikern und den Eurobefürwortern besteht. Beide fordern die politische Einheit als Voraussetzung und nicht als Ziel der Währungsreform, beide sehen in der EWU eine Gefahr für den Sozialstaat und beiden fällt es schwer einzusehen, warum der EURO eine stabile Währung sein muß.

Die Euroskeptiker sind in Italien an den äußeren Flügeln des Parteienspektrums angesiedelt. Keine Partei jedoch hat den Antieuropäismus zum Schlachtruf erhoben. Es gibt in Italien keine Figur, die mit Le Pen oder Haider zu vergleichen wäre. Doch breitet sich auch in Italien die Frage aus, ob sich die Opfer lohnen -und das ist angesichts des im Haushaltgesetz 1997 geforderten 'Opfer' nicht verwunderlich. Da spielt natürlich die Skepsis mit, daß man es nicht schaffen werde, so sehr man sich auch anstrengt, weil andere nicht wollen, daß man das Ziel erreicht. Der Unmut gegenüber den verlangten Opfern aber wächst. Zum ersten Mal haben im Oktober 1996 immerhin ca. 30.000 Vertreter unabhängiger radikaler Gewerkschaften, Cobas, in Rom sehr deutlich gegen das Europa von Maastricht demonstriert unter dem Motto: „Der Feind ist Europa!" Die Altkommunisten läßt die Europapolitik der von ihnen mitgetragenen Regierung kalt.

Die Furcht, womöglich nicht von Anfang an dabei zu sein, ist so überwältigend, daß Zweifel an dem wirtschaftlichen Sinn oder Unsinn der gemeinsamen Währung hinweg gefegt werden. Auch ohne Geldwertstabilität hatte Italien einen wirtschaftlichen Aufschwung sondergleichen erlebt. In der EG hatte Aschenputtel ihren Prinzen gefunden. Der Auf- und Ausbau eines großzügigen sozialstaatlichen Systems war gelungen, ohne daß die Last den Bürger zu sehr drückte, man schöpfte einfach aus dem unerschöpflichen Kreditteich. Die Inflation war hoch, aber sie fraß die Vermögen nicht auf, da die Zinsen noch höher waren. Die Löhne waren indiziert (scala mobile) und paßten sich so unmittelbar den steigenden Preisen an. Für den einzelnen Italiener ist eine 'harte' Währung kein besonderes Anliegen. Es gibt wirtschaftliche Gründe für aber auch gegen den Beitritt zur EWU. Man kann argumentieren, daß ein Nein zum EURO einen wirtschaftlichen Rückschlag für Italien zur Folge habe, man kann aber auch den Standpunkt vertreten, daß die dann unvermeidbare Liraabwertung das wirtschaftliche Gewicht des Landes so erhöhen werde, daß Italien von den europäischen Partnern als Bedrohung empfunden würden.

Ernster zu nehmen sind die Zweifel an der Notwendigkeit einer harten Währung. Die Italiener haben mit einer weichen Währung sehr gut gelebt. Sie haben damit den Sozialstaat finanziert und auch der Auf-und Ausbau ihrer Wirtschaft hat davon profitiert. Die ständige Abwertung der Lire hat den Einzelnen nur bei Auslandsreisen betroffen. Die hohen Inflationsraten waren nicht spürbar. War es im 'Consociativismus' nicht ganz angenehm zu leben, weil der Staat jeder Gruppe gab, was sie verlangte. Was kümmerte es den Einzelnen, daß der staatliche Schuldenberg wuchs und wuchs.

Italien hatte sich lange in der Hoffnung gewiegt, die Kriterien von Maastricht könnten neu verhandelt werden, so daß keine Abstriche am Sozialstaat notwendig würden.[188] Die Stimmen von anderen, - besonders von Deutschen -, von Ralf Dahrendorf bis zu Gerhard Schröder, werden als Argument und als Bestätigung genommen. Wenn eine Streikwelle gegen die notwendigen 'Opfer für Maastricht' Frankreich heimsucht, wird das in Italien als Bestätigung der eigenen Politik gewertet.[189] Wenn die Kriterien nicht zu ändern sein sollten, und Italien dennoch bei den Ersten in der EWU sein 'muß', dann darf das nicht auf Kosten des Sozialstaates geschehen, denn, wie es der Vorsitzende einer der drei großen Gewerkschaften ausdrückt: „non conviene morire per Maastricht"[190](es paßt mir nicht, für Maastricht zu sterben). Die sich daraus ergebende Eingrenzung der Möglichkeiten, die innenpolitischen Voraussetzungen für eine erfolgreiche Europapolitik zu schaffen, könnte zu ihrem Mißerfolg führen.

Lange Zeit glaubte Italien, es könnte auf außenpolitischen Wegen die EWU auf Anhieb erreichen, wenn es gemeinsam mit anderen Staaten, wie etwa Spanien, die Kriterien zwar nicht erfüllte, aber seinen guten Willen zeigte. Italien hoffte, daß aus politischen Gründen solchen Ländern der unmittelbare Beitritt nicht verwehrt würde. So rigide solche Erwartungen sich an den negativen Aussagen aus Brüssel, Paris, vor allem aber aus Bonn messen lassen mußten, man tröstete sich damit, „di essere maestri nel chiedere sconti", Meister darin zu sein, Rabatt zu verlangen. Diesen verlangt man allerdings erst im letzten Augenblick[191] Auch wenn die Erkenntnis wächst, daß in Nord- und Mitteleuropa 'sconti' nicht üblich sind, wird die italienische Außenpolitik weiterhin die politische Seite der Entscheidung betonen.

Es ist offensichtlich, daß frühere Regierungen darum auch keinen Zwang darin sahen, unbedingt von Anfang an zu den Ersten zu gehören. Erst die Regierung Prodi hat aus dem Thema eine Prestige- und damit eine Existenzfrage gemacht. Wenn es schon den EURO geben soll, dann muß Italien unbedingt von Anfang an dabei sein. Sein Selbstverständnis als - wenn auch kleinste - europäische Großmacht verträgt es nicht, hinter Belgien, Holland und Luxemburg zurückzustehen. Sein Selbstverständnis als 'Gründungsmitglied' erlaubt es ihm nicht, Finnland und Österreich den Vortritt zu lassen. Auf dieser Ebene kann sich jede Regierung der Zustimmung der überwiegenden Mehrheit der Bevölkerung sicher sein, auf ihr beruht sogar die Bereitschaft persönliche Opfer zu bringen.

Aber Italien fährt wieder zweigleisig. Während der Wirtschaftsminister Ciampi, sein internationales Prestige als ehemaliger Notenbankpräsident nutzend, in Brüssel immer wieder den guten Willen Italiens und seine bisherigen Erfolge im Hinblick auf die Kriterien von Maastricht betont, werden in Rom auch von offizieller Seite - bis hin zum Staatspräsidenten - Bedenken gegen das 'Europa der Bankiers' oder die 'Buchhalter in Brüssel' so laut und so häufig vorgebracht, daß daraus nur der Schluß gezogen werden

188 Der Außenminister der Regierung Berlusconi, Martino, hatte dieses Konzept zur Leitlinie seiner Politik gemacht. Er vertritt sie nach wie vor in der Opposition, die sich jedoch - angesichts der Zustimmung zu Europa im überwiegenden Teil der Bevölkerung - opportunistisch verhält.

189 Guatello, A.: „Il caos e il no ai sacrifici per Maastricht", Corriere della Sera 5.12.1995

190 „Lavizza non conviene morire per Maastricht", La Repubblica 6.1.1996

191 Pironi, M.: „Conto alla rovescia", La Repubblica 25.9.1996

kann, daß Italien die Kriterien unterlaufen will. Äußerungen dieser Art haben außerdem das Ihre zum Anschwellen des Euroskeptizismus beigetragen.

Deren Wirkung verstärkt sich, weil für den einzelnen italienischen Bürger die gemeinsame europäische Währung genau so wenig ein besonderes Anliegen ist, wie für die Deutschen.. Wenn das italienische Verständnis für die Notwendigkeit einer stabilen und starken Währung auch begrenzt ist, um so besser versteht es das Land, sich mit bestehenden Machtverhältnissen abzufinden. Ohne Deutschland wird die EWU ihres Sinnes entleert, darum müssen die deutschen Bedingungen akzeptiert werden; Italien kann nur darauf hoffen und darauf hinarbeiten, daß innerhalb des deutschen Machtgefüges die Politiker (Kohl) gegenüber den Bankiers (Tietmeyer) die Oberhand gewinnen.

Es ist bezeichnend, daß in Italien die Diskussion um die EWU unter dem Stichwort: 'Morire per Maastricht' geführt wird. Es gibt sehr genau die Stimmung der italienischen Bevölkerung wieder. Das „Ja" oder das „Nein" zur EWU oder genauer zu den Voraussetzungen, die Italien erfüllen muß, um dabei zu sein, läßt sich in jedem Falle schlüssig beweisen.[192] Darauf jedoch kommt es, wie schon ausgeführt, nicht an.

Wenn auch die Hoffnung auf sofortige Zulassung zur EWU sich heute ausschließlich an den Kriterien orientiert, weiß man doch sehr genau, daß mit deren Erfüllung noch nicht alle Voraussetzungen erfüllt sind. Die Wirtschaftspolitiker Europas erwarten „strukturelle" Einsparungen, vor allem bei der Rentenversicherung; die Politik erwartet stabile innenpolitische Verhältnisse, stabile Regierungen und zuverlässige Vertragspartner. Wenn Italien in Zukunft seinen dem eigenen Selbstverständnis entsprechenden Platz in der Welt über Europa bestimmen will, dann sind radikale Reformen unumgänglich. Der auf Konsens angelegte italienische Entscheidungsprozess macht den harten Schnitt, den Reformen nun einmal verlangen, systemfremd. Es bedarf also eines Anstoßes von außen. Maastricht ist darum eine Herausforderung und eine Chance.

Das gilt auch für die Modernisierung der Verwaltung, die weit hinter der Modernisierung der Wirtschaft zurückgeblieben ist. Die italienische Wirtschaft wird mit jedem weiteren Integrationsschritt durch die ineffiziente, bürokratische, äußerst rigide Struktur des Staates, der Gesetze, des Fiskus, des Finanz- und Arbeitsmarktes gegenüber ihren Konkurrenten aus Partnerländern benachteiligt. Das trifft besonders die mittelständischen Unternehmen, das Rückgrat des wirtschaftlichen Aufschwunges. Die Berechtigung des Verlangens, den makroökonomischen Konvergenzen durch eine Modernisierung der Verwaltung Rechnung zu tragen, kann nicht abgestritten werden. Die Wirtschaft hat weitere Opfer für die Kriterien von Maastricht daran gebunden. Es geht vor allem um eine flexiblere Gestaltung der Arbeitsbedingungen, den Wegfall der verschiedenen Formen von Gelegenheitsarbeit und die Befreiung der Banken aus den Fesseln des öffentlichen Dienstes.[193]

Italien hat sich zunächst nicht übermäßig davon beeindruckt gezeigt, daß es eines radikalen politischen Kurswechsels bedürfen würde, wenn es zeitgerecht in der Lage sein wollte, die Kriterien von Maastricht zu erfüllen. Da sich die Beteiligten noch nicht dazu geäußert haben, kann nur vermutet werden, daß die Regierung Andreotti davon ausging, durch eine 'politische' Interpretation des Vertrages die Hindernisse für Italien aus dem Weg räumen zu können. Überlegungen und Maßnahmen zur Verbesserung der

192 Caracciolo, L., ibid. und Letta, E.: „EURO SI - Morire per Maastricht", Bari 1997
193 s. Amato, G.: „Il muro e la cattedrale", Il Mulino XLIII, Europa/2, S.83 ff.

monetären Stabilität hatten darum lange Zeit keine Priorität vor anderen Staatszielen. Wenn überhaupt die Frage in der politischen Diskussion auftauchte, ging es darum, die Zusatzprotokolle -und damit die Kriterien- zu ändern, den Zeitpunkt der Realisierung hinauszuschieben oder mit sachfremden Argumenten den italienischen Anspruch zu untermauern.

Allerdings setzte schon die der Regierung Andreotti folgende Regierung Amato die Sanierung der Staatsfinanzen auf die Tagesordnung, von der das Thema seitdem nicht mehr verschwunden ist. Amato hat den Weg begonnen, der nach Europa führen soll. Er hatte eine genau definierte Position: Es ging ihm darum, die Interessen Italiens zu pflegen und gleichzeitig den Prozeß der europäischen Integration zu fördern[194] Aus dieser Perspektive war es konsequent, wenn er Gejammer und die 'nationalistische' Rhetorik seiner Landsleute als Antwort auf das Schäuble-Papier für unverantwortlich hielt. Amato gelang es, die Staatsschulden signifikant abzubauen, ohne daß es dabei zu ernsthaften sozialen Konflikten gekommen wäre. Die nachfolgenden Regierungen gingen den gleichen Weg weiter, wenn auch mit geringerem Erfolg.

Das gilt im Prinzip auch für die Regierung Berlusconi. Sie verband die Haushaltsanierung jedoch mit der offenen Kritik an den Zusatzprotokollen, die die Grundsätze für die gemeinsame Währung festlegen. Der Außenminister Antonio Martino -ein Sohn Gaetano Martinos, der mit der Konferenz von Messina eine neue Phase der europäischen Integration eingeläutet hatte- stellte die Kriterien von Maastricht offiziell in Frage und arbeitete auf eine Revision des Vertrages hin, ohne bei seinen Partnern auf viel Gegenliebe zu stoßen. Im Grundsatz bezweifelte Martino, daß die monetäre Rigidität der Bundesbank die geeignete Antwort auf die Herausforderungen der Globalisierung ist. Im Konkreten ging es ihm darum, die Hegemonie der Mark -und der Bundesbank- beim finanzpolitischen Einigungsprozess zu bekämpfen. Wenn Martino in der EU mit seiner Haltung auch -abgesehen von den Briten- allein stand, hielt er seine Forderungen dennoch nicht für utopisch. Sonst hätte er sie als Sprecher der Opposition wohl kaum erneut als Richtlinie für die Europapolitik der Regierung Dini während des italienischen EU-Vorsitzes im ersten Halbjahr 1996 vorgeschlagen. Doch wurde der Vorschlag selbst von seiner eigenen Partei fallen gelassen. Die Opposition sprang auf den fahrenden Zug auf und setzte sich für die Erfüllung der Kriterien von Maastricht ein, allerdings mit einer anderen Verteilung der dafür notwendigen Opfer. Die Opposition war es, die strukturelle Reformen, und das heißt im hiesigen Sprachgebrauch Einschnitte in den Sozialstaat, forderte -jene Reformen, die zur Erfüllung des Konvergenzkriteriums von allen Seiten gefordert werden.

Die seit dem Frühjahr 1996 im Amt befindliche Regierung Prodi hat zunächst eher vorsichtig die bisherige Politik der Haushaltsanierung fortgesetzt. Die ersten Entwürfe der Finanziaria 1997 (Haushaltplan) sahen zwar eine Reduzierung der Staatsschulden, aber eher in der Größenordnung der Regierungen Ciampi, Berlusconi und Dini und nicht so überzeugend wie bei der Regierung Amato, vor. Jedenfalls konnte von einem Versuch, die magische Grenze von 3 Prozent im Verhältnis Defizit zu BIP zu erreichen,. keine Rede sein. 1996 sollten 6.7 Prozent erreicht werden. Von dieser Ausgangsbasis aus schien der Sprung zu 3 Prozent utopisch. Die Anstrengungen Italiens waren darauf

194 s. Amato, G.: ibid

konzentriert, eine politische Lösung durchzusetzen, die Italien auch bei 4.5 Prozent die Tür in die EWU geöffnet hätte.

Der Umschwung erfolge unvermutet unmittelbar nach dem Antrittsbesuch Prodis bei dem spanischen Ministerpräsidenten Aznar. In Italien nimmt man -trotz aller Dementis- darum allgemein an, daß Prodi seinem spanischen Kollegen vorgeschlagen habe, gemeinsam vorzugehen und die 'politische' sofortige Zulassung -d.h. ohne die Erfüllung der Kriterien- zur EWU zu verlangen. Aznar habe den Vorschlag abgelehnt, weil Spanien dieses Ziel aus eigenem Recht, unter Erfüllung der Kriterien erreichen werde. Damit hatte Italien den Verbündeten nicht gewonnen, den es brauchte, um die Berücksichtigung der mediterranen peripheren Sondersituation zu fordern. Im Gegenteil, Spanien hatte sich eher undiplomatisch schroff -gar nicht mediterran- davon abgesetzt. Die konzertierte Aktion hätte dazu dienen sollen, die rigide Haltung der Bundesbank aufzuweichen. Die Nervosität der italienischen Regierung nach dem Treffen war groß. Am Ende blieb dann nur noch der Rückzug übrig.

Für einen Zusammenhang der radikalen Umkehr Italiens in seiner Europapolitik mit dem spanisch-italienischen Gipfel, spricht auch die Tatsache, daß nur zehn Tage danach Prodi und Ciampi in der Kabinettsitzung mitteilten, man habe die Zielvorgabe für die Finanziaria 1997 geändert. Wenn bisher auf ein Verhältnis Defizit zu BIP von 4.5 Prozent festgelegt, sollte es nun 3 Prozent betragen, um von Anfang an das wichtigste Kriterium für die EWU zu erfüllen und so aus eigenem Recht von Anfang an bei der EWU dabei zu sein.[195]

Natürlich verlangte diese Änderung der Zielvorgabe erhebliche, ungewöhnliche Einsparungen bei den Staatsausgaben, bei gleichzeitiger Erhöhung der Staatseinnahmen. Einsparungen in der notwendigen Höhe jedoch waren ohne Einschnitte in das soziale Netz -wie auch in Frankreich und Deutschland- nicht vorstellbar. Kürzungen bei der überbordenden Altersversicherung und im Gesundheitswesen waren darum im ersten Entwurf der Finanziaria auch vorgesehen. Dieser Ansatz ließ sich allerdings nicht durchsetzen. Die Regierung Dini hatte 1995 -wie vor ihr die Regierung Amato- eine vorsichtige Reform der Altersversorgung durchgesetzt, die langristig auf die Abstellung der ärgsten Auswüchse abzielte. Sie hatte sich die Zustimmung der Gewerkschaften für diese Regelung jedoch mit dem Versprechen erkaufen müssen, weitere Änderungen vor 1998 nicht in die politische Debatte einzuführen. Die Gewerkschaften bestehen nun auf ihrem Schein. Eine Mitte-Links Regierung, wie die Regierung Prodi, kann einen Konflikt mit den Gewerkschaften nicht riskieren, ein Generalstreik -wie angedroht- wäre tödlich für sie gewesen.

Eine unüberwindbare Hürde gegen einen solchen Schritt fand Prodi schon in seiner eigenen Mehrheit. Die Koalition des Ulivo hat zwar im Senat eine eigene Mehrheit, in der Kammer ist sie dagegen auf die Stimmen der Prc angewiesen, mit der sie ein Wahlbündnis eingegangen war, ohne sich auf ein gemeinsames Programm einigen zu können. So ist die Prc auf die Europapolitik der Regierung Prodi nicht verpflichtet, sie steht ihr eher skeptisch gegenüber. Wenn sie sie unterstützt, dann nur zu ihren eigenen Bedingungen und nur um einen Sturz der Regierung zu verhindern.

---

195 Diario della Presidenza e del Consiglio dei Ministri, Freitag, 27.09.1996, nach: „Vita italiana: Documenti e informazioni", Nr. 9 - 12/96, S.272

Die Prc machte aus der 'Unversehrtheit des Sozialstaates' eine conditio sine qua non. Die Opposition war bereit, die Kürzungen mitzutragen, die Koalition wäre dagegen bei dem ersten Versuch, sich wechselnder Mehrheiten zu bedienen, zerbrochen. Für die italienische Politik hätte das mehr bedeutet als einen Regierungswechsel. Sie wiegt sich in dem Glauben, als Voraussetzung für Stabilität zu einem 'bipolaren' Parteiensystem angelsächsischer Art gefunden zu haben. Auch wenn das eine Fiktion ist,[196] eignet sich die Berufung darauf gut als politisches Instrument, darum kann die notwendige Mehrheit für strukturelle Reformen nicht aktiviert werden.

Die Masse der Kürzungen der Finanziaria 1997 sind zwei Bereichen zuzuordnen: Kürzung der Verwaltungsausgaben und Kampf gegen die Steuerhinterziehung.[197] Ansätze dieser Art sind ambivalent, Schätzungen bleiben ungenau. Hier und bei dem zu hoch angesetzten Bruttosozialprodukt liegen die Gründe, warum ein beträchtlicher Nachtragshaushalt notwendig wurde. Um den Haushalt wie gewünscht auszugleichen, waren in großem Maße Steuererhöhungen oder Steuerumbuchungen notwendig. So wird im Rahmen der Finanziaria eine Europasteuer (eurotasse) erhoben, die „una tantum", d.h. einmalig, bleiben soll und von der Prodi schon angedeutet hat, daß die Regierung überlege, sie unter Umständen zurückzuzahlen. Im Nachtragshaushalt wird von der Wirtschaft die Vorauszahlung erst später fälliger Steuern verlangt.

In diesem Zusammenhang relativiert sich die häufig zu hörende Meinung, die Italiener hätten enorme Opfer für die EWU gebracht. Dieses mag auf den ersten Blick so erscheinen, der Blick hinter die Kulissen jedoch enthüllt, daß die Opfer nicht aus dem Rahmen fallen. Zwar wird der Bürger von Steuererhöhungen sowie von einer Rezession getroffen, der der Staat dieses Mal nicht -wie gewohnt- durch Schuldenaufnahme gegensteuern kann, wenn das Ziel EWU nicht gefährdet werden soll. Der Staat ist aber nicht untätig: Zuschüsse zum Neukauf eines Autos oder von Krafträdern, bei gleichzeitiger Verschrottung eines alten PKW, bzw. Kraftrades, oder 20 % Abschreibungen für die Instandsetzungsmaßnahmen bei Häusern und Wohnungen kommen einer breiten Bevölkerungsschicht zugute, so daß die Rechnung sich ausgleicht.

Die neuen Steuern sind für die Regierung aber nur geringfügig weniger gefährlich als 'Abstriche vom Sozialstaat'. Sie treffen vor allem die Mittelklasse, die zum Wahlsieg des Ulivo entscheidend beigetragen hat und von der die Mehrheitsfähigkeit abhängt. Die Bezeichnung als Eurosteuer soll die Einmaligkeit betonen und die Akzeptanz erhöhen. Das Dilemma zwischen der Unfähigkeit zu strukturellen Reformen und dem Zwang, unter allen Umständen die Kriterien für Maastricht zu erfüllen, ist nicht auflösbar. Es gäbe im Parlament eine Mehrheit für die von allen Seiten geforderten Maßnahmen. Diese Mehrheit wäre aber nur gegen Prc und Gewerkschaften zu realisieren, und sie bedeutete die Auflösung des sozialen Konsensus. So gibt es aus der Sicht der im Ulivo zusammengeschlossenen Parteien keine Alternative zu der gegenwärtigen Regierungsmehrheit. Dazu kommen innerparteiliche Überlegungen. Zwar versteht sich die PdS als eine moderne sozialdemokratische Partei, das hindert ihren linken Flügel aber nicht, immer wieder mit der Prc zu liebäugeln. Die Bewegungsbreite d'Alemas ist beschränkt.

---

196 s. Masari, O.: „Perchè il sistema politica italiano non è quella di Westminster?" Quaderni di sociologia, Neue Reihe, XL 1996, S.12 ff.

197 s. Gazzeta Ufficiale della Repubblica Italiana, Nr. 43/L, 1.3.1997; Gesetze 662 „Misure di razionalizzazione della finanza pubblica" und Nr. 663 „Disposizione per la formazione del bilancio annuale e pluriennale dello Stato".

Die immer wieder ins Gespräch gebrachte Große Koalition hat auf diesem Hintergrund keine Chance.

Die sprunghafte Wandlung der PdS zu einer modernen, freiheitlichen[198], sozialdemokratischen Partei hat ihr zwar Wählerschichten in der Mitte erschlossen, während die Prc ob der Wendung enttäuschte Wähler abgefangen hat. Der Wahlerfolg 1996 war nur möglich, weil der Ulivo mit der Prc einen Pakt der 'desistenza' geschlossen hatte, d.h. man stellte in den Wahlkreisen keine Kandidaten gegeneinander auf, so daß das Wählerpotential optimal ausgenutzt werden konnnte. Darauf beruht letzten Endes der Wahlsieg, denn der Polo hatte mehr Stimmen gewonnen als seine siegreichen Gegner. Das macht die Stellung der Prc innerhalb der Regierungsmehrheit so stark und versieht Drohungen mit Neuwahlen im Falle eines Bruches des Regierungsbündnisses mit einem hohen Unwahrscheinlichkeitsfaktor.

Es gibt außerdem ein sentimentales Band zwischen PdS und Prc. Beide fühlen sich als Nachfolger der 'Linken', die nach 50 Jahren in der Opposition nun endlich regieren können. PSI und PSdI hatten sie nicht mehr zur Linken gerechnet, weil sie, einmal in der Regierungsverantwortung, keine linke Politik mehr betreiben konnten oder wollten.[199] Die Tatsache nicht regierungsfähig gewesen zu sein, unterscheidet die 'Linke' Italiens von allen anderen linken Parteien Europas. Sie wird als eine der Anomalien des Landes empfunden. Die Linke an der Regierung ist für Italien ein Schritt in Richtung auf 'normales' Land. Die Regierungsmehrheit ist mit emotionalem Zement gekittet: keiner der Beteiligten will den Schritt zur Normalität rückgängig machen, es sei denn die Prc fürchtet, durch den Erfolg der Europapolitik Prodis an die Wand gedrückt zu werden.

In der Spannung zwischen emotional bestimmter linker Solidarität und dem Kampf um taktische politische Positionen hat sich auch die Regierungskrise im Oktober 1997 abgespielt. Am Ende stand eine Vereinbarung, die die Koalition festigte und gleichzeitig weitreichende Forderungen der Altkommunisten in das Regierungsprogramm aufnahm. Dadurch verschob sich die Achse der Regierungspolitik erheblich nach links. Die notwendigen Strukturreformen wurden auf ein Minimum reduziert, die Privatisierung im Bereich der staatlichen Wirtschaft auf unbestimmte Zeit verschoben und Verpflichtungen eingegangen, die -wenn auch sehr viel später- der EWU zu schaffen machen werden.

Selbst bei genauem Hinsehen fällt es schwer, einen Unterschied zur 1. Republik zu finden: Die Richtlinien der Politik kommen nicht aus dem Kabinett sondern sind Ergebnis von Spitzengesprächen; parlamentarische Entscheidungen werden von den Parteivorsitzenden in Hinterzimmern der Palazzi ausgehandelt - und gleichzeitig auch die Schachzüge, die nach außen es erscheinen lassen, als ob Regierung und Opposition ihre Rolle wahrnehmen. Das Parlament kann nur nachvollziehen, was unter den Parteien oder zwischen Regierung und Sozialpartnern ausgehandelt wurde. Krisen sind in diesem Kontext nie 'verrückt', wie der Volksmund es ausdrückte, oder gar, wie Gerhard Schrö-

198 Die italienische Sprache unterscheidet zwischen liberalismo und liberismo, während das eine sich auf den freiheitlichen Rechtsstaat bezieht, hat das andere ausschliesslich wirtschaftliche Konnotationen. Wenn die PdS sich als eine Partei der „sinistra socialista e liberale" definiert, dann ist die Übersetzung „freiheitlich" am angemessensten.

199 s. Coen, F.: „Sinistra italiana - sinistra europea", Rom 1997, S.17 - 46

der die Oktoberkrise nannte „die unnötigste Krise seit Kriegsende in Europa“[200] Sie sind Teil der politischen Auseinandersetzung. In Italien sagen sie wenig über die Stabilität oder Glaubwürdigkeit einer Regierung aus.

Der Enthusiasmus, der aus der Hoffnung gespeist wird, die Kriterien von Maastricht erfüllen zu können und damit aus eigenem Recht zu den Gründungsmitgliedern der EWU zu gehören, verdunkelt den Blick für andere Faktoren, die erfüllt sein müssen: politische Stabilität und Konvergenz der wirtschafts- und finanzpolitischen Entwicklung. Letzteres gilt auf jeden Fall für eines der -wenn auch weniger zwingenden- Kritierien, das Italien unter keinen Umständen erfüllen kann: das Verhältnis von Staatsschuld zu BIP übertrifft die vorgegebene Marge um ein Vielfaches. Für die italienische Politik ist diese Tatsache nicht gefährlich, da sie mit politischen Mitteln zu neutralisieren ist.

Es besteht Übereinstimmung darüber, daß zur innenpolitischen Stabilität vorrangig eine Stärkung der Exekutive notwendig ist. Die Vorstellungen dazu gehen jedoch sehr weit auseinander. Die Rücksichtnahme auf die weit auseinanderklaffenden Konzepte aller in l'Ulivo zusammengeschlossenen Parteien lassen eine breitfundierte Konsensusbildung nicht zu. Wie schon ausgeführt ist es unwahrscheinlich, daß in absehbarer Zeit eine Verfassungsänderung rechtskräftig wird, die über Retouschen hinausgeht.

Die schwerste Hürde auf dem Parcours nach Maastricht ist sicherlich die Frage der Konvergenz. Italien hat darum intensiv daran gearbeitet, daß die Maßnahmen bei Nichterfüllung des Stabilitätspaktes in der Hand der Politik bleiben und nicht der Zentralbank überlassen werden. Der Sieg linker Parteien in England und in Frankreich läßt es hoffen, dort in Zukunft Widerhall für sein Angebot zu finden, einen gemeinsamen Schutzwall gegen eine deutsche Hegemonie in Europa zu errichten, dabei vergessend, daß die EWU dieser Schutzwall sein soll und daß auch der deutsche Beitritt an Bedingungen gebunden ist.. Italien meint nun in Frankreich einen neuen Schutzherren gefunden zu haben, der -wie einst im Falle der NATO- die Zustimmung zum Beitritt Italiens zu einer conditio sine qua non des eigenen Beitritts macht. Die Unterstützung aller Initiativen, die auf eine Aufweichung der Kriterien und des Stabilitätspaktes zielen, weil nur dann die eigene Europapolitik Erfolg haben kann, ist ein Indikator, daß Italien eine Konvergenz weder ansteuern will noch kann, weil die innenpolitischen Umstände und die herrschende politische Philosophie die damit verbundenen sozialen Konflikte nicht aushalten kann.

In diesem Kontext ist zu beachten, daß Italien selbst sich nach außen hin sehr zurückhält und keine Initiativen ergreift, die auf eine Aufweichung der Kriterien oder eine Verschiebung hinzielen. Damit soll betont werden, daß das Land nicht auf krummen Wegen sondern unter Bezahlung des vollen Eintrittspreises seinen Weg an den Beratungstisch nimmt, denn es hat die „carte in regola“ (die Papiere in Ordnung). Hier zieht man sich auf eine ausschließlich formale Betrachtungsweise zurück, ohne den inhaltlichen Zielvorgaben Rechnung zu tragen. Es sind nicht nur innenpolitische Gegner, wie Martino, die feststellen, daß bei Anlegung inhaltlicher Kriterien die Papiere eben nicht in Ordnung sind. Wenn man sich entscheidet, eine permissive Interpretation der Konvergenzkriterien vorzunehmen, dann würde man schließlich Länder wie Italien und auch Frankreich zulassen, die vorgegeben haben, die Papiere in Ordnung zu haben, ohne daß

200 nach Corriere della Sera vom 13.10.1997: „La crisi politica piu inutile di tutto il dopoguerra.“

das der Fall ist. Auf diese Weise würde der EURO eine instabile Währung mit großem währungspolitischem Risiko"[201]

Ralf Dahrendorf nannte kürzlich das Verhalten Deutschlands gegenüber Italien in Bezug auf die EWU „skandalös".[202]Weil seit der Regierung Amato Italien sehr viel mehr für die Haushaltsanierung getan habe als Deutschland. Es ist schwierig, den Realitätswert dieser Feststellung zu diskutieren, da beide Länder von unterschiedlichen Voraussetzungen ausgehen. Gewiß, die Bundesrepublik ist unter den Ländern, in denen ein tiefes Mißtrauen gegenüber Italien besteht, aber sie ist nicht allein. Mißtrauen - in der Form von Ratschlägen und Ermahnungen - zeigen auch zahlreiche andere Länder und fast alle internationalen Organisationen der Wirtschaft. Die Zweifel beziehen sich nicht auf die Kriterien, die Italien wohl mit einer Ausnahme, so gut oder so schlecht wie die Bundesrepublik erreichen wird, sondern auf die Wirtschaftspolitik, die die Grundlagen für die vom Vertrag geforderte Konvergenz schaffen soll. Giorgio La Malfa berichtet, daß Prodi ihn nach der überraschenden Verdopplung der Finanziaria von 30000 auf 60000 Milliarden Lire gefragt habe, ob er zufrieden sei. Er habe mit 'ja' geantwortet, aber gleichzeitig gewarnt, daß Prodi nun eine Politik machen müsse, die das Land wirklich nach Maastricht führe. Leider entspreche dem Nachdruck, den die Regierung auf Europa setze, nicht eine Intervention der gleichen finanziellen Größenordnung.[203] La Malfa, der dem Bündnis l'Ulivo angehört, ist der Meinung, daß die finanzielle Situation Italiens sich zwar erheblich verbessert hat, daß sie aber dennoch weitgehend außer Kontrolle ist. Es sei darum unnütz mit Kohl zu streiten, anstatt die Gewerkschaften und Bertinotti zu überzeugen.[204]

Auf den gleichen Tatbestand macht Jacque Delors aufmerksam. „Es reicht nicht, ein Jahr tugendhaft zu sein, wenn man das Jahr danach wieder sündigt."[205] Am deutlichsten hat der Politologe Angelo Panebianco die Bedenken der ausländischen Partner - die auch die Bedenken, der auf eine Modernisierung des Staates hoffenden Italiener sind - ausgesprochen. Anknüpfend an die Bemerkung des Staatspräsidenten, man müsse sich gegen die buchhalterische Bewertung (durch Deutschland, das auf den Kriterien rigide besteht) wehren: „dobbiamo ribellarci a una valutazione ragionieristica", verlangt er Verständnis dafür, daß Deutschland und Frankreich mißtrauisch einer Mentalität gegenüber sind, die den Staatshaushalt und die politische Moral voneinander trennt: „...Duri 'fatti' che stanno sotto le cifre e una non meglio precisata 'volonta politica che darebbe, solo in visti della sua manifestazione, essere in grado ignorare i fatti, farsene addiritura beffa." [206](die harten Tatsachen, die unter dem Strich stehen, und ein nicht näher präzisierter 'politischerWille', der allein dank seiner Äußerungen in der Lage ist, die Fakten

---

201 Ballardin, G.: „Non credo ai veti di Kohl contro i communisti" (Interview mit Martino), Corriere della Sera 5.3.1997:
„Se...decidesse di adottare un'interpretazione permissiva dei criterie di convergenza si finirebbe con ammettere anche Paesi (come l'Italia e anche la Francia) che hanno fatta finta di avere le carte in regola, senza averle. Cosi l'EURO diventerebbe una moneta instabile, con gravi rischi di disordine monetario."

202 „Scandaloso il pregiudizio di Bonn contro di voi" , Corriere della Sera 31.5.1997

203 La Repubblica 17.5.1997

204 „...inutile litigare con Kohl, cerca invece di convincere i sindacati e Bertinotti", ibid

205 Interview mit P. Garimberti in La Repubblica 17.4.1997: „Non basta essere virtuosi un anno se si torna a peccare l'anno dopo."

206 Panebianco, A.: Ragionieri europei e furbi italiani", Corriere della Sera 25.4.1997

zu ignorieren, sie geradezu auf den Arm zu nehmen). Es ist die politische Unzuverlässigkeit Italiens, die das Land immer wieder insbesondere gegenüber der EU gezeigt hat, die den sofortigen Beitritt in Frage stellt. Darüber besteht kein Zweifel. In diesem Punkt steht Panebianco nicht allein. Franco Venturini, Massimo Rivo und Sergio Romano haben mit nicht geringerer Heftigkeit auf den Tatbestand hingewiesen.

Bestätigt wird die Analyse von Mario Monti, einem der italienischen Mitglieder der europäischen Kommission, der sich bei den bisherigen EWU Verhandlungen intensiv für die Sache seines Landes eingesetzt und dabei in der Praxis erfahren hat, worin die Bedenken gegen Italien bestehen. Es sind Verfahren wie die Umgehung des Art. 81 der italienischen Verfassung, der ein Haushaltdefizit verbietet, der jedoch umgangen wird, indem Staatsanleihen, also Schulden, zu Einnahmen deklariert werden. Vor allem aber sieht Monti die Reformen in einem anderen Licht als Dahrendorf: „Da una parte ci sono stati passi mirati a ottenere i risultati quantitativi a breve termini, che sono stati molto rilevanti e apprezzati dalla Commissione. Dall'altra non si è osato intaccare in modo strutturale e radicale meccanismi di spesa.“[207](Einerseits wurden quantitative Resultate kurzfristig angesteuert, die relevant waren und von der Kommission auch geschätzt werden. Andererseits hat man nicht gewagt, die Mechanismen der Staatsausgaben struktural und radikal zu ändern.) Hier schließt sich der vicious circle.

Radikale Reformen sind in Italien unmöglich, weil dort die Grundlage der Regierung systemverändernde Maßnahmen nur im Konsens der sozialen Kräfte zuläßt. Daß der Regierungsmehrheit eine kommunistische Partei angehört, die eurofeindlich -oder doch wenigstens europa-gleichgültig- ist, spielt eine geringe Rolle, um noch einmal mit Monti zu reden. Ausschlaggebender ist, daß Italien seine Abneigung gegen die Marktwirtschaft immer noch nicht überwunden hat. Auch ohne das Problem Prc gibt es keine Mehrheit für die Schaffung der Voraussetzungen für einen modernen Staat: "Bilanzdisziplin, Wettbewerbsfreiheit, Unabhängigkeit der Zentralbank, Währungsstabilität usw“[208] Nach Monti ist die mißtrauische Haltung der Partnerländer darum verständlich. Dahrendorfs 'skandalös' mag zwar in Italien gern gehört werden, es kommt auch der Abneigung gegen die Deutschen entgegen, schadet aber letzten Endes dem Lande, weil es die konservativen, reformunwilligen Kräfte in ihrem Beharrungswillen bestärkt: „I nostri veri nemici siamo, come al solito, noi stessi.“(Unsere wahren Feinde sind, wie gewöhnlich, wir selbst.)[209]

Das Ausweichen auf die nicht näher definierte 'volontà politica' in Italien hat noch eine andere Seite. Wenn man ein politisches Europa verlangt, im Gegensatz zum Europa der Bankiers, dann verlangt man einen anderen Ansatz für den weiteren Einigungsprozess Europa. Nicht die finanzpolitische Einheit soll - sozusagen von unten nach oben - die Einigung vorantreiben, sondern aus der wirtschaftspolitischen Einheit soll sich alles andere von oben nach unten ergeben. Damit soll verhindert werden, daß eine rigide Finanzpolitik, den Kampf gegen die Arbeitslosigkeit - das Banner der eigenen Wirtschaftspolitik - behindert. Im Grunde aber kann man in Italien nicht ausschließen, daß auch die Bekämpfung der Arbeitslosigkeit nur ein Vorwand ist, um weiter die Politik der Lösung innenpolitischer Probleme durch Schuldenaufnahme zu rechtfertigen.

---

207 „Una classe politica poco affidabili“ (Interview von A. Boncenni mit M.Monti), Corriere della Sera 27.4.1997

208 ibid.

209 Panebianco, A., op.cit.

Natürlich ist die französische Initiative, den Stabilitätspakt zu einem 'Pakt der Stabilität und des Wachstums' zu erweitern, nicht mit der Begeisterung aufgenommen worden, die man nach den ständigen Klagen über das Europa der Bankiers hätte erwarten können.[210] Zwar jubelt die Linke, aber der Wirtschaftsminister äußert sich eher zurückhaltend. Er begrüßt zwar, daß die bisher vernachlässigten Größen 'Wachstum' und 'Beschäftigung' nach dem französischen Vorschlag berücksichtigt werden sollen. „Le obiettive della stabilità monetaria communque non è in discussione, come nessuno vuole rimettere in gioco l'idea di proseguire verso la moneta unica secondo il calendario e i criteri di Maastricht. Il treno è partito e nessuno ormai lo puo fermare.“ [211](Die Zielvorgabe der monetären Stabilität jedoch, steht nicht zur Diskussion, wie niemand, den Gedanken in Gefahr bringen will, die einheitliche Währung nach dem Zeitplan und den Kriterien von Maastricht anzustreben. Der Zug ist abgefahren und niemand kann ihn mehr anhalten).

Ciampis Äußerung deutet einen grundsätzlichen Wandel der italienischen Haltung zum Zeitplan an. Hatte die Regierung vorher jede Spekulation auf eine Verschiebung der Termine begrüßt , weil sie der -verständlichen- Meinung war, daß es für sie einfacher und leichter durchsetzbar sein würde, wenn sie die notwendigen Maßnahmen über einen längeren Zeitraum strecken könnte, so ist sie inzwischen auf Distanz dazu gegangen. Das erstaunt umso mehr, als von allen Seiten die Verschiebung der Einführung des EURO Italien immer wieder als der Rettungsgürtel zugeworfen wird, so wenn der Vorsitzende des Sachverständigenrates, Professor Hax, auf die Frage von La Repubblica[212], ob eine Verschiebung nicht einem Todesurteil gleich käme, schlicht mit „Nein“ antwortet, um dann fortzufahren, daß -nicht nur für Italien sondern für alle - eine zeitweise Verschiebung unendlich viel besser sei, als ein pünktlicher Beginn, weil Italien auf diese Weise mehr Zeit für eine Konsolidierung habe.

Italien muß bei seiner Haltung gegen eine Verschiebung der Währungsunion[213] bleiben, wenn auch mit dem Vorbehalt, daß man auf die Haltung der Partnerländer Rücksicht nehmen müsse. Eine Verschiebung wäre für Italien schon wegen der Furcht vor einem wiederauflebenden (deutschen!) Nationalismus und der Gefahr eines Rückschlages für die Sanierung des italienischen öffentlichen Haushaltes nicht wünschenswert. Eine entscheidende Rolle spielt mit Sicherheit die Erkenntnis, daß bei einer späteren Einführung des EURO das Land vor den gleichen Problemen wie heute stünde. Wie

210 L'Unita 10.6.1997:“Ciampi ha anche spiegato, con grande onestà intellettuale, che l'Italia non avrebbe potuto fare la tessa cosa.'Noi abbiamo avuto il Problema di un forte recupero di creditibilità e immagine. Saremo rimasti soli e tutti avrebbero capito nel caso avessimo sollevato il problema soziale, che non volevamo impegnarci nel risanimento nella corsa verso l'euro.“ (Wir haben das Problem gehabt, Glaubwürdigkeit und Image zurückgewinnen zu müßen. Wir wären allein geblieben, und wenn wir das soziale Problem angesprochen hätten, dann hätten das alle so verstanden, daß wir uns nicht für eine Sanierung der öffentlichen Finanzen, für den Haushalt einsetzen wollten).

211 „Da Parigi una doccia fredda sull'EURO“, Corriere della Sera 10.6.1997

212 La Repubblica 6.6.1997

213 Minister Ciampi am 4.6.1997 anlässlich der Vorstellung des 'Documento di programmazione economico - finanziaria 1998 - 2000' bei einer gemeinsamen Sitzung der Finanzausschüsse von Senat und Deputiertenkammer. Senato, 151. Resoconto (edizione non definitive, S.11: „Ribadisce, quindi, che l'Italia manterro ferma la propria posizione favorevole a non rinviare l'arrivo dell'Unione monetario europea.“

flexibel Italien die Gelegenheiten ausnutzen will, zeigt sich an seiner Reaktion auf die französischen Vorschläge, den Stabilitätspakt zu erweitern.

Die Aussicht auf eine Konsolidierung bei Verschiebung geht unter den geschilderten Umständen an der italienischen Realität vorbei, da die notwendigen strukturellen Reformen, insbesondere der Rentenversicherung, nicht durchsetzbar sind. Es besteht keine Aussicht auf Änderung dieser Grundsituation. Die Versuche in den Haushaltgesetzen im Blick auf Maastricht entsprechende Maßnahmen vorzusehen, sind schon im Vorfeld gescheitert. Sicher, bei einer Verschiebung des Termins würde die Bindung an das Versprechen, vor 1998 nicht über eine weitere Reform der Altersversorgung mit den Gewerkschaften zu verhandeln, wegfallen; die Konfrontation in der Sache jedoch bliebe und mit ihr der Zweifel an der Kreditwürdigkeit und Zuverlässigkeit und Glaubwürdigkeit Italiens. Aus dieser Perspektive gesehen kann Italien durch eine Verschiebung eher verlieren als gewinnen.

Über der Frage der Verschiebung trennen sich die Geister von Europäisten und Euroskeptikern. Die einen sind von den Vorteilen der EWU inzwischen überzeugt[214], so daß sie unter allen Umständen und sofort davon profitieren wollen. Die anderen hoffen, daß eine Verschiebung, wie immer man sie terminiert, am Ende eine 'Verschiebung ad calendas graecas' wird. Die Regierung, die ja ihr Schicksal an den Erfolg ihrer Europapolitik gebunden hat, drängt -in Kenntnis der realen politischen Situation- nicht mehr auf eine Verschiebung.

Das hat nichts damit zu tun, daß beide Seiten den Vertrag, insbesondere die Kriterien für die gemeinsame Währung, für unsozial halten. Er wird als Faktum hingenommen, weil gegen die Deutschen oder -die Sicht der Machtverhältnisse genauer definierend- gegen die Bundesbank Italien ohnmächtig ist. Deshalb gehen Anstöße, die von Zeit zu Zeit gemacht werden, um der Sozialkomponente zu ihrem Recht zu verhelfen, schnell unter. Als der Vorstandsvorsitzende von FIAT, Cesare Romiti im Herbst 1996 vorschlug, der Bekämpfung der Arbeitslosigkeit die Priorität vor dem sofortigen Beitritt zur EWU zu geben, wurde sein Vorschlag von der Beweisführung der Experten, die bewiesen, daß eine solche Alternative unsinnig ist, vom Tisch gefegt.[215] Nichtsdestoweniger wird in der Politik jetzt ein solcher Zusammenhang hergestellt. Es gibt keinen Zweifel: Die Schaffung von Arbeitsplätzen in der EU soll durch öffentliche Arbeitsbeschaffung in Form großer, länderübergreifender, von der EU finanzierter Projekte geschehen.

Italien hat diese Vorstellungen für sich selbst realisiert, indem die Regierung mit den Gewerkschaften und der Confindustria (Arbeitgeberverband) einen 'Pakt für Arbeit' geschlossen hat, dessen Umsetzung in Gesetzesform allerdings lange dauerte.[216] Heftig umstritten -vor allem in der Regierungsmehrheit- war der Konsens über eine 'Flexibilisierung der Löhne, die dazu beitragen sollte, mehr Arbeitsplätze im Mezzogiorno zu schaffen', indem Löhne und Produktivität in ein akzeptables Verhältnis gebracht werden. Der Kern des Paktes jedoch besteht in der Bereitstellung zusätzlicher Haushaltmittel, um für 100 000 Arbeitslose auf die Dauer von einem Jahr 'sozial wichtige Arbeit' zu finanzieren. Es handelt sich dabei um 'Notstandsarbeiten' aller Art, die in einem Land, das keine geregelte Arbeitslosenversicherung kennt, eine wesentliche

---

214 s. Turani, G.: „Scappiamo in Europa", Milano 1997

215 Corriere della Sera 27.8.1996

216 Ministro del Lavoro e della Provvidenza Sociale: „Il patto per il lavoro diventa legge", Roma 1997

soziale Unterstützung sind, die aber nicht zur strukturellen Bekämpfung der Arbeitslosigkeit beitragen.

Der Sozialstaat ist in Italien im Verlaufe der Diskussion um die EWU zu einer Art 'Heiliger Kuh' geworden, an der Haltung zu ihm scheiden sich die Geister. Einerseits wird darauf hingewiesen, daß die Sozialausgaben -mit Ausnahme der Altersversicherung- hinter denen der meisten anderen Partnerländer zurückblieben. Andererseits wird an den Auswüchsen der 'Anciennitätsrenten' (nach 35 Beitragsjahren ab 53 Jahren) -den sogenannten Babyrenten- festgehalten, indem man soziale Rechtfertigungsgründe aus allen Ecken hervorkehrt. In der Auseinandersetzung über die eigene Wirtschafts- und Sozialpolitik wird die Außenpolitik völlig in den Hintergrund gedrängt. Die mit dem EURO im Kern verbundene Absicht, das Übergewicht Deutschlands in Europa zu neutralisieren und ihm die Möglichkeit zu nehmen, sich aus der Westbindung zu lösen, jene Gefahr eines neuen 'Mitteleuropa', das Italien so fürchtet, spielt in der italienischen EWU Politik keine Rolle. Da von Prestigedenken und der Rücksichtnahme auf innenpolitische Konstellationen beherrscht, hat die italienische Politik sich einen Pappkameraden als Gegner aufgebaut -die Mark, die Bankiers, die Buchhalter- , auf den es nun eifrig einhaut. Außenpolitische Überlegungen spielen so gut wie keine Rolle. Die kommen höchstens -und dann auch nur bedingt- im Verhältnis zu Frankreich zum Tragen, seit dem sozialistischen Wahlsieg wird die Freundschaft zur 'lateinischen Schwester' sehr gepflegt.

Es sieht eine wachsende wirtschaftspolitische Spannung zwischen Frankreich und Deutschland und hofft, daß es als Gegengewicht gebraucht wird, damit Frankreich nicht Tag für Tag der wirtschafts- und finanzpolitischen Macht der Bundesrepublik allein standhalten muß: „Siamo utili perchè eviteremmo per Parigi di dovere affrontare da sola, giorno dopo giorno, la potenza economica e finanziaria della Repubblica Federale".[217] In der italienischen Politik wird dabei übersehen, daß das -alle anderen Überlegungen dominierende- Ziel der französischen Außenpolitik darin bestehen muß, die deutsche Macht mit einem Gegengewicht auszugleichen: „deve equilibrare con qualche contrappeso la potenza tedesca".[218] Die Unterstützung eines Landes ohne finanzielle und institutionelle Glaubwürdigkeit würde einem solchen Ziel entgegenwirken.

Dazu darf nicht übersehen werden, daß auch die Innenpolitik -von der EWU ausgehender Zwang zur Modernisierung und Einfluß auf die Sezessionsbestrebungen- den sofortigen Beitritt verlangt.[219] Wenn ein so einflußreicher, l'Ulivo nahestehender Journalist wie Eugenio Scalfari davon spricht, daß Deutschland wahrscheinlich dauernd gespalten ist zwischen seiner Verankerung im demokratischen Westen und in seiner teutonisch und imperialen Geschichte[220], dann hat das durchaus politisches Gewicht. Es geht Italien bei seiner Forderung nach einer gleichzeitig mit der EWU ihre Arbeit aufnehmende wirtschaftspolitischen Instanz, um die wirtschaftspolitische Entmachtung Deutschlands. Diese Instanz würde durch eine Politik des deficit-spending die Währungshüter zwingen, sich der Politik anzupassen und auf diese Weise die Bundesbank auf ihre natürlichen Dimensionen zurückführen, „die eines Institutes, das der finanzielle

217 Romano, S.: „Ecco perchè la Francia fa il tifo per noi", Panorama 29.5.1997

218 Romano, S., ibid

219 Romano, S.: "Se manchiamo l'Europa, vince il Gazebo", Panorama 5.6.1997, S.17

220 Scalfari, E.:"La Banca dell'ordine teutonica", La Repubblica 12.6.1997

Grundlage des Landes verwaltet und nicht den Stand der deutschen Ritter, was im Interesse Europas Deutschlands und des Kanzlers Kohl ist."[221]

Italien hat es geschafft, den wichtigsten Kriterien von Maastricht so nahe zu kommen wie die meisten anderen europäischen Staaten. Kenner wissen jedoch, daß jede Anhebung des Zinssatzes der Federal Reserve Bank oder der Bundesband das kunstvolle Rechenwerk zum Einsturz bringen kann. Auf Dauer wird diese Politik nicht fortgeführt werden können -jedenfalls nicht im für Italien unabdingbaren politischen und sozialen Konsens. Sie wird vom politischen Willen auch nur getragen, weil nun einmal Deutschland so dominiert, daß man keinen Ansatz für eine Änderung der Situation sieht, vor allem, weil sich die Suche nach Verbündeten für eine antideutsche Koalition als erfolglos erwies. Aus italienischer Sicht gibt es keine Sachargumente und keine politischen Angebote, die Italien zu dem Einverständnis bringen könnten, nicht zum Kreis der Erlesenen, der Ersten zu gehören.

In der italienischen Perspektive ist es die Bundesbank, die Italien nicht -jedenfalls nicht so bald- in der EWU haben will; und weil sie den politischen Willen der Mehrheit der Deutschen vertritt, kann selbst der Kanzler sich nicht gegen sie durchsetzen.[222] Es geht nur um das -wie ein rotes Band sich durch die italienische Geschichte ziehende- höchste nationale Interesse: Dabeisein ist alles. Auf den Kanzler Kohl -den Enkel Adenauers und Erben Brandts und Schmidts- richten sich die italienischen Hoffnungen. Ihm wird zugetraut, daß er sich gegen die Bundesbank durchsetzt. In dem Fall sieht sich Italien in der EWU, denn wenn auch die mit der Mitgliedschaft verbundenen Voraussetzungen nicht erfüllt sein sollten, so setzt es darauf, daß der gute Wille anerkannt wird.

Es gibt Anzeichen, daß es Italien möglich sein könnte, der EWU zu signalisieren, die Reformen seien auf Dauer angelegt, indem es die von allen Seiten geforderten strukturellen Reformen in Angriff nimmt. Der Vorsitzende der stärksten Gewerkschaft Cgil, Cofferati, hat angedeutet, daß die Gewerkschaften bereit sein könnten, um der Vorteile von Europa willen, eine weitere Reform der Altersversicherung zu akzeptieren. Das 'Ja' zu Europa beinhalte aber die Voraussetzung, daß es sich um ein Europa handele, in dem die Arbeit einen angemessenen Wert habe. In unmittelbarem Zusammenhang mit der französischen Forderung nach einer entsprechenden Erweiterung des Stabilitätspaktes gesprochen, deutet sich damit die Brücke an, auf der Italien den Weg in die EWU finden will.[223]

Die deutsche Außen- und Europapolitik steht mithin vor einem nur mit einem harten Schnitt auflösbaren Dilemma. Entweder sie besteht darauf, daß die Kriterien von Maastricht ohne Abstriche und ohne Garantie in Bezug auf Glaubwürdigkeit und Stabilität strikt eingehalten werden oder sie wählt eine politische Lösung, die es Italien ermöglicht, von Anfang an dabei zu sein, aber die gleichzeitig darauf verzichtet, dem EURO die gleiche Stabilität, wie die Mark sie besitzt, mit in die Wiege zu legen. Abgesehen davon, ob die 'harte' Lösung noch durchsetzbar ist, wird Deutschland in diesem Fall verdächtigt werden, auf den Spuren seiner Vergangenheit zu wandeln. Das Wort vom „monetären Rassismus" hat schon in der Umgangssprache seinen Platz gefunden. Kein Dementi wird verhindern, daß die Überzeugung, die Separationsbestrebungen im

221 Scalfari, E.: ibid.

222 s. Fubini, F.: „Italia - Germania desideranno i supplementari", LiMes 2/97, S. 43-62

223 Cofferati, S. anlässlich der Präsentierung des Buches von W. Veltroni: „La sinistra da governare", Rom, Residenza Ripetta, 12.6.1997

Norden würden von Deutschland - wenn nicht von Regierungen, dann von anderen Institutionen - unterstützt[224], unausrottbar ist. Helmut Schmidt ist - jedenfalls für Italien - zuzustimmen, daß Deutschland durch das rigide Beharren auf den Kriterien von Maastricht „gegenüber den Ländern Südeuropas, und besonders gegenüber Italien, sehr viel mehr als in den letzten fünfzig Jahren, sich entschieden unsympathisch gemacht (hat).“[225]

Wenn Italien der unmittelbare Zutritt verweigert wird, dürfte sich der Sympathieverfall erheblich steigern. Man muß nicht mit Ralf Dahrendorf und Helmut Schmidt argumentieren, daß es skandalös sei, wenn man Italien nicht in der EWU haben wolle. Man braucht nur den Tatsachen ins Auge sehen. Als Helmut Schmidt Bundeskanzler war, hat er den Sympathieverfall in Kauf genommen und das Gold der Bank von Italien als Pfand für ein größeres deutsches Darlehen verlangt. Sein Verlangen wurde von den Italienern als unbillig empfunden, sein Verhalten wirkt bis heute nach. Bei allen Überlegungen sollte nicht außer Acht gelassen werden, daß Italien im Fall der Nichtberücksichtigung eine schwerere Niederlage erlebt als Caporetto und daß es in ein größeres Chaos verfallen wird als nach dem ersten Weltkrieg. Das sollte gegenüber den Vorzügen der Geldwertstabilität in die Erwägung einbezogen werden.

Um den Deutschen die Angst vor der Teilnahme Italiens an der EWU zu nehmen, mag es notwendig sein, das Land zu einem Hort der Geldwertstabilität hochzustilisieren, wie es die ZEIT im Gefolge Helmut Schmidts von Zeit zu Zeit tut. Für den Analytiker ist es wichtig zu wissen, daß es sich dabei um eine politische und keine sachliche Aussage handelt. Für Italien selbst ist Geldwertstabilität keine Priorität, es unterwirft sich ihr, da sie von außen aufgedrängt wird, und es tut das nur, weil es nicht aus dem Club der Großen gedrängt werden will. Italien hat kunstvoll ein Kartenwerk errichtet, das seine Zulassung sichert. Dieses ist jedoch zerbrechlich. Jede Veränderung des Zinssatzes durch die Federal Reserve Bank oder durch die Bundesbank kann das Kartenhaus zum Einsturz bringen. Italien hat alle seine Möglichkeiten ausgeschöpft. Darum ist für Prodi „la parola rinvio“ (das Wort Verschiebung) keine „parola usabile“ (kein benutzbares Wort).[226] Die Italiener sind sich dessen durchaus bewußt. Als die ZEIT unter der Überschrift „Die Italiener als Vorbild - sie strengen sich für den EURO mehr an als andere Länder“[227], eine Eloge auf die Anstrengungen Italiens singt, titelt La Repubblica als Antwort: „ Non diteci bravi“[228](nennt uns nicht tüchtig), denn vieles, was geschehen ist, war nur Schein; um zu enden: „Italia è paese vanesio, vive di forma. Per i complimenti impazzisce.“ (Italien ist ein eitles Land, es lebt der äußeren Form. Für ein Kompliment verliert es den Verstand.)

Wenn heute nach der langen politischen Debatte, in der die Höhe der Staatsschulden keine oder nur eine negligable Rolle spielten, dieses Kriterium benutzt würde, um Italien zunächst bei der EWU auszuschließen, würde das als Manipulation, als Willkür, als Schikane empfunden werden. Italien rechnet damit, daß es im nationalen Interesse der

224 So weist z.B. Bruno Luverà auf das über die Bayrische Landeszentrale für Politische Bildung finanzierte Internationale Institut für Nationalitätenrecht und Regionalismus hin. LiMes 2/97, S.94

225 Schmidt, H.: „Rinviate e l'America dominerà“, Die Zeit/La Repubblica 12.6.97 (Rückübersetzung aus dem Italienischen)

226 Interview, Panorama 4.9.1997, S.23

227 Die ZEIT 28.8.1997

228 La Repubblica 30.8.1997

Mehrheit seiner EU Partner liegt, ihm beim EURO nicht die Tür vor der Nase zuzumachen. Langfristig politisch betrachtet, sollte es auch im nationalen Interesse der Bundesrepublik sein; wohl wissend, daß Risikobereitschaft zum Wesen der Politik gehört. Im Fall des EURO hat Hans D. Barbier in der Frankfurter Allgemeinen es auf die knappe Formel gebracht: „Ohne Stabilitätsrisiken ist das Experiment nicht zu haben."[229] Darauf setzt letzten Endes die italienische Politik.

Es hat keinen Zweck sich vorzumachen, daß Italien nun über ein stabiles Regierungssystem verfügt. Wie ausführlich dargelegt worden ist, hat es bisher keine Reform der Verfassungsstrukturen gegeben, die Stabilität verbürgen würden. Bis zur Regierungskrise im Oktober 1997 war die Regierung wesentlich kürzer als einige der Regierungen der 1. Republik im Amt. Die politische Stabilität ist eine Funktion der Spannungen innerhalb der jeweiligen Regierungsmehrheit, die Berufung auf ein bipolares Parteiensystem ist Hoffnung , nicht aber Realität. Hat Italien nicht auf der anderen Seite bewiesen, daß auch in einem in sich instabilen System eine stabile Politik betrieben werden kann. Es sei nur an die Kampagne gegen die Stationierung der INF erinnert. Es führt darum auf einen falschen Weg, wenn bei jeder Regierungskrise der Beitritt zur EWU von innen und außen infrage gestellt wird. Solche Krisen sagen nichts über die Zuverlässigkeit Italiens aus.

Prodi sagte kürzlich in einem Fernsehinterview, daß Italien ein „harter Herbst" bevorstehe („in autunno sara durissimo"), da das Land dann die endgültige Bewertung aushalten müsse. Dann muß es den „Eindruck machen, daß unsere Fortschritte dauerhaft seien."[230] Die Regierung hofft im Gespräch mit den Sozialpartnern strukturelle Reformen durchzusetzen, die den Eindruck einer dauerhaften Sanierung des Staatshaushaltes machen werden. Die Entscheidung darüber wird auf der politischen Ebene liegen. Bei ihr wird dann auch berücksichtigt werden müssen, daß Italien bei einem Ausschluß von der Kerngruppe der Währungsunion in seinem Selbstgefühl entschieden getroffen und innenpolitisch destabilisiert würde. Michael Kreiles Feststellung[231], daß dieses einem Marginalisierungskomplex Vorschub leisten würde, der Italiens europapolitische Kooperationsbereitchaft „wahrscheinlich nicht gerade förderte", ist genau so eine Untertreibung wie die Meinung, eine solche Entscheidung werde nicht die Sezession Padaniens auslösen. Beides wird mit Sicherheit -wenn auch in der weichen italienischen und nicht in der harten deutschen Form- die Folge sein. Die Frage, der sich Deutschland gegenüber sieht, ist nicht die, ob man zulassen kann, daß die europäische Währung weicher sein kann als die deutsche Mark. Wer Europa wirklich will, muß das in Kauf nehmen. Die Frage ist vielmehr, ob auch in Deutschland im Umkreis der Europapolitik die Außenpolitik abgedankt hat und Finanz- und Wirtschaftspolitik die Entscheidungen bestimmen.

Es lohnt sich, einmal zurückzusehen. Die Anfänge werden leicht vergessen und damit auch die ursprünglichen Zielvorstellungen. Geht es bei der Währungsunion nicht darum, den Einigungsprozess Europas unauflöslich zu machen? Geht es nicht darum, daß das durch die Wiedervereinigung in Europa übermächtig gewordene Deutschland seine Finanzhoheit auf dem Altar der Einigung Europas opfert, um sich so seiner

229 Frankfurter Allgemeine Zeitung 28.6.1997

230 Prodi in einem Interview mit TG 5 (Mentana) am 25.7.1997: „dare l'impressione che i nostri miglioramenti siano durativi"

231 Kreile, M.: „FES Analyse Italien", Bonn April 1997, S.12

schärfsten Waffe zu begeben; einer Waffe, die Europa fürchtet, wie einst die Panzerkolonnen des Blitzkrieges. Natürlich geht es im Hintergrund darum, konkurrenzfähig zu bleiben in einer Welt, die mehr und mehr den Gesetzen der Globalisierung unterworfen ist. Primären Rang haben jedoch die erstgenannten Ziele, und sie sind ausschließlich der Außenpolitik zuzuordnen. Außenpolitische Überlegungen hingegen verlangen, daß nur beschränkt die Stabilität der Mark ein Kriterium sein kann, wenn ein Land der EU alle Anstrengungen macht, um die gesetzten Bedingungen zu erfüllen und allen Bemühungen, die diesem Ziel gelten, Priorität gegeben hat. Italien hat den Deutschen Freundschaft angeboten, es liegt an der deutschen Außenpolitik zu entscheiden, ob das Angebot nicht seinen Preis wert ist. Ist ein „scambio fra unificazione tedesca e europeizzazione della Germania“ (ein Tausch zwischen deutscher Wiedervereinigung und Europäisierung Deutschlands) nicht im nationalen Interesse Deutschlands?

Im Brennpunkt der Außenpolitik - Missione Alba

Albanien hat in der europäischen Geschichte nur selten von sich reden gemacht. Das kleine, archaische[232], schwer zugängliche, nicht über ausbeutungsfähige Rohstoffe verfügende Land hat keinen Stellenwert in der machtpolitischen Rechnung des europäischen Staatensystems. Selbst in den Zeiten des Kalten Krieges konnte Albanien es sich erlauben, eine Extrarolle zu spielen und Moskau seinen Gehorsam aufkündigen. Was kümmerte es Stalin, daß ein wirtschaftlich und militärisch so unbedeutendes Land sich von ihm abwendete und sich unter den Schutz des Großen Chinas stellte? Die Bedeutung des Landes, das nur durch den Kanal von Otranto von Apulien getrennt ist und darum als Aufmarschgebiet zur Bedrohung der Südflanke der NATO hätte dienen können, spielte in den Plänen des Warschauer Paktes nie eine Rolle. Die russischen Planer wußten, daß die Bedrohung der Südflanke die Herrschaft über das Mittelmeer voraussetzte. Nach dem Ende des Kalten Krieges und dem Zusammenbruch der kommunistischen Herrschaft in Albanien begannen - wie überall auf dem Balkan - die USA erste Verhandlungen über die Errichtung von amerikanischen Stützpunkten in Albanien. Damit wurde Albanien zu einem Faktor der amerikanischen Politik.

Aus italienischer Perspektive hingegen ist Albanien nicht die kleine, insignifikante, machtpolitische Größe, sondern ein Nachbar, mit dem man seit Jahrhunderten im guten wie im Bösen zusammengelebt hat. Wegen seiner geopolitischen Bedeutung allein muß Albanien eine große Priorität in der Rangfolge der italienischen nationalen Interessen einnehmen. Wenn es auch utopisch war, das Mittelmeer wieder - wie einst in der Antike - zum 'mare nostro' machen zu wollen, so boten Geschichte und Gegenwart doch an, die beherrschende Stellung in der Adria anzustreben. Dafür war Albanien der Schlüssel. Italien versuchte darum, sich bei der Aufteilung des zerfallenden osmanischen Reiches Albanien zu sichern.

Seit dem 11. Jahrhundert, als die Normannen Albanien als Absprungbasis für die Eroberung Siziliens und Süditaliens nutzten, in der Zeit der venezianischen Seeherrschaft über die Adria, als sich Venedig in den Hafenstädten festsetzte, gilt Albanien als Einflußsphäre italienischer Mächte. Die ottomanischen Eroberungszüge setzten dem ein Ende. Die ottomanische Bedrohung ist der Anlaß für eine erste Flüchtlingswelle von Albaniern, die in Süditalien Zuflucht suchen. Im 16. Jahrhundert werden Menschen als Kapital betrachtet. Die Flüchtlinge werden darum - vorwiegend in Kalabrien - in eigenen Dörfern angesiedelt, mit dem Privileg, ihre heimischen Sitten und Gebräuche beibehalten zu können. Diese Dörfer sind noch heute eine folkloristische Attraktion.

Seit dem Berliner Kongreß hat sich Italien für die Unversehrtheit der ethnischen Einheit Albaniens und für seine Unabhängigkeit eingesetzt, schließlich war das Land der Schlüssel für die Sicherheit der italienischen Küsten in der Adria. Nachdem Albanien 1912 in den Wirren der Balkankriege die Unabhängigkeit errungen hatte, ging es für die italienische Außenpolitik zunächst darum, über die Unabhängigkeit des neuen Staates zu wachen. Zu dem Preis, den sowohl die Mittelmächte als auch die Entente für den

232 s. Montanelli, I.: „Albania“, Nachdruck: Sette (Beilage zum Corriere della Sera) Nr. 16, 24.4.1997, S.30-40. Es handelt sich um den auszugsweisen Nachdruck eines Berichtes aus dem Jahre 1939, der seine Aktualität behalten hat.

Kriegseintritt Italiens auf jeweils ihrer Seite bereit waren zu zahlen, gehörte Albaniens Zugehörigkeit zur italienischen Einflußsphäre; vertraglich ließ sich Italien eine militärische Base in Valona zusichern.

Bei Kriegsende standen 100 000 italienische Soldaten auf albanischem Boden. Die internationalen Verwicklungen auf dem Balkan ließen es nicht zu, sich die Beute mit Gewalt zu nehmen. Der Widerstand der einheimischen Bevölkerung, die fehlende Infrastruktur und die Zustände in Italien, die eine ausreichende Versorgung unmöglich machten, manövrierten die italienischen Truppen in eine unhaltbare Situation. Es war der Pragmatiker Giolitti, der -kurz nachdem er die Regierungsgeschäfte noch einmal übernommen hatte- 1921 sofort die Unabhängigkeit Albaniens anerkennt und den Rückzug der Truppen anordnete, so daß Italien keine 'brutta figura' machte. Es darf jedoch nicht verschwiegen werden, daß um ungefähr die gleiche Zeit, Mussolini im 'Popolo d'Italia' im Kontext der Versorgung des Bevölkerungsüberschusses Albanien den künftigen Kolonien gleichstellt.[233]

In den Zwischenkriegsjahren konkurrierten Jugoslawien und Italien um den bestimmenden Einfluß in Albanien. Nachdem es einem der Stammeshäuptlinge aus dem Norden, Hamed Zogu -der sich später zum König proklamieren ließ- gelungen war, mit jugoslawischer Hilfe die Macht zu erringen, widerstand er den Verlockungen der von Italien gebotenen finanziellen Unterstützung nicht und schwenkte auf die italienische Seite. Die Verbindungen wurden immer enger; sie verdichteten sich und wurden schließlich als Protektorat formalisiert. Es ist gut sich zu erinnern, daß Italien sein Vorgehen damals gegenüber den Großmächten damit rechtfertigte, es könne nur so revolutionären Umtrieben entgegentreten und die Regierung Zogu stabilisieren.[234] In der Zeit des Protektorates hat die italienische Unterstützung zur Sanierung des albanischen Haushaltes und zu Anfängen einer Infrastrukur und zu ersten Ansätzen für eine wirtschaftliche Entwicklung geführt. Albanien war Italien schon immer viel wert.

Das alles änderte jedoch nichts an der Grundstruktur des 'Landes der Skipetaren': Stammeseinheiten waren nicht nur die soziale sondern auch die politische Größe, die das Leben im Land bestimmten und an denen sich der Wille der Zentralregierung brach. Es gab zwar ein albanisches Volk -die ethnische Gemeinsamkeit blieb stets lebendig- aber es gab keine albanische Nation. Das dürfte einer der Gründe dafür sein, warum Italien 1939 auf wenig Widerstand traf, als es -als Kompensation für deutsche Erfolge und wohl gleichzeitig, um dem deutschen Vordringen auf dem Balkan zuvorzukommen[235]- König Zogu entthronte und das Land annektierte. Mussolini konnte seinem König eine weitere Krone aufsetzen. Albanien wurde eine Provinz „nella communità imperiale di Roma".[236]

Die Herrschaft Italiens in Albanien dauerte nur kurze Zeit. Dennoch hat sie bleibende Zeichen hinterlassen. Italien setzte den von Zogu mit Nachdruck betriebenen Aufbau

233 „la valorizzazione delle colonie attuali e future, e dell'Albania", zit. nach Rumi, G.: „Alle origine della politica estera fascista 1918 - 1923", Milano 1968

234 s. Ambrosini, G.:"L'Albania nella communità imperiale di Roma", Rom 1940, S. 52

235 Der italienische Außenminister, der als Architekt der Eroberung Albaniens in die Geschichte einging, war Trauzeuge bei der Hochzeit Zogus mit einer Angehörigen des ungarischen Hochadels gewesen, die erst kurz vorher stattgefunden hatte. Er war besonders beeindruckt von der Tatsache, daß die Braut aus einer „traditionell deutschfreundlichen Familie" stammte. (Nach: „Una tragedia fascista", Dokumentarfilm von Caracciolo, RAI 3, 11.9.1997)

236 s. Ambrosini, G., ibid.

der Hauptstadt Tirana fort und engagierte sich im Ausbau einer wenigstens minimalen Infrastruktur. Am 8.September 1943 war der Traum von einem Italien, das beide Seiten des Kanals von Otranto kontrolliert, ausgeträumt. Kurze Zeit später sollte der Eiserne Vorhang auch in der Adria niedergehen.

Der Zusammenbruch des Kommunismus nahm Albanien nicht aus. Auch dort war das durch den 'realen Sozialismus' geschaffene Elend so groß, daß es eines Ventils bedurfte. Die Ähnlichkeit mit der Wende in der DDR ist nicht zu übersehen. Es überrascht z.B. nicht, daß so viele Albanier italienisch sprechen, denn das italienische Fernsehen kann ohne größere Probleme in Albanien empfangen werden. Das Bild von Wohlstand und gutem Leben, das sich aus der Werbung und den Fernsehserien ergibt, spiegelt zwar nicht die italienische Realität, aber für Menschen, die von der Welt abgeschnitten sind und die keine Möglichkeit haben, die Scheinwelt des Bildschirms mit der Realität zu vergleichen, wird der Schein zur Wirklichkeit. Platos Höhlengleichnis wandelt sich von einer Metapher zur Wirklichkeit. E.Deaglio geht noch weiter und spricht davon, daß es Italien gelungen sei, den ersten Fall von totalem Fernsehkolonialismus zu produzieren.[237] Die Albanier haben getan, was auch die Bewohner der DDR taten: sie sind, nachdem die Diktatur Löcher bekommen hatte, in Massen in jenes Paradies geflüchtet, das da angeblich vor ihrer Haustür lag, und in dem sie sich zu Hause fühlten.

Die erste große Flüchtlingswelle schlug über Italien zusammen, als 1991 eine schwere Wirtschafts- und Versorgungskrise in Albanien die Menschen nach einer Alternative zu der hoffnungslosen Lage suchen ließ. Damals kamen allein mit einem Handelsschiff 23 000 verzweifelte Flüchtlinge in Süditalien an. Die italienischen Behörden wußtennicht anders der Massen Herr zu werden, als sie in einem Fußballstadion einzuschließen. Das Vorgehen wurde in Italien -und auch in der restlichen Welt- sehr kritisch kommentiert. Die Flüchtlinge wurden in Übereinstimmung mit der albanischen Regierung in Militärmaschinen repatriiert, nachdem jeder zuvor Jeans, ein Hemd und Lit. 50 000 bekommen hatte. Die Zustimmung der albanischen Regierung hatte Italien erkauft mit dem Versprechen, Hilfe zur Bekämpfung der Wirtschaftskrise zu leisten. Das geschah mit Nachdruck und mit der Hilfe der EG. Die Hauptlast blieb bei Italien. Ein großer Teil der so abgeschobenen Flüchtlinge kam später wieder illegal nach Italien.

Die Unterstützung hatte Erfolg, in den folgenden Jahren normalisierte sich das Verhältnis zwischen beiden Staaten. Italienische Gewerbetreibende und Kleinunternehmer machten sich das Lohngefälle zunutze und bauten in Albanien Produktionsstätten auf. Die engen Wirtschaftsbeziehungen verdichteten sich zu gleichermaßen engen politischen Beziehungen. Im Schatten der guten formalen Beziehungen aber entwickelt sich eine Gegenwelt: eine Welt, die geprägt ist von den Begriffen Mafia und Prostitution.

Die Mafia unter dem Druck, den in ihrer Heimat Polizei und Gerichte auf sie ausübten, fand es vorteilhaft, Filialen in Albanien einzurichten. Da beide Länder über nicht kontrollierbare Küstengrenzen verfügen, war das Vorhaben ohne Schwierigkeiten in die Tat umzusetzen. So war zwar die Massenflucht aus Albanien zunächst abgeblockt worden, an ihre Stelle jedoch war ein ständiges illegales Hin und Her zwischen den beiden Ländern getreten. Albanier beherrschten bald einen signifikanten Teil des Prostituier-

237 Deaglio, E.: „O come Otranto", in: „Diario della settimana", Beilage zu l'Unità, Nr.14, 9.-15.4.1997, S.18: „noi siamo riusciti, senza neanche volerlo a produrre il primo caso di colonialismo televisivo totale..."

tenmarktes in Italien, sie trugen dazu bei, den Rauschgiftmarkt zu versorgen[238] Die Albanier sind heute in Italien die unbeliebtesten 'extracommunitari': „Sono considerati atavicamente violenti, mafiosi, crudeli, sfruttatori di donne e di bambini".[239] (Sie gelten als außerordentlich gewalttätige, Mafiosi, grausam, Ausbeuter von Frauen und Kindern).

Die Kenntnis dieser Details ist Voraussetzung für die anderenfalls unverständliche Reaktion Italiens auf die albanische Krise von 1997. Die italienische Albanienpolitik 1997 enthält wie in einem Mikrokosmos alle Elemente der Außenpolitik des Landes, das wie eine 'Großmacht' behandelt werden will, auch wenn es nur eine 'Mittlere Macht' ist.

Erst 1992 mit der Wahl Salim Berishas zum Präsidenten wurde der endgültige Bruch mit dem Kommunismus vollzogen. Berishas Regierung versuchte durch einen Sturzregen von Gesetzen die Zwangsregelungen des alten Systems abzuschaffen. Ein besonderer Erfolg war ihm auf dem Gebiet der Wirtschaftspolitik beschieden. Immerhin gelang es ihm, die Inflationsrate von 226 % (1992) auf die Höhe von 8.2 % (1995) abzusenken und das Pro-Kopf-Einkommen der Bevölkerung signifikant zu erhöhen.[240] Die Krise, die 1997 das Land in ein Chaos stürzte, kam darum für alle überraschend.

Im Mai 1996 hatten Parlamentswahlen stattgefunden, die zu einem hohen Sieg der Regierungspartei und zu heftigen Protesten wegen Wahlbetruges geführt hatten. In Italien wird Albanien so wichtig genommen, daß sich der Auswärtige Ausschuß mit dem Thema beschäftigte und eine Resolution verabschiedete, in der ein Dialog zwischen Regierung und Opposition gefordert wurde, um Bedingungen der vollen demokratischen Normalität wieder herzustellen und einwandfreie Kommunalwahlen im Herbst zu gewährleisten.[241] Im Vollzug dieser Entschließung vereinbarten beide Außenminister, daß ein italienischer Sondergesandter nach Albanien gesandt wird „per contatti". Es ging, sehr allgemein gehalten, darum zu versuchen, den albanischen Demokratisierungsprozess zu fördern, indem man die politischen Kräfte einander näher bringt.

Der für die Aufgabe gewählte ehemalige italienische Botschafter in Bonn, Ferraris, kam zu dem Ergebnis, daß es bei den Wahlen massive Irregularitäten gegeben hat, daß aber diese die Substanz des Wählerwillens nicht verändert hätten.[242] Ferraris organisiert ein Beobachterkorps für die Kommunalwahlen im Herbst 1996, die dann vom Europarat als „fair and free" beurteilt wurden. Der Beobachter aus Italien kam abschließend zu der Erkenntnis, daß die Demokratische Partei Berishas sich als Mehrheitspartei bestätigt hat, während „il Partito socialista sembra costretto in un ruolo secondario sin tanto che non si decida a passare il guado verso la socialdemocrazia"[243] (die sozialistische Partei auf eine sekundäre Rolle beschränkt ist, solange sie sich nicht entscheidet, das Tor zur Sozialdemokratie zu durchschreiten).

Die Wirtschaftspolitik Berishas zielte auf Privatisierung und auf eine breite Verbesserung der Lebensverhältnisse. Um Privatkapital anzuziehen, lockte Albanien mit Sub-

---

238 s. dazu im Einzelnen Mattera, O.: „ Adriatico, il mare della mafia", in: „ Albania emergenza italiana", Quaderni speciali di LiMes, Roma 1997, S.95 - 100

239 Deaglio, E.,op.cit., S.18

240 Pitassio, A.: „Il dramma di una nazione incompiuta", in: „Albania emergenza italiana", op.cit., S.73f

241 Ferraris, L.V.: „Diario di una missione a Tirana", in: „Albania emergenza italiana", op.cit., S. 73 f.

242 ibid., S.76: „Le mille irregolarità non hanno alterato la sostanza della volontà dell'elettorato."

243 ibid., S.81

ventionen, niedrigen Lohnkosten und hohen Kapitalzinsen. Dieses System machten sich zahlreiche Finanzierungsgesellschaften zunutze, die mit hohen Zinsen -bis zu 70 %- den albanischen Kleinsparern das Geld aus der Tasche zogen. Weil die Gesellschaften ungewöhnlich lange im Markt bleiben konnten, bis sie zusammenbrachen, verbreiteten sie vorübergehend Wohlstand. Als sie zusammenbrachen, gab die Bevölkerung der Regierung die Schuld und ging auf die Straße.

Die Demonstrationen wuchsen sich im Süden zu lokalen Aufständen aus, die bald die ganze Region umfaßten.[244] Der Versuch, die Aufstände mit militärischen Mitteln zu unterdrücken, mißlang. Streitkräfte und Polizei lösten sich auf. Die Aufständischen stürmten die Waffenmagazine und fanden so Zugang selbst zu schweren Waffen. Das Land versank im Chaos.

Italien war an dieser Lage nicht ganz unschuldig. Auch etliche Italiener, vor allem Kleinindustrielle, hatten sich, geblendet durch Steuererleichterungen, an der Aktivität der albanischen Finanzierungsgesellschaften beteiligt, so wie etliche Politiker.[245] Das italienische Außenministerium bemühte sich intensiv und versuchte immer wieder, einen Dialog zwischen Regierung und Opposition zu initiieren, bzw. nicht abbrechen zu lassen, um die Situation zu entschärfen. Im März 1997 wird durch italienische Vermittlung dann auch zwischen den Parteien eine Vereinbarung erzielt, die als wichtigsten Punkt die Beauftragung von Baschkim Fino, Exponent der Sozialistischen Partei, als Ministerpräsident einer Regierung der Nation der Einheit enthält. Die italienische Rolle in diesem Kontext wurde nach außen sichtbar: Außenminister Dini war als Garant der Vereinbarung bei deren Unterzeichnung anwesend. Wenn L.V. Ferraris dennoch meint, daß die Farnesina ihre Bemühungen zu früh aufgegeben habe[246], dann kann das nur damit zusammenhängen, daß in der Farnesina unterschiedliche Zielvorstellungen über die gewünschte Entwicklung in Albanien herrschten.

Dieses wurde deutlich, als Staatssekretär Fassino bei einer Sitzung des Vorstandes der PdS ausführte, daß die Regierung Fino dem Präsidenten Berisha aufgezwungen worden sei und daß es sowohl für die PdS als auch für die Regierung mehr als selbstverständlich sei, daß Berisha zurücktreten müsse.[247] Natürlich führte diese Äußerung zu einem Protest Albaniens und zu einem entschuldigenden 'Dementi Prodis, ohne daß es deshalb zu einer Änderung der Politik gekommen ist. Das gilt um so mehr, als Fassino's Äußerung im Kontext von Angriffen eines Mitgliedes des linken Flügels der PdS gegen den italienischen Botschafter in Tirana, Foresti, gesehen werden muß. Foresti hatte während seiner Amtszeit eng mit Berisha zusammengearbeitet und war durch den Mitschnitt von Telefongesprächen mit Angehörigen der Entourage des Präsidenten gerade in Albanien und Italien bloßgestellt worden. Seine Amtszeit ging dem Ende zu, seine Ablösung auf dem Höhepunkt der Krise jedoch kann nur politisch interpretiert werden.

---

244 Das Land wird bestimmt von einem starken Gegensatz zwischen Nord und Süd. Ursächlich dafür ist eine unterschiedliche soziale Struktur und unterschiedliche religiöse Bekenntnisse. Die politische Führung hat in der Vergangenheit überwiegend bei Politikern mit südlicher Herkunft gelegen. Berisha ist einer der ersten, der aus dem Norden stammt.

245 Mattera, O., op.cit., S.99: „Anche parecchi italiani, soprattutto piccoli industriali accecati dalle facilitazioni fiscali, sono entrati nelle attività finanziarie albanesi così come parecchi politici nostrani."

246 Ferraris, L.V., op.cit., S.86

247 Rogone, V.: „Fassino: Berisha? Sene deve andare", L'Unità 9.4.1997: „Che lui se ne debba andare è chiarissima, per noi. E quando dico noi non dico solo il PdS ma anche il governo."

Mit der Entscheidung gegen Berisha hat sich Italien das Wohlwollen der USA gesichert. Aus nicht ganz verständlichen Gründen wirkten die USA schon längere Zeit auf den Sturz Berishas hin. Weder der Einfluß der griechischen Lobby allein, die einen Mann aus dem Norden nicht will, weil sie fürchtet, daß er eine aggressive Außenpolitik zur Heimführung der von Albaniern bewohnten griechischen Landesteile betreiben wird[248], noch die Schwierigkeiten bei den Gesprächen über die Überlassung von Stützpunkten an die USA, wie man in Italien vermutet, können der ausschließliche Anlaß gewesen sein. Fest steht, daß die USA unter allen Umständen die Gelegenheit zum Sturz Berishas nutzen wollten. Wenn Italien auf die amerikanische Politik einschwenkte, konnte es regionale nationale Interessen mit einer Grundlinie seiner Außenpolitik verbinden. Die USA hingegen konnten Italien als Bauern in dem Schachspiel benutzen, in dem sie als König nur wenig Bewegungsfreiheit hatten.

Auf dem Höhepunkt der albanischen Krise, als die Staatsgewalt zusammengebrochen war, schwemmte erneut eine Flüchtlingswelle -dem Chaos ausweichender und gleichzeitig das Wirtschaftswunderland Italien suchender- Albanier über den Kanal von Otranto nach Apulien. Die illegale Einwanderungswelle wurde von den Medien unverhältnismäßig aufgebauscht, so daß die Politiker meinten, sich einer nationalen Katastrophe gegenüber zu sehen. Im Grunde jedoch ist das Einwanderungsproblem [249] in Italien weitaus geringer als in den anderen großen westlichen Industriestaaten.[250] Legal leben 827 000 Ausländer aus Nicht-EU-Staaten (extracommunitari) in Italien. Italien ist ein Durchgangsland: Das Asylrecht setzt enge Grenzen, und da es keine der Sozialhilfe entsprechende öffentliche Unterstützung gibt, besteht auch kein finanzieller Anreiz. Die Zahlen sprechen für sich. Im Augenblick steht Italien bei der Aufnahme von 'Fremden' auf dem letzten Platz[251], unter den vergleichbaren westlichen Staaten.

	Deutschland	Frankreich	GB	Italien
Fremde aus der EU	1.507.000	1.311.000	740.000	164.000
legale Extracomm.	4.988.000	2.284.000	1.278.000	827.000
illegale Extracomm.	1.500.000	500.000	100.000	700.000

Von diesen Zahlen her gesehen, konnten die wenig mehr als zehntausend Flüchtlinge, die in Italien Schutz vor dem Chaos in Albanien suchten und wohl die 'Gelegenheit nutzen wollten, sich im 'goldenen Westen' eine bessere Zukunft zu schaffen, keine unüberwindlichen Probleme schaffen. Zum Vergleich sei nur daran erinnert, daß die Bundesrepublik seinerzeit ca. 360.000 Kriegsflüchtlinge aus Bosnien aufnehmen konnte.

248 Konomi, A.: „Perchè a Valona? Geopolitica delle rivolte", in: „Albania emergenza italiana", op.cit., S.33

249 Der Begriff 'Einwanderer' wird hier als Sammelbegriff in direkter Übersetzung des italienischen Begriffes 'immigrati' benutzt und umfaßt also auch spezifische Untergruppen wie Asylanten.

250 Romano, S.: „Gli immigrati? Clandestini per legge", Panorama 28.8.1997

251 Die Zahlen stammen aus dem Corriere della Sera vom 28.8.1997. Sie müßen an dem Anspruch Italiens gemessen werden, zu den 'Großen 4' der EU zu gehören und daran, daß Italien nach der Bevölkerungszahl durchaus Frankreich und England vergleichbar ist. Die Zahlen über 'Illegale' sind nach der Natur der Sache Schätzungen.

Wenn ein so bekannter Journalist wie Enzo Biagi versucht, die Dinge zurecht zu rükken und seiner Verwunderung darüber Ausdruck gibt, warum ein Volk sich wegen der Ankunft von einigen Tausend Pilgern einer Krise gegenüber sieht[252], dann verhallen seine Worte im Wind. Die Unverhältnismäßigkeit der italienischen Aufregung über die Fluchtbewegung aus Albanien, ist spätestens mit der Kritik der UN an dem Verhalten Italiens weltweit zur Diskussion gestellt worden. Die Kritik führte andererseits in Italien selbst zu keiner Änderung des Denkens. Das Land fühlte sich unverstanden und wies auf die bisher aufgenommenen Flüchtlinge und die Albanien geleistete Hilfe hin.[253] Außerdem exkulpiert es sich, indem es die Kritik entsprechend italienischer Denkstruktur, d.h. aus der Voreingenommenheit des Generalsekretärs der UN gegenüber Italien ableitet. Als Kofi Annan nach Ende der 'Aktion Alba' Italien lobt und seine Politik in Hinsicht auf die Flüchtlinge für „giusta" erklärt,[254] wird auch das nicht sachlich sondern als Wandel der persönlichen Einstellung zu Italien gewertet.

Es war aber nicht nur Italiens Verwicklung in die 'albanischen Angelegenheiten', die das Land veranlaßten, aktiv in die albanische Krise einzugreifen. Der Ausschluß aus der Kontaktgruppe ist immer noch nicht verschmerzt. Die Wunde brennt so schmerzhaft, daß der Charakter und die Größenordnung des Konfliktes nicht richtig eingeschätzt wurden. Albanien ist nicht Jugoslawien und der Zerfall der Staatsauthorität im Land der Skipetaren war kein Bürgerkrieg.

Jedenfalls entschloß sich Italien einzugreifen. Da die albanische Regierung es um Hilfe gebeten und ihm freie Hand bei der Bekämpfung des Flüchtlingsstromes gegeben hatte, konnte es sich auf eine Art von internationalem Mandat berufen. Eine militärische Intervention, in deren Schatten die Ordnungskräfte Albaniens wieder funktionsfähig gemacht werden konnten, überstieg seine Kräfte.[255] Dieses war jedoch nicht der eigentliche Grund, warum Italien sich entschied, sich zusätzlich internationaler Absicherung zu versichern.

Es lag auf der Hand, daß Italien sich zunächst an die EU wandte, denn schließlich ist die Forderung nach einer gemeinsamen europäischen Sicherheits- und Außenpolitik ein Banner der italienischen Europapolitik. Während in italienischer Perspektive jedoch die Krise in Albanien den Anfängen des Konfliktes in Bosnien gleichzusetzen war, sah die Mehrzahl der Mitglieder der EU eine vergleichbare Qualität der Krise nicht. Für sie blieben die Zustände in Albanien zum größeren Teil ein Problem des Landes selbst und im übrigen ein Problem Italiens. Die EU stellte es also ihren Mitgliedern frei einzugreifen, wenn sie es für notwendig erachteten. Die EU erklärte sich bereit, solche Bemühungen zu unterstützen, wenn entsprechende Sicherheitsbedingungen gegeben wären. Im übrigen wurde Italien an die OSZE und die UN verwiesen, falls es einer internationa-

252 Biagi, E.: „Le battaglie preferite? Meglio se senza nemico", Corriere della Sera 3.4.1997: „...non capisco perchè un popolo di 56 o 57 millioni di abitanti vada in crisi per l'arrivo di qualche migliaio di pellegrini."

253 In den Worten des Außenministers: „Noi abbiamo già ospitato qui decine di migliaia di profughi. L'Italia è in prima linea nel fornire la maggior parte dell'aiuto all'Albania." (Wir haben schon Zehntausenden von Flüchtlingen Gastfreundschaft gewährt. Italien ist in vorderster Linie dabei, den größten Teil der Hilfe für Albanien zu leisten.), zit. nach Corriere della Sera 3.4.1997

254 Annan, Kofi: „Politica giusta e coraggiosa", Corriere della Sera 3.4.1997

255 s. Fisichella, D.:"Le nostre Forze Armate sono state ridotto all'osso", Il Messagero 1.4.1997. Fisichella vertritt AN in der Deputiertenkammer. In Deutschland würde man ihn in die Kategorie der 'Vordenker' einordnen, dementsprechend ist der Artikel nicht polemisch.

len Rückendeckung zu bedürfen meinte. Die aber wurde immer dringender, damit jeder Anschein vermieden wurde, man hätte sich Albanien gegenüber Mussolinis Schuhe angezogen, hatte doch schon ein so einflußreicher Journalist wie Gad Lerner in einer seriösen Zeitung wie La Stampa geschrieben, daß es notwendig wäre, daß Italien ein „Protettorato virtuoso" in Albanien errichte, um die legitime Ordnung wieder herzustellen.[256]

Die OSZE sandte einen Vermittler zu den zerstrittenen Parteien in Albanien. Im übrigen reagierten alle internationalen Organisationen zurückhaltend. Die Gleichsetzung von Albanien und Bosnien wurde von niemandem nachvollzogen; es gab darum keinen Grund zur Aufregung. Italien und anderen Staaten, die daran interessiert sein sollten einzuschreiten, wurde freigestellt, eine entsprechende Operation vorzubereiten. Für diesen Fall wurde dann eine internationale Abdeckung in Aussicht gestellt. Das mangelnde Verständnis vor allem Deutschlands[257] und Englands trifft in Italien auf Unverständnis und wird mit mangelnder Kenntnis der Probleme und der Politik des Mittelmeerraumes erklärt. Als sich neben Frankreich (1000), der Türkei (700), Griechenland (680), Spanien (450), Rumänien (400) und Österreich (120)[258] nur ein nordeuropäischer Staat, Dänemark, bereit erklärt, mit 60 Soldaten sich an der internationalen, von Italien (2500) geführten Streitkraft zu beteiligen, wird das abschließend als Indiz für das mangelnde Interesse der EU an den Problemen Südeuropas genommen. Am meisten verwundert die italienische Kritik an der deutschen Albanienpolitik, weil sie einerseits voraussetzt, daß Deutschlands wirtschaftliche Interessen in Albanien aus italienischer Sicht ein Eingreifen verlangen würden, während andererseits von den Mitteleuropabefürchtungen Italiens keine Rede mehr ist.

Italien sieht sich als Vorreiter Europas. Es fühlt sich aufgerufen, für Europa bella figura zu machen. Es soll nicht wieder vorkommen, daß -wie in Bosnien- Europa nicht fähig ist, eine europäische Krise eigenständig zu lösen, so daß die USA eingreifen müssen. Aus italienischer Sicht ist Albanien eine Nation am Rande des Abgrundes, die Europa bittet einzugreifen.[259] Es gibt strategische Interessen, die nicht nur Italien, Frankreich, Spanien gemeinsam sind, sondern auch den Engländern und den Deutschen. In der Diskussion wird eine neue Art von 'sacro egoismo' augenfällig. Italien agiert in der albanischen Krise ausschließlich in seinem nationalen Interesse. Sein Verlangen, daß diese italienischen nationalen Interessen mit denen Europas übereinstimmen, trifft den Kern des Problems einer gemeinsamen europäischen Sicherheits- und Außenpolitik. So aber fühlte sich Italien im doppelten Sinn von seinen europäischen Partnern und Verbündeten im Stich gelassen: im Verfolg der nationalen und der europäischen Sicherheitsinteressen.

Italien holte sich schließlich bei den UN die internationale Abdeckung. Das war in der Form nicht ganz einfach. Es handelte sich weder um eine 'peace keeping'- noch um eine 'peace restoring'-Aktion im Auftrag der UN, es lag deshalb auch kein Auftrag der

---

256 Lerner, G. in La Stampa gemäß „Sette", Beilage zum Corriere della Sera Nr. 16, 24.4.1997

257 Bemerkung des ehemaligen italienischen Botschafters in Bonn, L.V. Ferraris, anläßlich der Vorstellung von Bibò, I.: „Isteria tedesca, paura francese, insicurezza italiana" am 9.4.1997

258 Die Zahlen in Klammern geben die Größe des Kontingentes an.

259 Corbi, G.: „Missione Alba, il conto della spesa", La Repubblica 25.4.1997: „C'è una nazione sull'orlo del precipizio, ha invocato il suo (EU) intervento. Ci sono interessi strategici che sono communi non solo italiani, francesi, spagnoli, ma anche agli inglesi e ai tedeschi."

UN vor und die 'Aktion Alba' wurde nicht von einer UN-Friedenstruppe durchgeführt, um den Vollzug von Friedensresolutionen durchzusetzen. Der Sicherheitsrat autorisierte die Staaten, die sich an der multinationalen Streitkraft beteiligen wollten, und gab den Rahmen vor. Es handelte sich also nicht um ein Mandat der UN im herkömmlichen Sinne. Italien münzte die Autorisation aus innen- und außenpolitischen Gründen in eine Verpflichtung, einen Auftrag um und vertauschte dadurch die Rollen. Prodi stellte wiederholt, auch im Parlament, fest: „Questo impegno ci è stato richiesto dell'ONU"[260] (Diese Verpflichtung ist uns von den UN abverlangt worden). Der Auftrag der 'Aktion Alba' war eng begrenzt: Schutz der Versorgung der Bevölkerung mit den notwendigsten Hilfsgütern, Hilfe beim Neuaufbau der einheimischen Ordnungskräfte, Unterstützung der Wahlbeobachtung bei kurzfristig anzusetzenden Neuwahlen. Die Anwendung von Waffen war auf die Selbstverteidigung begrenzt.

Die 'Aktion Alba' litt von Anfang an der Dichotomie von ausgesprochenen und unausgesprochenen Zielvorstellungen. Sergio Romano spricht von der „vaghezza degli obiettivi"[261] (Unbestimmtheit der Ziele). Das offizielle Hauptziel: der Schutz von Hilfsgütertransporten war offensichtlich Vorwand, denn das albanische Volk stand nicht vor einer Hungersnot; es war mehr als ausreichend versorgt. Der Neuaufbau der Ordnungskräfte und die Überwachung der Wahlen hätten mit anderen als militärischen Mitteln besser erreicht werden können.

Für Italien bedeutete die 'Aktion Alba' den Beginn eines neuen Abschnittes seiner Geschichte. Zum ersten Mal nach dem 2. Weltkrieg stand es vor der Aufgabe, eine komplexe (multinationale) Friedensoperation zu führen - nachdem es sie geplant und sich gegenüber einer Reihe von internationalen Organisationen durchgesetzt hatte.[262] Der Prestigegewinn, auf den die 'Aktion Alba' vor allem zielt, soll Italiens Stellung in Europa unantastbar machen. „Saremo stato gli unici ad aver affrontato la cruciale questione dell'Est ...E a quel punto, parametri o non parametri toccherа a Germania e Francia preoccuparsi di imbarcare l'Italia nel pullman di Maastricht, anche al prezzo di uno sconto sulla tariffa"[263] (Wir werden die Einzigen sein, die sich der entscheidenden Frage des Ostens gestellt haben... An diesem Punkte, Kriterien (von Maastricht) hin oder her, ist es an Deutschland und Frankreich sich Gedanken zu machen, wie man Italien in den Bus nach Maastricht einsteigen lassen kann, auch für den Preis eines Nachlasses auf den Fahrpreis). Nur einige wenige erinnern daran, daß die politische Dividende der Aktion aus gesamteuropäischer Sicht nicht in der Größenordnung ist, die Italien sich davon verspricht. Albanien ist schließlich nicht Bosnien und auf dem Spiel stand mit der 'missione Alba' weder die Teilnahme an der Kontaktgruppe noch die Zuteilung eines Ständigen Sitzes im Sicherheitsrat der Vereinten Nationen.[264]

---

260 Prodi, R.: „Sperance e non illusione", Corriere della Sera 16.4.1997

261 Panorama vom 15.5.1997

262 Panebianco, A.: „Missione possibile se il consenso tiene", Corriere della Sera 4.4.1997: „Per la prima volta dopo la Seconda Guerra Mondiale l'Italia si trova - dopo averla ideata e impostata alle diverse sedi internazionali - a guidare una complessa operazione (multinazionale) di pace."

263 Maltese, C.: „La scorta di Prodi", La Repubblica 16.4.1997

264 Difficilior, L.: „America - Europa - Italia: Il gioco della scaricabarile", in: „Albania emergenza italiana", op.cit., S.114: „L'Albania non è la Bosnia e la posta in gioca non è la partecipazione al Gruppo di contatto, nè l'attribuzione di un seggio permanente al Consiglio di Sicurezza delle Nazioni Uniti"

Solche Feststellungen wurden jedoch nicht zur Kenntnis genommen. Alle Indizien deuten darauf hin, daß Sergio Romano Recht hat, wenn er feststellt, daß der wirkliche Grund für das Unternehmen Alba neben der Unterbindung des Flüchtlingsstromes es gewesen wäre „ridare un po di lustro all'immagine dell'Italia in Europa“[265] (dem Image Italiens in Europa ein wenig Glanz zurückzugeben). Ganz konsequent nutzt Italien dann auch seine Albanienpolitik für seine Politik der 'bella figura'. Der Kommentar zur Aufnahme des Schlußberichtes vor dem Sicherheitsrat der UN schließt mit der Forderung, bei der Neustrukturierung des Sicherheitsrates berücksichtigt zu werden, denn in Albanien habe Italien gezeigt, daß es die internationalen Pflichten der Länder kennt, die eine herausgehobene Position in der UN anstreben.[266]

Gerade in Hinblick auf das nationale Prestige ließ sich 'Alba' jedoch nicht gut an. Das Flüchtlingsproblem war für Italien so vordringlich geworden, daß es nicht den Beginn der multinationalen Unternehmung abwartete, sondern in zweiseitiger Absprache mit Albanien schon vorher mit der Blockade des Kanals von Otranto begann. Zwar wurde das Wort „blocco“ (Sperre) in politischer Rhetorik gebraucht, aber in Realität handelte es sich um ein einfaches „pattugliamento“ (Beobachtung/Kontrolle), um Flüchtlingsschiffe daran zu hindern, ihre Fahrt nach Italien fortzusetzen. Der Waffengebrauch war aus geschlossen, es wurde auf Überredung gesetzt.Die UN Flüchtlingsorganisation protestierte gegen die Verletzung internationalen Rechtes und ließ sich auch durch die italienische Rechtfertigung mit der albanisch - italienischen Abmachung nicht von ihrem Standpunkt abbringen: Internationales Recht kann nicht durch Abmachung zwischen einzelnen Staaten gebrochen werden.

Die italienische Marine war vor eine Aufgabe gestellt, die nicht lösbar war, wenn sie ernsthaft in Angriff genommen wurde. Die Katastrophe ereignete sich ausgerechnet am Karfreitag (28. März 1997). Die italienische Korvette Sibilla rammte ein ausgedientes albanisches Wachtboot (motosilurante), das sich überladen mit Flüchtlingen auf der Fahrt nach Bari befand. Das Boot ging sofort unter, fast 100 Flüchtlinge, darunter viele Frauen und Kinder, verloren das Leben. Es ist unerheblich, ob die Sibilla das albanische Boot absichtlich rammte, wie die Überlebenden behaupteten, oder ob die Sibilla, entsprechend den Aussagen der Besatzung, bei dem herrschenden schlechten Wetter von einer Welle gegen das kleinere Schiff gedrückt wurde, an das sie besonders dicht herangegangen war, um mittels Megaphon Besatzung und Passagiere zur Umkehr zu bewegen. Für die Italiener war mehr noch als das mit der Katastrophe verbundene menschliche Unglück der Verlust an politischem Ansehen bedeutsam. Wenn Panorama titelt „La disfatta“[267] (die Niederlage) und darüber hinaus die Untertitel „Caporetto d'Albania“ und „Come l'Italia ha perso in un mese la sua dignità politica“ (Wie Italien in einem Monat seine politische Würde verloren hat), dann spielt bei diesen Formulierungen sicher die Tendenz eines Nachrichtenmagazins eine Rolle, das der Opposition wohlwollender gegenüber steht als der Regierung. Sie drücken jedoch besser als jeder analysierende Kommentar aus, daß Italien im Vorfeld von 'Alba' keine 'bella figura' gemacht hat. In der nationalen Perspektive wurde es noch schlimmer, als die Regierung beschloß, den 'blocco' zwar beizubehalten, aber auf die Proteste der albanischen Regierung hin

---

265 Romano, S.: „Perchè è gia fallito la missione in Albania“, Panorama 15.5.1997

266 „Grazie Roma“, La Repubblica 18.8.1997: „In Albania, però, l'Italia ha dimostrato di conoscere i doveri internazionali dei paesi che aspirano a una posizione di rilievo nell'ONU.“

267 Panorama 10.4.1997

zugestand, daß ein albanischer Seeoffizier als Beobachter auf jedem der beteiligten italienischen Schiffe eingeschifft wurde. Für einen Augenblick heizte sich die antiitalienische Stimmung in Albanien so auf, daß Stimmen laut wurden, die vorschlugen, auf eine Beteiligung Italiens an 'Alba' besser zu verzichten.

Eine Gefährdung des Unternehmens entstand darüber hinaus außerdem von innen heraus. Die Verhältnisse innerhalb des Ulivo und die Rücksicht auf die programmatische Breite des Parteienbündnisses waren die Ursache sowohl dafür, daß die Regierung mit internationaler Autorisation und in internationaler Zusammensetzung tätig werden wollte, als auch dafür, daß der Auftrag sich im Humanitären erschöpfte. Diese Einengung reichte jedoch nicht aus, um eine Regierungskrise zu verhindern. Obgleich es manchmal so aussieht, als ob in der ersten Linksregierung Italiens die Außenpolitik ihren eigenständigen Rang wieder gewonnen habe, bleibt sie im Kern doch von der Innenpolitik instrumentalisiert.

Ausgelöst wurde der Konflikt durch divergierende Meinungen über die angemessene Reaktion auf die Katastrophe im Kanal von Otranto innerhalb der Regierungsmehrheit. Die Inhaber von Schlüsselressorts, der Außen- und der Verteidigungsminister, hatten unterschiedliche Vorstellungen über Ziele und Methoden der italienischen Albanienpolitik. Damit wurde die Regierung lahmgelegt. Es bleibt dabei: „Il problema è che non abbiamo né un ministro degli Esteri e né un ministro di Difesa." Das Problem ist, daß wir weder einen Außenminister noch einen Verteidigungsminister haben, wie es der ehemalige Parteivorsitzende der DC und Ministerpräsident De Mita ausdrückt.[268]

Für das politische Gleichgewicht gefährlicher war der Bruch, der sich unerwarteter Weise in der Regierungsmehrheit auftat. Nachdem Italien nach internationaler Unterstützung weit und breit gesucht und bei den UN schließlich eine Abdeckung gefunden hatte, mußte seine Regierung plötzlich - während die Vorbereitungen für die 'Missione Alba' schon anlaufen - feststellen, daß nicht alle der sie tragenden Parteien der Koalition bereit waren, dem Unternehmen zuzustimmen. Wie im Falle der EWU ist es die Prc, die das Eingreifen Italiens in Albanien für nicht sinnvoll hält, auf Europa verweist und sich nicht von dem Argument beeindrucken läßt, Europa habe nicht verstanden, wie groß die albanische Gefahr sei und deshalb ein Eingreifen verweigert. Für Bertinotti war das Unternehmen „una operazione neocoloniale", darauf abzielend, die italienischen Unternehmer in Albanien zu schützen und die Rohstoffe des Landes an sich zu reißen.[269] Die Prc verweigerte sich darüber hinaus dem Argument, daß die internationale Glaubwürdigkeit Italiens auf dem Spiel stehe. Prodi mußte dem Staatspräsidenten mitteilen, daß die Regierung nicht mehr über eine parlamentarische Mehrheit verfüge.

Für einen Augenblick geriet die Regierung Prodi ins Schwanken; an unerwarteter Stelle war eine Regierungskrise ausgebrochen. Am Horizont tauchte eine große Koalition, eine von der Opposition gebilligte Minderheitsregierung oder eine erneute Regierung von Technikern auf. Verzweifelt wurde nach einem Weg gesucht, die Einheit der Regierungsmehrheit auch in dieser für die italienische Außenpolitik zentralen Frage zu erhalten. Die als Ausrutscher entschuldigte Feststellung Fassinos, daß die italienische Regierung den Rücktritt Berishas anstrebe, muß in diesem Kontext gesehen werden. Die Prc verlangte vor allem anderen den Rücktritt Berishas und die offene Unterstützung des

268 zit. nach „Il braccio di ferro Andreatta - Dini mette in affano la maggioranza", Corriere della Sera 2.4.1997

269 Bertinotti: „Fiducia sull'Albania? Voteremo no", Corriere della Sera 8.4.1997

Ministerpräsidenten Fino (Exkommunist). Fassinos Aussage erzielte nicht die gewünschte Wirkung. Im Gegenteil: sie führte zu Problemen mit der Opposition, die nur schwer wieder ausgeräumt werden konnten.

Die Lösung war dann sehr italienisch. Die Zustimmung zu seiner Albanienpolitik holte sich Prodi mit den Stimmen der Opposition gegen die Stimmen eines Teiles seiner Regierungsmehrheit. Im Anschluß stellte er - wie von der Opposition verlangt - die Vertrauensfrage, die er mit den Stimmen seiner ursprünglichen Mehrheit klar gewann. Das 'linke' Regierungsbündnis hatte eine schwere Probe überstanden, und es hatte gehalten. Italien hatte sein Gesicht gewahrt. Der Fanfarenstoß jedoch, mit dem die Premiere Italiens als Krisenmanager eröffnet werden sollte, war von der Politik gestrichen worden. Im italienischen Selbstverständnis war das Theaterstück verpfuscht[270]. Der Corriere della Sera bemüht nicht eine ungenannte Quelle sondern einen anonym bleibenden Diplomaten, der meint, daß 'Missione Alba' ihr eigentliches Ziel - den Sitz Italiens im Weltsicherheitsrat - schon verfehlt habe, bevor sie begonnen worden sei.[271]

Es war jedoch nicht nur die Politik, die dem italienischen Bedürfnis nach 'bella figura', umgesetzt in das politische Verlangen nach Prestigegewinn und daraus folgend auf größeren politischen Einfluß Abbruch tat. Der Widerspruch zwischen Anspruch und Wirklichkeit trat bei den militärischen Operationen zutage - so weit man dieses Wort gebrauchen kann -: Das Flaggschiff der italienischen Marine, zugleich das Kommandoschiff der Landungsoperation, der Kreuzer Vittorio Veneto, lief Ende April vor der Küste Albaniens auf Grund. Es dauerte über einen Tag, bis das Schiff wieder frei war. Das war lange genug, um die Medien aller Welt von der italienischen Kalamität berichten zu lassen. Die zusätzliche Grundberührung eines Landungsschiffes ging dabei in der Berichterstattung unter, in Italien jedoch wurde sie genau registriert. Es war ein zusätzliches Gewicht, das die Waagschale 'Prestige' belastete.

Nachdem die Aktion einmal angelaufen war, zeigte sich, daß der Auftrag (rules of engagement) der internationalen Streitkraft sehr eng gefaßt war. Die Beschränkung des Waffengebrauches auf Zwecke der Selbstverteidigung allein, engte 'Alba' auf die vorgeschobenen humanitären Aufgaben ein, d.h. den Schutz des Transportes von Hilfsgütern. Eine Aufgabe, die unproblematisch war, da im Lande keine Hungersnot herrschte und es darum keinen Streit über die Verteilung gab. Es gelang auch, die albanischen Parteien dazu zu bewegen, sich auf einen Wahltermin und auf das Wahlverfahren zu einigen. Das aber war kein militärischer, sondern ein auf politischem Feld errungener Erfolg, an dem zudem der OSZE Vermittler, der ehemalige österreichische Bundeskanzler Vranitzky, großen Anteil hatte. Der Erfolg paßte offensichtlich nicht ganz in das italienische Konzept, denn mit der Wahl verlor 'Alba' seine Berechtigung, während Italien damit gerechnet hat, daß die Aktion - wie in Bosnien - zeitlich erheblich verlängert werden würde. Die eigentlichen italienischen Ziele aber wurden nur gestreift. Der Prestigegewinn war nicht so groß, daß Italien nun in die Größenordnung jener Staaten

---

270 Riotta, G.: „Il mondo ci sta giudicando male", Corriere della Sera 5.4.1997

271 Riotta, G., ibid.: „Questi italiani. E vogliono pure un posto nel Consiglio di sicurezza dell'ONU! Ve l'immaginate? Cosi prima di votare sulle Guerra nel Golfo la crisi nel Medio Oriente dobbiamo aspettare le manfrine romane. Ma va!" (Diese Italiener. Und sie wollen auch noch einen Platz im Sicherheitsrat der UN! Könnt Ihr Euch das vorstellen? Vor der Abstimmung über den Golfkrieg oder die Krise im Mittleren Osten müssen wir dann auf die römischen sich lange hinziehenden Melodramen waren. So geht's nicht)

aufgestiegen wäre, die für die weitere Ausgestaltung Europas unerläßlich sind. 'Alba' ist zwar nicht „das übliche italienische Schlamassel" geworden, obgleich es eine Zeitlang so aussah, aber Deutschland und Frankreich haben dieserhalb auch keinen Anlaß zu überlegen, Italien ein „Skonto für Maastricht" zu geben.[272]

Noch sehr viel unbefriedigender gestaltete sich die Lösung des Flüchtlingsproblems. Die Neuwahlen hatten das von den USA und Italien erhoffte Ergebnis: Die Sozialisten errangen die Mehrheit; Nano, ihr Vorsitzender, bildete die neue Regierung und Berisha trat von dem Amt des Staatspräsidenten zurück. Die USA hatten ihr Ziel erreicht. Anders Italien: Es war kein Zufall, daß in der Farnesina ursprünglich die Meinungen darüber, ob man sich auf die Seite Berishas oder des Ministerpräsidenten Fino stellen sollte, geteilt waren. Bei der Entscheidung gegen Berisha gaben Überlegungen den Ausschlag, die darauf zielten, die USA gegenüber Italien zu verpflichten. Aus welche Perspektive auch immer es gesehen wird: die oft gehörte Meinung, daß Italien sich mit der 'Missione Alba' von der außenpolitischen Vormundschaft der USA freigemacht und den nationalen Interessen Priorität gegeben habe, kann so nicht geteilt werden. Die Fakten beweisen, daß in allen Phasen des Unternehmens darauf geachtet wurde, nicht mit den amerikanischen politischen Zielen zu kollidieren. Es ist eine andere Frage, ob im Falle Albaniens nicht die amerikanischen und die italienischen Interessen dekkungsgleich waren? Die Fragestellung ist falsch. Es liegt im nationalen Interesse Italiens, einen Konflikt mit dem Herrn des Mittelmeeres zu vermeiden.

Die neue Regierung in Albanien allerdings erwies sich in der Flüchtlingsfrage erheblich schwieriger als Berisha es gewesen war. Das war um so enttäuschender, als das unausgesprochene Hauptziel der 'Missione Alba' gewesen war, in Albanien ein Minimum an innerer Stabilität zu schaffen, „perchè soltanto cosi possiamo sperare che i suoi abitanti decidono di restare a casa propria"[273] (denn nur so können wir hoffen, daß seine Einwohner entscheiden zu Hause zu bleiben).

Wieviel albanische Flüchtlinge in Italien aufgenommen werden mußten, ist nicht eindeutig feststellbar, auch wenn die „clandestini" (heimlichen, illegalen) nicht einbezogen werden. Die Angaben schwanken zwischen 10 000 und 20 000 Flüchtlingen. Das ist nach den Erfahrungen anderer Länder keine Menge, die nicht bewältigt werden könnte. Italien hatte ihnen -soweit nicht 'clandestini'- bis zum 31.8.1997 befristete Aufenthaltsgenehmigungen ausgestellt. Zu diesem Zeitpunkt befanden sich noch 7 000 von 10 000 Flüchtlingen in Lagern.[274] Die Regierung Prodi hatte damit gerechnet, daß die neue albanische Regierung sich bei der Rücknahme der Flüchtlinge entgegenkommend verhalten werde. Das war nicht der Fall. Unter dem Vorwand, daß der Wiederaufbaus und die mangelnde Infrastruktur des Landes die Rückkehr noch nicht zulasse, lehnte die albanische Regierung die Wiederaufnahme der Flüchtlinge ab; sie war nicht bereit, einen Termin zu nennen. Die italienische öffentliche Meinung fürchtet, es könnte leicht eine Verschiebung ad calendas graecas werden.

Dabei geht es um ganz etwas anderes: Die italienische Regierung hat sich wegen sieben- oder zehntausend Flüchtlingen - eine insignifikante Zahl, wenn internationale, aber auch wenn nationale Kriterien angelegt werden-, erpressbar gemacht. Die albanische Regierung verlangt einen Preis. Um die Flüchtlinge wurde ein mediterraner Handel ge-

---

272 s. Anmerkung 252
273 Venturini, F.: „La frontiera del diritto", Corriere della Sera 30.8.1997
274 Corriere della Sera 30.8.1997

führt. Die italienische Regierung stand unter dem Druck der öffentlichen Meinung., die sie hinwiederum in Zeitdruck und damit in eine schlechte Verhandlungsposition brachte. Der Vorschlag -ausgerechnet von l'Unità- man solle doch die Flüchtlinge einfach in Italien aufnehmen[275] weil die Zehntausend bestimmt das soziale und wirtschaftliche Gleichgewicht nicht in Unordnung brächten, hat nicht einmal bei der PdS Zustimmung gefunden. Der Tenor der Ablehnung umfaßte den ganzen Stimmumfang: Von der Rückkehr als Folgeaktion der 'Missione Alba'[276] bis zur stereotypen Abqualifizierung der Flüchtlinge als Rekruten der „malavita"[277] (Kriminalität). Italien hat die Rückführung der 7000 Flüchtlinge durchgesetzt, denn - wie an dem Echo auf den Vorschlag von l'Unità zu sehen ist- es hatte sich in eine Lage manövriert, in der eine rationale Entscheidung nicht mehr möglich ist, es mußte daher auch einen hohen Preis dafür zahlen. Es ist von einer Verpflichtung die Rede, im Dreijahreszeitraum (1997 - 1999) Albanien eine Unterstützung von 210 Milliarden Lire zu gewähren. Italien läßt die Gegenleistung für die Bereitschaft Albaniens die Flüchtlinge wieder aufzunehmen, euphemistisch zum italienischen Marshallplan für Albanien firmieren.[278] Dem neuen Ministerpräsidenten ist das nicht genug. Er verlangt mehr und wird es wohl auch bekommen, denn es gibt keine Alternative zu ihm. Italien ist auf ihn angewiesen, wenn sich die 'Missione Alba' nicht im Nachhinein als Mißerfolg herausstellen soll.Es hat Albanien darum auch Hilfe im Finanz-, dem Bildungs-, Gesundheitswesen, der Justiz und dem Außenhandel zugesagt.[279] Die dafür notwendigen Mittel müssen zusätzlich aufgebracht werden. Der Preis wäre sehr viel geringer ausgefallen, wenn nicht Italiens Vorschlag, die Flüchtlinge in Albanien in von Italien unterhaltenen Lagern unterzubringen, den Unmut der albanischen Verhandlungspartner hervorgerufen hätte, die den Vorschlag empört zurückwiesen.

Innerhalb der Regierung, bzw. der zuständigen Ressorts, konnte nur ein Konsensus über die Abschiebung selbst erreicht werden. Das Verfahren blieb strittig, so daß sich der Ministerpräsident entschloß, mit einer „direttiva" (schriftlichen Weisung)[280] das Verfahren und gleichzeitig den 30.11.1997 als Endtermin festzulegen. Die Abschiebung soll stufenweise je nach dem sozialen Status erfolgen. Der Innenminister erhält die Gesamtverantwortung, der Außenminister jedoch kann durch Benennung kritischer Regionen den Verlauf beeinflussen. Vor allem aber kann er „definire le quote di lavoratori albanese" für die künftige legale Einreise „in modo da ricomprendervi persone rimpatriate a norma della presente direttiva o loro familiari" (um Personen oder ihre Angehörigen zu

---

275 Sansonetti, P.: „Ma perché non ci teniamo gli albanesi?", L'Unità 27.8.1997

276 Fassino, P. in einem Interview im Corriere della Sera (28.8.1997) führt aus, daß die zweite Phase der Aktion auf den Wiederaufbau der bürgerlichen und wirtschaftlichen Strukturen Albaniens zielt und daß der Vorschlag von l'Unità ein falsches Signal übermittelt, so als ob Albanien keine Zukunft habe und deshalb ein Land sei, aus dem man fliehen müsse.

277 Verteidigungsminister Andreatta am 28.8.1997 in TG 5

278 Dabei handelt es sich nur um die Summe, die Italien einmal Berisha zugesagt hatte. Wegen Unklarheiten im Zusammenhang mit den Finanzierungsgesellschaften war die Zusage zurückgenommen worden.

279 Ausführungen des Außenministers bei einer gemeinsamen Sitzung des Auswärtigen- und des Verfassungsausschusses von Senat und Deputiertenkammer am 29.8.1997, Senato della Repubblica Xiii Legislatura, 189. Resoconto, 29.8.1997, S. 7

280 „Direttiva in materia di rimpatrio di cittadini albanesi", Gazzetta ufficiale della Repubblica Italiana, Nr.204, 2.9.1997, S.4 f.

belohnen, die nach dieser „direttiva“ abgeschoben werden). Die Weisung ist ein Schulbeispiel für den italienischen politischen Ansatz: Die zerstrittenen Minister müssen sich im Einzelfall einigen, der Volksstimmung wird nachgegeben, aber auch den Betroffenen wird ein Schimmer der Hoffnung gelassen.

Es besteht wenig Aussicht, daß es zu einer Dauerlösung kommen wird. Solange die Hilfsmaßnahmen aus Italien und der EU nicht zu einer durchgreifenden Modernisierung und zu einem entsprechenden wirtschaftlichen Aufschwung geführt haben, solange nicht nur wirtschaftliche Struktur und die Infrastruktur, sondern auch die soziale Struktur sich den Erfordernissen einer modernen Industriegesellschaft angepaßt haben, wird Albanien auf der Stufe eines Entwicklungslandes bleiben und der Fernsehkolonialismus wird die Albanier davon überzeugen, daß sie zu Hause keine Zukunft haben: die heimliche Flucht nach Italien wird weitergehen - so wie die ganze Zeit nach dem Sturz Enver Hodschas -. Es fällt auf daß daneben die Einwanderung aus Nordafrika in Italien weitergeht, ohne daß viel Aufhebens davon gemacht wird.

Die Hysterie gegenüber den albanischen Flüchtlingen ist so irrational, daß die Gründe sehr tief liegen müssen. Ernesto Galli della Loggia nimmt sie als Beleg für seine Thesen: „La realtà è che se una nazione di sessanta millione di abitanti, se una grande ricca nazione come l'Italia si fa spaventare da una manciata di profughi è precisamente perchè essa non si sente affatto una nazione“[281] (Die Wirklichkeit ist, daß, wenn eine Nation von 60 Millionen Einwohnern, wenn eine große und reiche Nation wie Italien sich von einer Handvoll von Flüchtlingen Angst einjagen läßt, dann genau weil sie sich keineswegs als Nation wahrnimmt). Sicherlich reflektiert die Frage der albanischen Flüchtlinge das Problem der italienischen Identität, so wie sie gleichzeitig das Problem der internationalen sozialen Solidarität aufwirft. So hat in der Tat die Behandlung der Flüchtlingsfrage in der Regierungsmehrheit Unbehagen verursacht, schließlich hatte eine Regierung der Linken eine rechte Politik betrieben, indem sie pragmatische Entscheidungen über Werte und Ideale hatte siegen lassen. Die Kritik, das Land habe sich, verglichen mit anderen Nationen, in Bezug auf das Thema der Einwanderung als wenig gereift erwiesen, traf jedoch die Pragmatiker in Regierungsverantwortung nicht.[282]

Natürlich hat die italienische Albanienpolitik auch einen Bezug zur Angst vor Mitteleuropa. Sie muß im Kontext der italienischen 'Ostpolitik' gesehen werden, die ja der deutschen wirtschaftlichen Durchdringung der MOE- und Balkanstaaten ein italienisches Gegengewicht entgegensetzen will. Die deutschen Investitionen in Albanien sind jedoch in der von Unruhen weniger gefährdeten Großindustrie erfolgt, anders als die italienischen, bei denen vorwiegend Kleinunternehmer ihren Betrieb nach Albanien verlegt hatten. Diese Betriebe waren oft während der Unruhen mit dem einen oder anderen Vorwand oder mit Gewalt den Eigentümern entrissen worden. Es ist verständlich, daß sie - und mit ihnen die italienische Öffentlichkeit - auf die Anwesenheit der italienischen Soldaten in Albanien vertrauten und auf ihren Schutz hofften.[283] Das war auch

281 Galli della Loggia, E.: „La nazione che ci manca“, Corriere della Sera 1.4.1997

282 Staatssekretär Mattioli (Grüne): „Abbiamo dato prova di immaturità. Una brutta sorpresa, soprattutto a sinistra“, „in tema di immigrazione si sarebbe comportando in modo 'poco maturo' rispetto ad altre nazioni“ , Corriere della Sera 2.9.1997

283 Bellantoni, I.: „Chiedo aiuto per riavere la mia azienda“, La Repubblica 28.4.1997: „confido molto nella presenza dei nostri militari italiani a Tirana e spero che aiutino non solo me, ma anche tutti gli altri imprenditori chi lavorano qui.“

eines der uneingestandenen Ziele der italienischen Regierung gewesen. Die 'rules of engagement' ließen das jedoch nicht zu. So mußten die italienischen Soldaten ohnmächtig zusehen, wie das Eigentum ihrer Landsleute zerstört wurde. Ob die neue Regierung - so ohne weiteres - eine Wiedergutmachung leistet, ist noch nicht abzusehen. Erste Anzeichen lassen das Gegenteil erwarten.[284]

Es sind bloße Spekulationen, wenn einzelne vermuten, daß Italien die 'Missione Alba' mit solchem Nachdruck durchgesetzt habe, um einem Eingreifen Griechenlands zuvor zu kommen. Es ist dagegen eine Tatsache, daß kurze Zeit nach Beendigung des multinationalen Unternehmens es zu einem schweren diplomatischen Konflikt kam.

Schon vor seiner Existenz war Albanien ein Zankapfel zwischen Italien und Griechenland gewesen. Als im ersten Balkankrieg die Griechen bis nach Valona vordrangen, bedurfte es der Intervention der italienischen Diplomatie, um ihren Rückzug zu erzwingen. Das griechische Interesse an dem vorwiegend von orthodoxen Christen bewohnten Südalbanien und der vermutete Philhellenismus dieses Bevölkerungsteiles, und das geopolitisch bestimmte nationale Interesse Italiens, Griechenland nicht den Weg zur Adria freizugeben und schon gar nicht den Weg an die Gegenküste des Kanals von Otranto, führten zu einer latenten Konfrontation zwischen beiden Staaten. Die Tatsache, daß nach dem 1. Weltkrieg die Griechen erst 1922 ihre Truppen aus dem Nordepirus zurückzogen, hat das italienische Mißtrauen bestärkt; denn die Unabhängigkeit Albaniens war vom Dreibund gegen die Forderungen Griechenlands durchgesetzt worden, das Ansprüche auf den Süden stellte, sich darauf berufend, daß die Einwohner im Süden vorwiegend orthodoxen Glaubens sind und zunächst - bis in den Jahren nach dem 1.Weltkrieg eine eigenständige, autokephale Kirche geschaffen wurde - dem Patriarchen von Konstantinopel unterstanden.

Das italienisch - griechische Verhältnis war in der Zwischenkriegszeit nie ohne Spannungen.[285] Diese hatten 1923 in dem mißlungenen Versuch Mussolinis, Korfu zu okkupieren einen ersten Höhepunkt erreicht. Damals war der Konflikt beigelegt worden, ohne daß eine der beiden Seiten das Gesicht verlor. Achtzehn Jahre später wollte Mussolini den Krieg unter allen Umständen. Es gab eigentlich keinen Kriegsgrund, aber es gab ein Kriegsziel: die Okkupation des Nordepirus[286], d.h. die Vergrößerung Albaniens um jene Region Griechenlands, die von einer starken albanischen Minderheit bevöllkert war. Anders ist es nicht zu verstehen, daß Italien in dem als Kriegsgrund vorgeschobenen 'Ultimatum' an zentraler Stelle „l'azione provocatrice svolto verso la Nazione Albanese"[287] nennt und dabei ausdrücklich auf den Südepirus hinweist. Der vom Kriegsausbruch ebenfalls überraschte damalige italienische Gesandte in Athen, Grazzi, sieht das genauso, wenn er ironisch bemerkt, daß Tausende von Söhnen italienischer Mütter sterben, um die unerlösten Albanier von der griechischen Tyrannei zu befreien.[288] Das Unternehmen mißglückte gründlich. Erst die deutsche Balkanoffensive erlöste Italien aus der selbst geschaffenen mißlichen Lage.

---

284 Panorama vom 11.9.1997, S.64

285 Für einen gerafften Überblick über die italienisch - griechischen Spannungen wegen ihrer Gegensätze in Albanien s. Mondini, L.: „Prologo dal conflitto italo - greco" Roma 1995, S. 76 - 81

286 De Felice, E. (Ed.): „Storia dell'Italia contemporanea", vol. IV, Napoli 1980, S.197

287 zit. nach Mondini, L.: „Prologo del conflitto italo - greco", op.cit., S.230

288 Grazzi, E.: „Il principio della fine", Roma 1945, S. 162: „Su quel fronte migliaia di figli di madre italiane morirano per liberare dalla tiranaide greco gli irredenti Albanesi."

Bei dem italienischen Charakterzug, mit der Geschichte zu leben, ist es naheliegend, wenn hinter dem Aufstand in Südalbanien Griechenland vermutet wird und sei es auch nur in Gestalt der griechischen Lobby in den USA.[289] Es liegt darum auf der Hand, daß der italienische Außenminister Griechenland einen Wink geben wollte, als er anläßlich eines Besuchs seines türkischen Kollegen erklärte: „Bisogno riconoscere che a Cipro vi sono due repubbliche, due entità, due governi“[290] (Man muß anerkennen, daß es auf Zypern zwei Republiken, zwei Entitäten, zwei Regierungen gibt). Bei der bekannten Empfindlichkeit Athens besonders in der Zypernfrage führte die Äußerung an den Rand einer Krise, besonders als Dini etwas später hinzufügte: „Il governo di Nicosia non rappresenta Cipro nel suo insieme“ (Die Regierung von Nicosia repräsentiert nicht das ganze Zypern). Sie wurde entschärft, indem Italien versicherte, es stelle die UN-Resolution zu Zypern nicht infrage. Es bleibt jedoch der Stachel im griechischen Fleisch, daß Italien sich noch angestrengter als bisher für die Aufnahme der Türkei in die EU einsetzen wird, denn - wie der bei der PdS für die internationalen Beziehungen zuständige Abgeordnete Rainieri es formuliert: „...è essenziale che la Turchia sia ancorata all'Europa.“[291] (...es ist essentiell, daß die Türkei in Europa verankert wird).

Im Verhältnis zu Griechenland zeigt sich der Spannungsbogen der italienischen Außenpolitik. Griechenland ist ein Mittelmeeranrainer; ein Land, das wie Italien aus der Stärkung des mediterranen Elements einen Pfeiler seiner Europapolitik gemacht hat. Es müßte Italien daran gelegen sein, optimale Beziehungen zu ihm zu unterhalten; dieses umso mehr, als es kein Konkurrent - wie etwa Spanien - ist, der Italien die Rolle des Ansprechpartners für das Mittelmeer streitig machen könnte, und sich nicht um einen Platz unter den 'Großen' bewirbt. Griechenland ist aber außerdem ein Balkanstaat und damit wird es automatisch in Bezug gesetzt zu Italiens Anti-Mitteleuropapolitik. Diese Tatsache zieht sich wie ein Faden durch das Verhältnis beider Staaten; doch nur wenn der Faden sich ab und zu verwirrt, wie gerade jetzt oder wie in der Frage der Anerkennung des einst jugoslawischen Bundeslandes 'Mazedonien', wird sie sichtbar. Auf dem Balkan stoßen die nationalen Interessen Griechenlands und Italiens zusammen. Die italienische Balkanpolitik hat Vorrang vor der Mittelmeerpolitik. Deshalb war der Ausschluß aus der Kontaktgruppe so schmerzhaft.

Die Äußerungen Dinis, so wie sie gefallen sind, stehen zudem im Gegensatz zu dem Beschluß der EU zur Zypernfrage. Wenn das auch keine aktuelle politische Bedeutung hat, dann zeigt es doch, wie rhetorisch die immer wieder lauthals vorgetragene Forderung nach der Realisierung einer gemeinsamen europäischen Außenpolitik ist. Immer jedoch, wenn seine nationalen Interessen involviert sind, gibt es diesen den Vorrang, selbst gegenüber dem Wenigen, was auf dem Felde der Außenpolitik bereits an Gemeinsamem existiert. Das italienische Verhalten bestätigt, daß ohne eine politische föderale Struktur Europas eine gemeinsame europäische Außenpolitik Rhetorik bleiben wird.

Rhetorik ist die Grundlage der italienischen Politik, so wie sie Grundlage des antiken römischen res publica war. Das betrifft vor allem die Außenpolitik. Schon ihr oberstes Ziel - als Staat, wie als Mensch - 'bella figura' zu machen, Prestige als höchstes nationa-

289 Eichberg, F.: „Il vento del sud puo cambiare il corso della storia“, in: „Albania emergenza italiana“, op.cit., S. 33

290 zit. nach Corriere della Sera vom 28.8.1997, S.7

291 Interview im Corriere della Sera vom 24.8.1997: „Si alla Turchia nell'Ue. Ma occorre democrazia“

les Interesse, gehört letzten Endes zu den Dingen, bei denen es nicht vor allem auf den Inhalt, sondern auf die Form ankommt. Zwar versucht Italien, Prestige in Inhalt umzusetzen, das kann jedoch nicht gelingen, weil die Form allein nicht ausreicht, das gesteckte Ziel zu erreichen. Die inhaltlichen Voraussetzungen liegen nicht vor.

Italien hat in Albanien interveniert, um den Flüchtlingsstrom einzudämmen, der nach dem Zusammenbruch der staatlichen Ordnung dort seine Küsten überschwemmte, auch wenn dieser Strom -nicht nur nach mitteleuropäischen sondern auch nach italienischen Maßstäben- nur ein Rinnsal war. Die Gesamtzahl der Flüchtlinge war, bezogen auf die Gesamtzahl der legal und illegal täglich in das Land kommenden Einwanderer aus Nicht-EU-Ländern unerheblich, weil die albanischen Flüchtlinge aber durch den Medienrummel allgemein sichtbar wurden, nahm die Parteipolitik sich der Frage an. Sie konnte nicht mehr sachlich sondern nur noch im Gegeneinander parteipolitischer Positionen entschieden werden. Die Innenpolitik konditionierte die Außenpolitik.

Die Innenpolitik spielte eine so beherrschende Rolle, daß an ihr das ganze Unternehmen beinahe gescheitert wäre. Der Regierung Prodi war es bis zur Entscheidung über die 'Missione Alba' immer wieder gelungen, die Divergenzen zwischen ihren Flügeln zu überbrücken. Jetzt, ausgerechnet in einer Frage der Sicherheits- und Außenpolitik, gelang das nicht mehr. Die Altkommunisten wollten unter keinen Umständen dem Unternehmen zustimmen. Die bereitwillig angebotenen Stimmen der Opposition brachten das Regierungsbündnis in Gefahr. Die Regierung rettete sich zwar mit einem typisch italienischen Trick, indem sie die Vertrauensfrage erst nach der Abstimmung über Alba stellte, aber es wird deutlich, daß es verfrüht ist, in Italien schon von politischer Stabilität zu reden.

Mit der Innenpolitik hängt schließlich indirekt zusammen, daß die 'Missione Alba' glanzlos verlief. Zwar kommandierten Italiener erstmals eine multinationale Streitmacht, aber es gab nicht viel zu kommandieren. Um innenpolitisch akzeptabel zu sein, mußten die 'rules of engagement' - zunächst eine Hilfe, die nur bedingt notwendig war, humanitäre Hilfe,- vorgegeben und außerdem sehr eng gefaßt sein, so daß sie spektakuläre militärische Aktionen nicht zuließen. Im übrigen verloren die Streitkräfte schon ganz am Anfang ihren Glanz, als das italienische Flagg- und Kommandoschiff auf Grund lief. Die Klage der Soldaten, hier mache sich die jahrzehntelange Vernachlässigung der Streitkräfte bemerkbar, ist nicht zu widerlegen.

Die aus den Neuwahlen hervorgegangene albanische Regierung kann unerwartet schnell die staatliche Ordnung einigermaßen wieder herstellen. Italien verpflichtet sich seinerseits beim Wiederaufbau von Staat und Wirtschaft zu helfen. Es behält damit einen Fuß auf der Gegenküste. 'Missione Alba' zeigt mit plastischer Klarheit, daß die Geopolitik die italienische Außenpolitik bestimmt: Albanien, das die Gegenküste, die Adria, offen hält oder verschließt; Mitteleuropa oder die Verhinderung der wirtschaftlichen Durchdringung durch die Deutschen; und das Mediterraneo und die Anerkennung der amerikanischen Herrschaft im Mittelmeer sind die konzentrischen Kreise, in denen Italien seine internationalen Beziehungen gestaltet. Sie zeigt jedoch gleichzeitig die Dominanz der Innen- über die Außenpolitik und den Kontrast zwischen Rhetorik und aktuellem Geschehen.[292] Für Edward Luttwak sind das die Gründe, warum der engagierte italienische Bürger die Außenpolitik nicht ernst nimmt.

292 s. Perelli, G.: „Dove va l'Italia", Interview mit Edward Luttwak, Roma 1997, S.117

Das Verhalten Europas in der Albanienkrise wird auf Unverständnis zurückgeführt und nicht darauf, daß Italiens Interessen nicht mit denen Europas identisch sind. Selbst wenn sie es wären, könnte Europa sich kaum entsprechend artikulieren. Italien wird weiter für eine gemeinsame europäische Außenpolitik kämpfen, es wird aber auch sein möglichstes tun, damit diese Außenpolitik italienische Züge trägt. Inzwischen ist Italien sicher, daß es zu den ersten in der EWU gehören wird, es wird alle formalen Voraussetzungen erfüllen. Seine Außenpolitik muß keine Hilfestellung geben. Aber das ist kein Grund für das Land, nicht weiterhin wachsam zu sein. Es ist nicht nur der Sitz im Weltsicherheitsrat, um den gekämpft werden muß. Immer wieder gibt es Bestrebungen, Italien aus dem Kreis der 'Großen' auszuschließen.

Aber es ist noch ein anderes Phänomen, das in der Albanien-Krise seinen Ausdruck findet: Das für Italiener unverständliche Verhalten der nord- und mitteleuropäischen Länder. Dort wo sich Italien im Kern betroffen fühlt, findet es bei seinen Partnern und Freunden nur Unverständnis. Es ist eine Konstante der italienischen Außenpolitik -über alle Herrschaftsformen hinweg-, die hier zum Tragen kommt und die Ciano -als Antwort auf Chamberlain- im Falle Albanien klarer und härter formuliert hat, als es unter 'Freunden' möglich ist: „La diagnosi dei nostri rapporti con l'Albania non può essere fatta attraverso l'esame più o meno sicuro degli avvenimenti del sette e dell'otto aprile: bisogna risaliere molto piu lontano per rendersi conto dello spirito delle cose e per giudicare con una vera conoscenza di causa."[293] (Die Diagnose unseres Verhältnisses zu Albanien kann nicht mittels der mehr oder weniger sicheren Prüfung des Geschehens vom 7. und 8. April (1939; Besetzung Albaniens) gemacht werden: Es bedarf des Blikkes in die Ferne, um den Geist der Sache zu verstehen, und um aus einer wirklichen Kenntnis der Ursachen zu urteilen).

Dabei ist da Ergebnis der 'Missione Alba' auf der Mikroebene durchaus paradox. „L'intervento guidato dall'Italia ha consegnato il paese ai politici communisti dell'exdittatore Enver Hoxha...E ora il problema albanese è divenuto un problema interno italiano, perché la fuga continua..."[294] (Die von Italien geleitete Intervention hat das Land den Kommunisten Politikern des Ex-Diktators Enver Hodscha übergeben...Jetzt ist das albanische Problem ein Problem der italienischen Innenpolitik geworden, denn die Flucht geht weiter). Wenn der Kommentar auch sehr kritisch ist, so muß der Beobachter doch eingestehen, daß Italien mit der 'Missione Alba' weder seine globalen und nur sehr eingeschränkt seine regionalen Zielvorstellungen verwirklicht hat.

'Missione Alba' hat Italien nicht zu einer europäischen Großmacht gemacht, aber sie hat gezeigt, daß es eine internationale Krise mit dem gleichen Geschick -oder Ungeschick- lösen kann wie die Staaten, die unbestritten zum Kreis der Großen gehören. Es hat, wie ein 'normales' Land gehandelt. Allein das ist für das 'Belpaese' ein großer Erfolg. An der Politik Italiens gegenüber Albanien lassen sich die Grundparameter der italienischen Außenpolitik deutlich ablesen. Vorrangig ist der zwanghafte Wille, an allen Entscheidungsgremien beteiligt zu sein, selbst wenn Italien in der Sache nichts beitragen kann: „la politica del sedere". Es geht darum zu dokumentieren, daß das Land

293 Ausführung des Außenministers vor der Vollversammlung der Camera dei Fasci e delle Corporazioni in der Sitzung vom 15.4.1939 zum Gesetzentwurf: Annahme der Krone von Albanien durch den König von Italien, Kaiser von Äthiopien. Zit. Nach Giannini, A.: „L'Albania dall'indipendenza all'unione con l'Italia (1913 - 1939)", S.346

294 Baget Bozzo, G.: „Governo Prodi rimandato in esteri", Panorama 25.9.1997

eine ‘grande potenza’ ist und durch internationale Anerkennung eine ‘bella figura’ macht, diesem Ziel werden alle anderen untergeordnet. ‘Missione Alba’ bestätigt darüber hinaus, daß Italien in Deutschland noch immer eine potentielle Gefahr sieht. Es fürchtet, daß durch die deutsche Wirtschaftskraft jenes ‘Mitteleuropa’ wiederersteht, das den Staat Italien über einen Zeitraum von mehr als einem Drittel seiner Geschichte gefesselt hielt. Alba hatte eine antideutsche und eine proamerikanische Komponente. Solange das Land ein enges Verhältnis mit dem Herrn des Mittelmeeres aufrecht erhält, behält es als privilegierter Ansprechpartner für die Probleme des ‘mare nostro’ eine Vorrangstellung unter den mediterranen Staaten. Allerdings hat sich im Fall der Albanienkrise auch wieder gezeigt, daß die mangelnde Stabilität des italienischen Regierungssystems die Außenpolitik zum Spielball des innenpolitischen Machtkampfes macht. Sie wird damit unberechenbar.

Literatur

Allegra,Carmelo: „Dalla Catastrofe agli Stati Uniti d'Italia", Parma 1949.

Ambrosini, Gaspare: „L'Albania nella communità imperiale di Roma", Istituto Nazionale di Cultura Fascista, Roma 1940.

Andreae, Bernard: „Laokoon und die Gründung Roms", 3.Aufl., Mainz 1994.

Andreotti, Giulio: „De (prima) Re Publica", Milano 1996.

Archivi di Stato, Pubblicazione degli: „Fonti e problemi della politica coloniale italiana", 2 volumi,Roma 1996.

Bassetti, Piero: „L'Italia si è rotta?", Milano 1996.

Bassolino, Antonio: „La repubblica delle città", Roma 1996.

Bastasin, Carlo: „Alexanderplatz - Da Berlino all'Europa tedesca", Milano 1996.

Beltravi, Vito: „L'Impero nostro e gli imperi degli altri", Roma 1937.

Bernecker, Walther F./Dotterweich, Volker (Hrsg.): „Deutschland in den internationalen Beziehungen des 19.und 20. Jahrhunderts", München 1997.

Bertelli, Sergio (ed.): „La chioma della vittoria", Firenze 1997.

Bibò, Istrán: „Isteria tedesca, paura francese, insicurezza italiana", Bologna 1997.

Bocca, Giorgio: „Storia d'Italia nella guerra fascista (1940-1943)", Bari 1969.

Bolla, Nino: „Dieci Mesi di Governo Badoglio" Roma 1944.

Bollati, Giulio: „L'italiano. Il carattere nazionale come storia e come invenzione", Milano 1983 und 1996.

Bonomi, Ivanhoe: „Diario di un anno", Milano 1947.

Borntraeger, Carlo: „Dal trattato di Versaglia all patto Mussolini", Genua 1942.

Bosworth, Richard e Romano, Sergio (ed.): „La politica estera italiana 1860 -1985, Il Mulino 1991.

Botti, Ferrucio/Ilari, Virgilio: „Il pensiero militare italiano del primo al secondo dopoguerra", Roma 1985.

Brogi, Alessandro: „Italia e l'egemonia americana nel Mediterraneo, Firenze 1996.

Caligaris, Luigi: „Paura di vincere", Milano 1996.

Caracciolo, Lucio: „Euro No - Non morire per Maastricht", Bari 1997.

Cerroni, Umberto: „L'identita civile degli italiani", Lecce 1996.

Cervi, Mario: „Storia della guerra di Grecia", Milano 1965.

Chabod, Federico: „L'idea di nazione", Bari 1996.

Chabod, Federico: „L'Italia contemporanea (1918-1948)", Milano 1961.

Chabod, Federico: „Storia dell'idea d'Europa", Milano 1993.

Ciano, Galeazzo: „Diario",vol.1-2, Milano 1950.

Ciuffoletti, Zeffiro: „Stato senza nazione", Napoli 1993.

Coen, Federico: „Sinistra italiana - sinistra europea", Roma 1997.

Colloti, Enzo: „Il litorale adriatico nel nuovo ordini europeo", Milano 1974.

Crispi, Francesco: „Politica estera:Memorie e documenti", Milano 1912.

Croce, Benedetto: „Teoria e storia della storiografia, Bari 1986.

Dassù, Marta/Missiroli, Antonio: „L'Italia in Europa: I primi quarant'anni", in: Quaderni di Sociologia", Neue Reihe XL, 12/1996.

Di Meola, Nestore: „La Grande Germania verso il Duemila", Soveria Mannelli 1997.

Duelmen, Richard van: „Sozialgeschichte der frühen Neuzeit", München 1992.

Durocelle/Serra (Ed.): „Italia, Francia ed il Mediterraneo", Milano 1990.
Favagrossa, Carlo: „Perche perdiamo la guerra?", Milano 1947.
Federzoni, Luigi: „L'Italia di ieri per la storia di domani", Milano 1967.
Felice, Renzo de (ed.): „Storia dell'Italia contemporanea", Napoli 1980.
Felice, Renzo de: „Mussolini", Vol.3:"Mussolini il Duce", Milano 1981.
Felice, Renzo de: „Storia degli ebrei italiani sotto il fascismo", Torino 1988.
Ferraris, Luigi Vittorio: „Manuale della politica estea italiana 1947-1993", Bari 1996.
Foa, Renzo: „Prodi o Kohl chi ci rappresenta?", Diario, Beilage zu l'Unita vom 31.10.1996, Nr.2.
Formigoni, Guido: „La demorazia cristiana e l'allianza occidentale (1943-1953)", Bologna 1996.
Friedman, Alan: „Il bivio", Milano 1996.
Gaja, Roberto: „L'Italia nel mondo bipolare", Milano 1995.
Galli della Loggia, Ernesto: „La morte della patria", Roma/Bari 1996.
Gangemi, Giuseppe: „Meridione, Nordest, Federalismo", Messina 1996.
Garbari, Maria/Zassi, Davide: „Autonomia e federalismo nella tradizione storica italiana e austriaca", Trento 1996.
Gentile, Emilio: „La grande Italia", Milano 1997.
Giannini, Amadeo: „L'Albania dall'indipendenza all'unione con l'Italia (1913-1939)", Roma 1940.
Ginsborg, Paolo: „Storia d'Italia dall dopoguerra a oggi", Torino 1989.
Gioberti, Vicenzo: „Dal rinnovamento civile d'Italia", Parigi/Torino 1951.
Gioberti, Vincenzio: „Prolegomeni del primato morale e civile degli italiani", Brüssel 1845.
Giolitti, Giovanni: „Memorie della mia vita", (2 Bde), Milano 1922.
Guerriero, Augusto: „Politica estera italiana", Milano 1945.
Guicciardini, Francesco : „La storia dell'Italia da 1494 al 1532", (20 Bde), Roma 1965.
Hoernigk, Rudolf: „Italien zwischen Frankreich und dem Dreibund", Berlin 1931.
Holthaus, Alexander: „Italienische Nahostpolitik - Genese einer mediterranen Variante westlicher Nahostpolitik", Inaug.Diss München 1992.
Ignazi, Piero: „I partiti italiani", Bologna 1997.
II.Congresso Nazionale dell'Associazione Nazionale Famiglie degli Emigranti: „Unità famigliare e emigrazione", Roma 1957.
Ilari, Virgilio: „Storia militare della prima Repubblica, 1943-1993", Bd.2, Reihe „Armi e politica", Roma 1994.
Incisa di Camerana, Ludovico: „La vittoria dell'Italia nella terza guerra mondiale", Milano 1996.
Isnenghi, Mario: „I luoghi della memoria: simboli e miti dell'Italia unita", Milano1996.
Isnenghi, Mario: „Le guerre degli italiani", Milano 1989.
Istituto Affari Internazionali: „L'Italia nella politica internazionale", Edizione 1994, Roma.
Istituto Affari Internazionali: „La politica estera della Repubblica Italiana", Milano 1967.
Istituto Cattaneo: „Politica in Italia-I fatti del anno e le interpretazioni", Edizione 1997, Bologna 1997.
Jacobelli, Jader: „Il federalismo degli italiani", Roma 1997.

Jean, Carlo: „Geopolitica“, Milano 1995.
Kaplan, Lawrence S.,et al. (Ed.): „NATO and the Mediterranean“, Wilmington 1985.
Kogan, Norman: „L’Italia e gli Alleati“, Milano, (Originaltitel: „Italy and the Allies“, 1961).
Kornemann, Ernst: „Weltgeschichte des Mittelmeer-Raumes von Philip II. bis Muhammed“, München 1948.
Lepre, Aurelio: „La svolta di Salerno“, Milano 1966.
Lepre, Aurelio: „Storia della prima Repubblica“, Bologna 1993.
Letta, Enrico: „Euro Si - Morire per Maastricht“, Bari 1997.
Levra, Umberto: „Fare gli italiani“, Torino 1992.
Magli, Ida: „Contre l’Europe“, Milano 1997.
Massali, Oreste: „Perchè il sistema politico italiano non è quello di Westminster?“, in: Quaderni di sociologia, Neue Reihe XL, 12/1996.
McCarthy, Patrick: „La crisi dello Stato italiano“, Roma 1996.
Ministero degli Affari Esteri: „Gaetano Martino e l’Europa“, Roma 1995.
Ministero degli Affari Esteri: „Testi e Documenti sulla politica estera dell’Italia“, 1979/1987/1988 und 1992, Ufficio Studi Roma.
Missirou, Mario: „Italia e Africa“, Roma 1926.
Mondini, Luigi: „Prologo del conflitto italo - greco“, Roma 1945.
Monti, Luciano: „I fondi strutturali per la coesione europea“, Roma 1996.
Negri, Guglielmo: „Un anno con Dini“, Milano 1996.
Nolfo, Ennio di; Rainero, Romain H.; Vigazzi, Brunello (ed.): „L’Italia e la politica di potenza in Europa (1938-1940)“, Milano 1985.
Ostellino, Piero: „I nuovi militari“, Milano 1983.
Pacor, Mario: „Italia e Balcani - Dal Risorgimento alla Resistenza“, Milano 1968.
Pastorelli, Pietro: „La politica estera italiana del dopoguerra“, Milano 1987.
Perrelli, Gianni: „Dove va l’Italia - Intervista a Edward Luttwak“, Roma 1997.
Petersen, Jens: „Quo vadis, Italia?“, München 1995.
Prezzolini, Giuseppe: „La coltura italiana“, Firenze 1923.
Rampini, Federico: „Germanizzazione - come cambiare l’Italia“, Milano 1996.
Rendina, Massimo: „Italia 1943/1945, Guerra civile o Resistenza“, Milano 1995.
Riccardi, Andrea: „Sant’Egidio - Roma e il mondo“, Roma 1997.
Rizzo, Aldo: „L’Italia in Europa fra Maastricht e l’Africa“, Milano 1996.
Robertis, Antonio: „La frontiera orientale italiana nella diplomazia della seconda guerra mondiale“, Napoli 1981.
Romano, Sergio: „Guida alla politica estera italiana“, Milano 1993.
Romano, Sergio: „Le Italie Parallele“, Milano 1996.
Romano, Sergio: „Lo scambio ineguale - Italia e Stati Uniti da Wilson a Clinton“, Milano 1995.
Romero, Federico: „L’Europa come strumento di nation-building: storia e storici dell’Italia repubblicana“, in: Passato e Presente, XIII, Nr.36, 1995.
Rossi, Cesare: „Trentatre vicende Mussoliniane“, Milano 1958.
Rumi, Giorgio: „Alle origine della politica estero fascista (1918 - 1923)“, Milano 1968.
Rusconi, Gian Enrico: „Patria e repubblica“, Bologna 1997.
Salvatorelli, Luigi: „Il fascismo nella politica internazionale“, Modena e Roma 1946.
Salvatorelli, Luigi: „La triplica alleanza, storia diplomatica 1877 -1912“, Milano 1939.

Salvatorelli, Luigi: „Pensiero e azione del Risorgimento“, Torino 1943.
Salvemini, Gaetano: „Da Patto di Londra alla Pace di Roma (documenti della politica che non fu fatta)“, Torino 1925.
Salvi, Sergio: „L'Italia non esiste“, Firenze 1996.
Scarano, Federico: „Mussolini e la Repubblica di Weimar, Napoli 1996.
Sciolla, Loredana: „Italiani, Stereotipi di casa nostra“, Bologna 1997.
Scognamiglio Pasini, Carlo: „La Democrazia in Italia“, Milano 1996.
Sforza, Carlo: „Cinque anni a Palazzo Chigi“, Roma 1952.
Spinelli, Alfiero/Rossi, Ernesto: „Il Manifesto di Ventotene“, Napoli 1982.
Stella, Gian Antonio: „Schei - Dal boom alla rivolta: il mitico Nordest“, Milano 1996.
Tremonti, Giulio: „Lo Stato criminogeno“, Roma-Bari 1997.
Turani, Guiseppe: „Scappiamo in Europa“, Milano 1997.
Valsecchi, Franco: „L'Italia del Risorgimento, l'Europa della nazionalità“, Roma 1978.
Vigezzi, Brunello: „La dimensione atlantica e la relazione internazionale nel dopoguerra (1947-1949), Milano 1987.
Vordemann, Christian: „Deutschland und Italien 1949-1961. Die diplomatischen Beziehungen“, Reihe: Italien in Geschichte und Gegenwart, Band 3, Frankfurt/Main 1994.

Zeitschriften

Futuribili
Historische Zeitschrift
Il Mulino
Internationale Politik
Liberal
LiMes
Nuova Fase
Passato e Presente - Rivista di storia contemporanea
Quaderni di Sociologia
Reset

Zeitungen

Corriere della Sera
Die Zeit
Frankfurter Allgemeine Zeitung
Il Messagero
Il Mondo
L'Espresso
L'Unità
La Repubblica
La Stampa
Panorama
Sole 24 ore

Reimut Jochimsen

Perspektiven der europäischen Wirtschafts- und Währungsunion

2. Auflage

Die Europäische Währungsunion startet pünktlich zum 1. Januar 1999. Die Politik verspricht einen stabilen Euro, hofft auf neue Schubkraft für Beschäftigung und Wachstum sowie eine Stärkung des Binnenmarktes. Wie tragfähig sind aber die stabilitäts- und integrationspolitischen Fundamente, solange kein Konsens über eine weiterreichende politische Flankierung des Währungsprojektes besteht?
Rechtzeitig vor der Kandidatenkür der Euro-Mitgliedstaaten Anfang Mai 1998 werden der aktuelle Bauplan, die ökonomischen, institutionellen und politischen Erfolgsvoraussetzungen wie auch die Risiken der Währungsunion ohne Rücksicht auf vordergründige »political correctness« präzise analysiert und in den neuartigen Kontext aus Vertiefung und Erweiterung der EU unter den Bedingungen globalisierter Märkte eingeordnet.
Der Verfasser ist seit 1990 Präsident der Landeszentralbank in Nordrhein-Westfalen und Mitglied des Zentralbankrates der Deutschen Bundesbank; zuvor zeichnete er von 1978 an als Wissenschafts- und Wirtschaftsminister von NRW verantwortlich.
Das Werk wendet sich über den Fachkreis aus Politik, Wirtschaft, Verwaltung und Wissenschaft hinaus an ein interessiertes Publikum.

1998, 362 S., brosch., 39,– DM, 285,– öS, 36,– sFr, ISBN 3-7890-5064-4

NOMOS Verlagsgesellschaft
76520 Baden-Baden